KB184927

오픈 포커스 라이프

오픈 포커스 라이프

2024년 11월 1일 초판 1쇄 발행. 레스 페미와 수잔 쇼어 페미, 마크 보레가드가 쓰고, 김정은이 옮겼으며, 도서출판 샨티에서 박정은이 펴냅니다. 편집은 이홍용이 하고, 디자인은 황혜연이 하였으며, 박준형이 마케팅을 합니다. 제작 진행은 굿에그커뮤니케이션에서 맡아 하였습니다. 출판사 등록일 및 등록번호는 2003. 2. 11. 제2017-000092호이고, 주소는 서울시 은평구 은평로3길 34-2, 전화는 (02) 3143-6360, 팩스는 (02) 6455-6367, 이메일은 shantibooks@naver.com입니다. 이 책의 ISBN은 979-11-92604-28-2 03180이고, 정가는 18,000원입니다.

삶의 질을 높이는 오픈 포커스 실생활 가이드북

오픈 포커스 라이프

레스 페미 · 수잔 쇼어 페미 · 마크 보레가드 지음
김정은 옮김

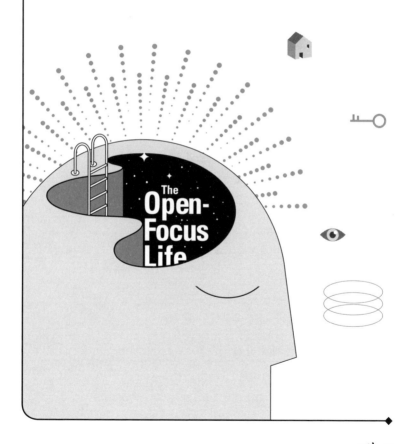

The Open-Focus Life

【산티】

차례

사람들은 주의를 기울이는 것이 딱히 학습이 필요한 행동이라고 생각하지 않는다. 어릴 적 부모님이나 선생님으로부터 주의를 잘 기울이라는 말을 들으면서 자라고, 심지어 왜 주의를 기울이지 않고 산만하게 구느냐고 야단도 맞았지만, 정작 주의를 기울이는 다양한 방법에 대해서는 들은 적도 배운 적 없다. 어른들은 그저 아이들이 주변의 다른 것은 모두 접어두고 오로지 그들이 원하는 것에만 온통 집중하기를 바랄 뿐이다. 그렇게 하는 것이 주의를 기울이는 유일한 방법이라고 우리는 은연중에 배운다.

정신없이 바쁘고 초분절화된 현대 사회에서는 이처럼 눈앞에 놓인 하나의 대상에만 주의를 강하게 집중하기 위해 정신을 어지럽히는 모든 방해물을 의식에서 지워버리는 것이 바람직한 일이라고 간주된다. 하지만 계속해서 그런 식으로 주의를 기울이는 것은 심신을 지치게 할 뿐 아니라 요즘 대부분의 현대인이 시달리고 있는 우울과 스트레스, 스트레스 관련 질환에 쉽게 노출되게 한다.

인간은 다른 동물과 마찬가지로 직관적이고 본능적인 방식으로 자기 주변, 즉 자신이 속한 공간에 주의를 기울이도록 진화해 왔다. 이처럼 주의를 유연하게 기울이는 능력을 되찾게 된다면, 설령 분주하고 해야 할 일이 많을 때라 하더라도 훨씬 차분하고 여유로우며 자연스런 모습으로 살아갈 수 있게 될 것이다.

이것이 이 책의 목표이다. 《오픈 포커스 라이프》는 단절과 스트레스라는 현대 사회의 문제에 실질적인 해결책을 제시하는 실용 가이드이다. 해답은 바로 우리의 알아차림 능력을 제대로 활용하는 데 있다. 좀 더 구체적으로 말하자면, 익숙한 기존의 방식에서 벗어나 다른 방식으로 주변의 물리적 공간을 인식하는 것이다.

여기서 말하는 '공간space'이란 우리가 지금 이 순간 안팎으로 차지하고 있는 공간을 말한다. 현재 앉아 있는 방과 그 방 너머의 모든 것을 아우르는 외부 공간이 하나요, 몸속 공간과 감정이 차지하는 공간, 생각이 차지하는 공간 등 내부 공간이 다른 하나이다. 40여 년의 세월 동안 레스 페미Les Fehmi 박사는 물리적 공간을 알아차리는 일이 인간의 뇌파 활동에, 중추신경계에, 자기 자신과 주변 세상을 경험하는 방식에 어떤 영향을 끼치는지 연구해 왔다. 이 책은 그 40년에 걸친 연구와 동료 심사를 마친 학술 연구, 개인과 커플, 그룹을 대상으로 한 수많은 개인 세션 중 핵심 내용만을 모아, 어떻게 하면 주의 기울이는 방식을 바꿔서 더 나은 삶을 살 수 있는지 알려준다.

페미 박사는 실험 참가자들의 뇌파를 관찰해, 참가자들이 주변의 외부 공간과 자기 내부의 공간에 주의를 기울일 때 알파파라고 불리는 뇌파가 크게 증가한다는 사실을 알아냈다. 알파파는 자율신경계가 '투쟁fight, 도피flight 또는 경직freeze' 반응을 일으키는 교감신경계의 각성 상태를 가라앉혀 부교감신경계가 균형을 회복할 때 대량으로 발생하는 뇌파이다. 신경계가 균형을 되찾으면 내분비계, 근육계, 혈관계 등 모든 말초 시스템이 정상화되는데, 이 책에서 안내하는 대로 주의 기울이는 방식을 바꿀 때 스트레스 증상이 줄어들고 통증이 경감되며 훨씬 유연하게 삶을 살 수 있는 것은 바로 이 때문이다.

《오픈 포커스 라이프》에서 제시하는 주의 기울이기 방식 가이드와 모델은 이해하기 쉬울 뿐 아니라, 책을 읽어 내려가는 지금 이 순간 바로 시작해 볼 수 있을 정도로 품이랄 게 거의 들지 않는다. 이 점은 몇 번을 강조해도 지나치지 않는데, 그것은 주의 기울이는 방법을 바꿔 "주변 공간을 인식하면 인생이 바뀔 것"이라는 말이 처음에는 딱히 인생을 바꿀 만큼 대단하게 들리지 않기 때문이다. 하지만 주의를 기울이는 이 새로운 방식은 흔히들 겪는 문제를 해결하거나 예방하고, 스트레스와 만성 통증을 경감시키며, 일상의 경험들이나 인간 관계에서 더 큰 즐거움을 맛보게 해준다.

　인간은 원래 자기를 둘러싼 세상을 훨씬 더 넓고 긴밀하게, 또 그때그때 필요한 방식으로 유연하게 주의를 기울이는 능력을 타고났다. 그것이 인간의 자연스러운 존재 양태이다. 하지만 현대 사회의 점점 빨라지는 속도와 늘어나는 요구들에 짓눌려 결국 인간의 주의 집중 방식은 만성적으로 좁게 초점을 맞추는 상태로 굳어버렸다. 그러나 주의 기울이는 습관을 바꾸는 간단한 연습을 통해 초점을 넓힐 수 있다면 이렇게 인위적으로 만들어진 스트레스의 부정적 영향에서 벗어나 훨씬 차분하고 만족스러운 삶을 살 수 있으며, 종국에는 더욱 건강하고 긍정적이며 자신의 몸·마음·영혼과 깊이 연결된 사람이 될 수 있다.

　《오픈 포커스 라이프》는 인간이 가진 가장 위대한 도구, 즉 '주의력'을 어떻게 사용해야 하는지 알려주는, 간단하면서도 혁신적인 가이드가 담긴 실용적인 책이다.

이 책의 사용법

　이 책은 다음 두 가지를 통해 건강과 안녕으로 향하는 새로운 길을 제시한다. 하나는 자신이 어떻게 주의를 기울이며 살아가는지 인식하게 하는 것이고, 다른 하나는 주의를 기울이는 다양한 방식들을 어떻게 넘나들어야 최적의 효과를 낼 수 있는지 그 방법을 알려주는 것이다.

여기에서 소개하는 많은 원칙들은 이전 저작인 《오픈 포커스 브레인Open-Focus Brain》과 《통증이 사라지다Dissolving Pain》에서도 다룬 바있지만, 이 책만의 차별점이 분명 있다. 그것은 이 책이 차분하고 여유롭고 스트레스가 덜한 삶을 살기 위한 빠르고 실용적인 지름길을 알려준다는 점, 그리고 이를 위해 언제라도 적용할 수 있는 쉬운 방법들을 통해 크고 작은 인생의 어려움을 해결하고 걱정과 불안을 잠재우며 만성 통증과 고통을 완화하는 법을 제시한다는 점이다. 주의기울이는 법을 바꾸는 순간 삶은 더 나은 방향으로 나아가게 된다. 여러분은 이 책에서 그 방법을 배우게 될 것이다.

처음 두 장章에서는 여러 가지 주의 방식에 대한 간략한 소개와 이책에서 말하는 '공간'이 어떤 의미인지, 그것이 사람들이 통상 생각하는 공간과 어떻게 다른지를 설명한다. 나머지 장들에서는 사람들이 흔히 겪는 도전거리와 어려운 상황을 한 장씩 할애해서 다룬다. 직장 내의 구체적인 갈등이나 가족 문제 혹은 감정적 고통을 어떻게 해결해야 하는지 알고 싶다면 그 장으로 바로 넘어가서 보면 된다. 거기엔 해당 문제에 대한 간략한 논의와 오픈 포커스 방식을 이용한 해결책, 삶에서 이런 난관을 헤쳐 나가거나 문제를 해결하기 위해 이책에서 제시하는 실천 테크닉들을 어떻게 적용했는지 생생하게 보여주는 사례가 소개되어 있다.

이러한 방법들의 과학적 근거에 대해 좀 더 깊이 있게 알고 싶다면 에필로그의 참고 자료를 보기 바란다. 알아차림awareness에 대한 신경 과학적 분석, 몸의 감각 지각perception에 관여하는 생물학적 과정, 인간의 두뇌가 주변의 물리적 세상을 해석하고 이해하는 법과 관련된 다양한 이슈를 주제로 작가와 심리학자, 상담가가 쓴 동료 검증 학술 연구 및 저작물이 소개되어 있다.

이 책에 나와 있는 놀라우리만큼 간단하고 단순한 테크닉은 사실 정교한 뇌과학에 근거하고 있지만, 방법 자체는 일상에서 쉽게 사용할 수 있다. 이제 바로 사용해 보자.

오디오 프로그램 이용 안내 및 《오픈 포커스 브레인》 활용 팁

 오픈 포커스 훈련을 하고 싶은 한국 독자들을 위해 '오픈 포커스 종합 훈련'을 비롯해 '머리와 손에 대한 오픈 포커스 훈련' '심장 중심의 오픈 포커스 훈련' 등 여러 버전의 훈련 가이드를 만들어 유튜브에 올려두었습니다. 유튜브 '샨티 TV'에서 '오픈 포커스'를 검색하면 이 영상들을 만나실 수 있습니다.

 또한 이 책은 육체적·감정적 고통과 스트레스 해소뿐 아니라 더 나은 인간 관계, 그리고 연주나 스포츠, 시험, 프레젠테이션 등 최고의 퍼포먼스를 필요로 하는 순간 등 일상의 모든 상황에서 오픈 포커스 주의 기법을 어떻게 적용하는지 그 구체적인 방법과 실제 사례들을 소개하고 있는 바, 오픈 포커스에 대한 좀 더 깊은 이론적 이해를 원한다면 이 책의 전작인 《오픈 포커스 브레인》을 함께 살펴보시길 권합니다.

—샨티 편집부

주의 기울이기

The Open-Focus LIFE

1

주의 기울이기

사람들은 "주의를 기울인다"고 쉽게들 말하지만, 주의를 기울일 때 어떤 대가를 치러야 하는지 제대로 알고 있는 사람은 드물다. 그것은 노력과 에너지, 감정과 시간이 모두 투입되어야 하는 행위이다.

"주의를 기울여라pay attention"라는 말은 대개 불쾌한 말투에 실려 표현되는 경우가 많다. 선생님이나 상사, 부모는 자기들이 원하는 방식으로 듣지 않거나 자기들이 원하는 것을 보지 않는다면서 그렇게 "주의를 기울여라"는 말로 여러분을 야단치고 꾸짖는다. 하지만 주의를 기울이라는 타박을 들을 때 사실 우리는 관심이 가는 대상에 '이미 주의를 보내고' 있는 중이다. 밖에서 들리는 새소리와 따스한 햇살에 마음을 빼앗기고, 공상에 빠지고, 선생님이나 상사가 던진 말에서 촉발된 상상의 흐름에 몸을 맡기고 있는 것이다. 교사나 부모는 주의를 좁히라고 말을 하면서 특정 사람이나 사물에게만, 요즘 같으면 눈앞의 컴퓨터 화면에만 초점을 맞추도록 우리를 훈련시켰고, 이렇게 그들이 시키는 대로 주의를 기울이면 좋은 성적과 칭찬, 승진으로 우리에게 보상을 했다. 이러한 좁은 주의야말로 우리 문화가 가장 높이 평가하는 주의 방식이자 동시에 가장 큰 대가를 치러야 하는 주의 방식이다.

미디어가 넘쳐나고 스트레스가 극심한 오늘날의 사회에서는 좁은 초점의 주의 방식을 으뜸으로 생각하지만, 사실 주의를 기울이는 방식은 다양하다. 여러 가지 주의 방식을 자유자재로 쓸 수 있는 법을 습득하게 되면 삶이 바뀌고, 불안감이 줄어들며, 삶에 대한 만족과 행복감은 높아진다.

지금 자신이 있는 공간에 마음을 열면 수업 중에 선생님이 하는 말이나 회의에서 상사가 하는 말에 주의를 기울이면서도 '동시에' 창밖의 새소리와 햇살을 만끽할 수 있다. 회의실에서 진행되는 프레젠테이션을 들으면서도 '동시에' 주변에서 일어나고 있는 모든 일에 연결되어 있음을 느낄 수 있으며, 놀랍게도 이 연결감은 일의 효율을 훨씬 높여준다.

초점의 범위를 넓힐 때 우리는 대가를 치르기보다는 오히려 보상을 받는 방식으로 주의를 기울일 수 있으며, 순간순간 주의를 기울이는 방식을 의식적으로 바꿀 수 있게 되면 불안감과 고통은 줄어드는 반면 신체적·정신적·정서적 감각은 훨씬 충만하게 즐길 수 있게 된다. 또한 뇌는 신경계를 정상화하는 뇌파를 생성하기 시작하여 애쓰지 않고도 효과적으로 알아차리는 상태로 진입하게 된다.

그렇다면 우리가 평소에 어떻게 주의를 기울이고 있는지 알아보자.

불이야!

관객들로 꽉 찬 극장에서 실제 불이 나지도 않았는데 "불이야"라고 소리 지르는 사람이 있다면, 아마 그는 출동한 경찰에게 체포될 수도 있다. "불이야"라고 소리를 지르는 순간 공황 상태에 빠진 사람들이 출구로 몰려들다 서로 엉켜 다칠 수 있기 때문이다. 설령 만석인 극장에 '실제로' 불이 났다 하더라도 "불이야"라고 소리 지르는 것은 두뇌의 원시적인 '투쟁, 도피 혹은 경직' 반응을 활성화시킨다는 점에서 그다지 좋은 선택이 아닐 수 있다. 이것은 그 어떤 주의 집중 방식보다도 큰 에너지가 소모되고 불안이 야기되는 비상 주의 모드이며, 이 모드는 매우 특정한 기능을 가지고 있다. 예컨대 위급 상황이 발생했을 때 여러분을 상상도 못했던 속도로 달리게 만들고, 차를 번쩍 들어 올려 그 아래 깔린 사람을 구조하게 하며, 온갖 종류의 대단한 일들, 거의 초인간적인 일들을 하게 만드는 등 아주 효과적인 기능을 하는 것이다. 하지만 동시에 지금 당면한 위험에만 좁게 초점이 맞춰지면서 심장 박동수와 혈압이 올라간다.

현재 우리 문화에서는 비상 상황이 전혀 아닐 때조차 이 비상 모드를 켠 채 보내는 시간이 많다. 주의의 반경을 한껏 좁힌 채 한 번에 작은 한 부분에만 주의를 기울이도록 교육받으며 자랐기 때문이다. 과속 차량이 달려오고 있다거나, 사나운 개가 쫓아오고 있다거나, 아이의 머리 위에 있는 화병이 위태롭게 흔들리고 있다거나 하는 비상 상황이라면 좁은 주의가 본인이나 타인의 생명을 구할 수 있다. 하지만 이 모드가 지나치게 오래 지속된다면 심장병, 고혈압, 그 외 불안과 관련된 여러 가지 질병과 이상 증상이 생명을 갉아먹을 수도 있다.

좁은 주의가 위급 상황에서는 효과적일지 몰라도, 훨씬 유연한 방식의 다른 주의 방식과 비교하면 여전히 부족한 점이 많다. 앞의 극장을 다시 예로 들어보자. 불이 났다는 소리에 공황 상태에 빠져 '생존'에만 좁게 초점을 맞추게 되면, 출구로 사람들이 몰려 오히려 오도 가도 못하는 역효과가 날 수 있다. 이 상황을 최대한 잘 풀어내기 위해서는 당면한 위험에 좁게 초점을 맞추는 동시에 주변 환경과 다른 사람들에게까지도 주의를 넓혀야 한다. 그래야 모두가 함께 안전한 장소로 대피할 수 있다. 이 책을 통해 공간을 인식하는 능력을 키우게 되면 갖가지 비상 상황뿐 아니라 실제로는 비상 상황이 아니지만 위급하게 느껴지는 일상의 상황들에도 더욱 잘 대비할 수 있을 것이다.

주의를 기울이는 네 가지 방식

사람들은 보통 자신이 어떻게 주의를 기울이고 있는지 깊이 생각하지 않는다. 하지만 주의를 기울이는 것도 하나의 행위이며, 의식적으로 주의를 기울일수록 삶에 대한 통제권을 더욱 확실하게 쥘 수 있다. 약간의 연습만으로도 여러분은 자연스럽고 유연하게 주의를 기울이고 상황에 맞게 자유자재로 주의 모드를 바꿀 수 있을 것이며, 연습의 효과가 체감되기 시작하면 신이 날 것이다. 반갑게도 그 효과는 즉시 맛볼 수 있다.

우리는 누군가로부터 에티켓을 배우거나 혹은 관찰이나 시행착오를 통해 적절한 에티켓을 몸소 깨쳤을 것이다. 친구들과 편하게 바비큐 파티를 할 때와 거래처 담당자와 업무차 점심 식사를 할 때, 또 클래식 음악 콘서트에 갔을 때 사람들이 하는 행동은 모두 다르다. 상황별로 적절한 행동이 다 다르기 때문이다. 주의를 기울이는 것도 마찬가지로 상황에 따라 적절한 방식이 필요한데 우리 문화에서는 그 누구도 그것을 가르쳐주지 않는다. 어떻게 주의를 기울이느냐에 따라 가장 크게 영향을 받는 사람이 우리 자신인데도 말이다. 상황별로 달리 주의 기울이는 법을 배우는 것은 각기 다른 사회적 상황에서 타인들과 어떻게 교류하면 좋은지 배우는 것과 진배없다. 교류하는 대상이 본인이라는 점만 다를 뿐이다.

이것은 중요한 부분이니 다시 한 번 반복한다. 주변 환경에 유연하게 주의 기울이는 법을 배우는 것은 결국 해당 상황에 가장 적합한 방식으로 자신과 교류하는 법을 배우는 것과 같다.

주의 모드를 유연하게 오가는 법을 배우면, 이 상황에서 다음 상황으로 쉽고 빠르게 옮겨갈 수 있으며, 이를 통해 자신에 관한 중요한 사실들을 알 수 있다. 가족 모임이든, 비즈니스 미팅이든, 첫 번째 데이트든, 이별의 순간이든, 학교 수업 중일 때든, 우리가 통상적으로 처하는 거의 모든 상황에 해당되는 말이다. 주의를 기울이는 방식은 의식적인 삶의 거의 모든 순간에 영향을 미친다.

평소에 무의식적이고 습관적으로 주의를 기울이던 것을 의식하고, 나아가 다양한 주의 방식들을 넘나들거나 여러 방식을 조합해서 사용하면서, 궁극적으로는 거의 모든 상황에서 스스로를 신뢰하는 법을 배우는 건 그다지 어려운 일이 아니다.

먼저 우리가 사용하는 여러 가지 주의 방식들에 대해 알아보자.

좁은 주의Narrow Attention

주의를 좁게 기울인다는 것은 주변에서 일어나는 사건이나 자신이 속한 공간은 모두 배제한 채 특정한 업무나 사건, 감정에만 초점을 맞춘다는 뜻이다. 좁은 주의는 에너지를 한 곳에 집중하는 데 유용하다. 가령 단단하게 얽힌 매듭을 풀려고 애쓰는 중이라면 실마리를 찾아서 그 부분을 잡아 빼는 데 온 신경을 쏟을 것이다. 이때는 그 일에 주의가 완전히 집중된 상태이기 때문에 옆 사람이 무얼 물어도 잘 듣지 못한다. 고양이가 사냥 놀이를 하거나 끈에 매달린 장난감을 뒤쫓을 때, 강아지가 테니스공을 쫓아가거나 여러분이 내민 뼈다귀에서 시선을 떼지 못할 때, 이때는 모두 좁은 주의를 기울이고 있는 것이다. 주의의 범위가 좁아지면 모든 에너지 자원이 한동안 하나의 초점으로 모이게 되는데, 이렇게 주의를 하나로 모으는 일은 보통 의식적으로 이루어진다. 매듭을 풀려면 초점을 의도적으로 좁혀야 한다. 사냥을 할 때 고양이는 초점을 먹잇감으로만 한정해야 한다. 안 그랬다가는 다른 자극에 정신이 흐트러져 먹잇감을 놓치고 말 것이다.

이렇게 의식적으로 초점을 좁히는 것은 대개 유용하게 작용한다. 하지만 우리는 자기도 모르게 스스로에게 해가 되는 방식으로 주의를 좁히기도 한다. 누군가와 언쟁 중에 있거나 상대방이 화난 목소리로 쏘아붙일 때, 우리는 그 사람이 내뱉은 말이나 두려움이나 분노 같은 자신의 감정에만 초점을 맞추곤 하는데, 그럴수록 의견 차이를 해소하기는커녕 더 소원해질 뿐이다. 초점을 좁혀 집중하는 것은 그 목적이 뚜렷하거나 해야 할 일이 분명할 때는 큰 도움이 되지만, 평소에 하듯 반사적으로 혹은 습관적으로 무심결에 하다가는 실제로는 유용할 수도 있을 환경의 다른 측면들, 다른 장면이나 소리, 감정 등을 지각하지 못하게 된다. 이는 스트레스 또한 가중시켜 장기적으로는 생리적으로도 안 좋은 영향을 끼친다. 주의의 초점을 지나치게 좁히는 것은 말 그대로 질병을 유발할 수 있다.

객관형 주의 _{Objective Attention}

'객관적_{objective}' 혹은 '객관화하다_{objectify}'라는 말은 오늘날 우리 문화에서 많이 통용되는 단어이다. 치우침이 없는 공정하고 객관적인 태도는 높은 평가를 받으며, 민주주의 정부가 표방하는 많은 원칙들 역시 이 객관성이 담보하는 암묵적인 공정성에 기반한다. 객관성은 사사로운 이익이 아닌 올바른 논증에 근거해서 갈등의 시시비비를 판단하고 다양한 선택지 중 어느 게 최선인지 분별하게 해준다. 견제와 균형_{checks and balances}이라는 미국 헌법의 큰 틀은 우리가 거의 신성시하는 이 객관성의 원칙에 기초하고 있다. 사물이나 절차, 일련의 상황을 객관화함으로써 우리는 무의식적 편견에 덜 휘둘리면서 그것들을 훨씬 명료하게 직시하고 또 결정을 내릴 수 있게 된다.

하지만 '객관화한다'는 말에는 '대상화한다'고 하는 부정적인 의미도 포함되어 있다. 특히 사람 또는 사람들과의 관계와 관련된 경우에 더 그러한데, 사람을 대상화한다는 것은 그 사람을 온전한 인간으로 바라보며 공감한다기보다는 평가할 수 있는 하나의 사물로 축소시켜서 본다는 의미이기 때문이다. 사람들을 이용 가치가 있는 특정 형질形質로 축소시킬 뿐 온전히 받아들이거나 인정하지 않기 때문에 이러한 대상화는 다른 사람들 또는 그들이 갖고 있는 관점을 이해하는 데 큰 벽이 된다.

다른 주의 방식들과 마찬가지로 객관형 주의 역시 장단점이 있으니 이 주의 방식을 어떻게 하면 잘 사용할 수 있는지 아는 것이 중요하다. 사업이나 재정 문제, 인간 관계에서 다른 사람의 의견이나 제안에 거리를 두는 것은 현명한 결정을 내리는 데 도움이 될 수 있으나, 타인을 대상화해 거리를 두게 되면 갈등과 긴장을 유발할 수 있다.(참고로, 같은 저자의 전작인 《오픈 포커스 브레인》 한국어 번역판에서는 'objective'의 의미가 주로 '나와 분리된 감각 대상'을 지칭하는 의미로 쓰였다고 보고 'objective attention'을 '객관형 주의'가 아닌 '대상형 주의'로 번역하였다—옮긴이)

경험도 마찬가지다. 경험 속에 푹 빠지지 못하고 끊임없이 판단하고 평가한다면 삶이 지닌 풍요로운 질감들을 느끼기 어렵다. 예를 들어 초콜릿을 먹으면서 이것이 스위스제인지 네덜란드제인지 평가하며 먹는다거나, 초콜릿을 한 조각도 먹어서는 안 되는데 입에 대고 있다면서 자신의 경험을 대상화하는 것은 초콜릿의 부드러운 맛이 주는 즐거움에 녹아드는 것과는 완전히 다른 태도이다.

합일형 주의 Immersed Attention

합일형 주의는 자신의 의식적인 알아차림이 외부의 프로젝트나 사람, 경험과 혼연일체될 때 일어난다. 밴드나 오케스트라의 뮤지션은 곡을 연주하는 경험에 푹 빠지고, 콘서트의 관객은 음악을 듣는 데 푹 빠진다. 두 경우 모두 사람들은 음악이라는 경험 속에서 '자신을 잊는다.' 사랑을 나눌 때, 스포츠 경기를 할 때, 작품을 감상하거나 영화를 볼 때, 그 외 어떤 행위를 하건 그 경험과 하나될 수 있다. 이

때 자기 의식self-consciousness은 경험에 압도되어 사라지고 여러분은 자신이 하고 있는 행위에 완전한 몰입감을 느낀다. 자기 의식이 사라지면 해방감을 느낄 수 있을 뿐더러 자신이 하고 있는 경험을 훨씬 즉각적으로, 생생하게 느낄 수가 있다.

합일형 주의의 부정적 면은 평소 자기 생각에만 너무 골몰한 나머지 길을 가다 벽에 부딪치거나 차도로 걸어 들어가는 등 정신을 딴 데 팔고 있는 교수의 모습으로 의인화할 수 있다. 이렇게 몰입하는 것이 본인의 선택이라면 그 효과는 대단히 놀라운 것이 될 수 있다. 자신이 연주하는 곡과 하나가 된 위대한 바이올린 연주자, 그가 청중에게 선사하는 극치의 예술적 경험을 떠올려보라. 하지만 이 방식의 맹점 역시 극단적이다. 본인의 감정이나 생각에 매몰되어 본의 아니게 주변을 잊어버린다면, 특히 어떤 방식으로든 주변을 인지할 필요가 있는 상황이라면 이 합일형 주의는 문제가 될 수 있다.

넓은 주의Diffuse Attention

넓은 주의는 레이저식 집중의 정반대 지점에 있는 방식이다. 레이저식 집중이 단 한 줄기의 강력한 빛을 빔처럼 쏘는 것이라면, 넓은 주의는 빛을 사방으로 퍼뜨리는 방식이다. 천문관天文館에서 프로젝터로 천장에 천체의 이미지를 파노라마 형태로 쏘아 보여주는 것을 연상하면 좋을 것이다. 이렇듯 넓은 주의는 넓게 포괄하는 자세로 사방의 자극 요소들을 동시에 의식 속에 받아들인다. 여러분이 만약 숲에 새를 관찰하러 나갔다면 보고 싶은 새를 찾기 위해 특정 새소리나 특정 색깔의 깃털에만 주의를 좁혀 집중하게 될 것이다. 하지만 숲에서 하이킹을 하며 자연의 면면들을 한껏 즐기는 중이라면, 여러분의 주의는 한층 넓어져 산들바람이 피부를 스치고 지나가는 것을 느끼고, 윙윙거리는 곤충 소리며 온갖 종류의 새 울음소리를 듣고, 저 멀리 폭포수가 층층이 떨어져 내리는 것을 보며, 동시에 머리 위로 솜사탕 같은 흰 구름이 떠가는 것을 눈에 담을 수 있다. 여기서 중요한 점은 이 모든 것이 동시에 알아차려진다는 것이다.

이러한 광대함과 포괄성이 넓은 주의의 장점이라면, 단점은 결정을 내리기가 어렵다는 것이다. 온갖 느낌과 생각이 의식의 영역 안으로 들어오기 때문이다. 주의를 사방으로 확장할 경우 여러 외부 자극들이 동시에 처리되므로 특정 업무를 수행하기 어려울 수 있다.(주의를 '사방'으로 분산시킨 상태에서 운전하기란 거의 불가능에 가깝다.)

주의 기울이는 방식들 넘나들기

자동차 운전을 예로 들어보자. 운전할 때 주의를 기울이는 가장 좋은 방법은 무엇일까? 운전자는 다양한 외부 사건과 자극을 동시에 평가하고, 다음에 벌어질 일을 예측하며, 교통 법규를 의식하면서 차를 운행해야 한다. 대부분의 사람들은 운전을 거의 일상적으로 하기 때문에 이런 일들 하나하나에 완전히 주의를 기울이면서 운전하는 경우는 없다. 그래도 이 일들이 복잡하다는 사실은 변함이 없다. 그러니 운전만큼이나 복잡한 일, 가령 핸드폰으로 통화하기, 라디오 채널 돌려가며 선택하기, 샌드위치 먹기, 헤어스타일 고치기 등을 운전하면서 하다가는 정신이 딴 데 팔려 사고를 낼 수 있다. 그렇다면 운전할 때는 어떤 방식으로 주의를 기울여야 할까?

가장 이상적인 것은 여러 가지 주의 방식을 조합해서 사용하는 것이다. 실제로 우리가 일상적으로 하는 거의 모든 일은 주의 방식들을 복합적으로 사용해야 수행할 수 있다. 하지만 일상의 일을 배울 때는 그 일에 어떻게 주의를 기울여야 하는지보다는 일 자체에 주력할 때가 많다. 그렇기 때문에 자신이 어떻게 주의를 기울이는지에 주의를 기울이면 일상을 살아가는 태도와 함께 주의 기울이는 방식까지 개선될 수 있다. 여러 가지 주의 방식들을 인지하여 어떤 순간에 어떤 방식을 사용할지 의식적으로 선택할 수 있게 되면, 여러분은 훨씬 수월하게 일상의 일들을 해낼 수 있을 뿐더러 더욱 차분하고 자유롭게 물 흐르듯 살 수 있다.

운전할 때 가장 이상적인 것은 합일형 주의와 좁은 객관형 주의, 넓은 주의를 유연하게 넘나드는 것이다. 합일형 주의는 손에 익은 운전 솜씨와 하나되게 해주고, 좁은 객관형 주의는 상황을 거리를 두고 평가하게 해주며, 넓은 주의는 움직이는 차를 둘러싸고 시시각각 변하는 전체 환경을 보고 듣게 해준다. 교통 상황이 계속해서 달라지는 거리를 운전하고 있다면 필요에 따라 (전체 환경을 한 번에 인식하는) 넓은 주의와 (축구공이 도로로 굴러왔는데 아이가 그 공을 쫓아오는 상황에서처럼) 좁은 주의를 오가야 한다. 주의 방식들을 자유롭게 넘나들지 못하면 문제가 발생할 수 있다. 가령 조금 전 상사와 의견 대립이 있어 속이 부글부글 끓었는데 운전 중에도 계속 자신의 분노에만 좁게 초점을 맞추고 있다면 '도로 폐쇄' 표지판을 못 보고 지나쳐 공사 중인 인부들 뒤에서 오도 가도 못하게 될 수 있다. 혹은 운전 중에 배우자와 통화하다가 운전이 아닌 대화에 깊숙이 빠지는 통에 옆 차선을 침범할 수도 있다. 이런 일들은 부지기수이다.

여러 주의 방식들을 특별히 애쓰지 않고도 유연하게 넘나드는 방법은 누구나 배워서 익힐 수 있다. 그저 자신의 주의 방식에 약간의 주의를 기울이기만 하면 된다. 우리는 이미 여러 주의 방식들을 자연스럽게 오가고 있으나, 자신이 지금 어떻게 주의를 기울이고 있는지 알아차리지 못하면 그 주의 방식이 별로 도움이 되지 않음에도 거기에서 벗어나지 못하는 경우가 많다. 가령 누군가와 의견이 맞지 않을 때 우리는 자신의 감정에만 좁게 초점을 맞춰 거기에 몰두하는 경향이 있다. 이 말은 곧 자신의 관점과 완전히 하나가 되어 '내'가 그 속으로 사라진다는 뜻이다. 자신이 옳다고 여기는 신념을 믿는 것은 물론 중요하지만, 다른 사람을 이해하고자 하거나 공동의 이익을 위해 타협을 하고자 할 때 자신의 감정에만 좁게 초점을 맞춰 그 속에 매몰된다면 중간 지점을 찾기는 어려워진다. 하지만 우리는 주의를 더 넓게 확장해 보기로, 다시 말해 다른 사람의 감정과 견해를 받아들이고 좀 더 객관적인 태도를 취해보기로, 즉 본인의 견해와 감정을 다른 사람의 그것과 더불어 냉정하게 평가해 보기로 선택할 수 있다. 그렇게 했는데 이전과 동일한 결론에 이를 수도 있고, 문제 해결을 위해 변호사를 고용해야 할 수도 있다! 하지만 마음이 바뀌어 문제의 이면을 보게 될 '가능성'도 있다. 또는 훨씬 더 이성적으로 상황을 파악하고 상대방 입장을 이해하게 되면서 자신이 왜 그런 결론을 내렸는지 꽤 논리정연하게 설명하며 상대를 설득할 수도 있다. 의견차가 어떻게 마무리되든 일단 주의 방식을 유연하게 오갈 수 있다면 과정 자체는 감정적 동요 없이 차분하게 진행되며 더 열린 대화를 나누게 될 것이다. 이 방법에 대해서는 일상 생활에 쉽게 적용할 수 있는 구체적인 예들과 함께 이 책 전반에 걸쳐 자세히 설명할 것이다.

연습만 하면 모든 주의 방식들을 동시에 자유자재로 쓸 수 있다. 그것이 바로 오픈 포커스 상태로 살아가는 이상적인 삶의 모습이다.

공간 느끼기, 공간 바라보기, 내가 공간임을 알아차리기

주의 기울이기의 핵심 중 하나이지만 어릴 적 선생님이나 부모, 멘토 들이 '전혀'라도 해도 무방할 만큼 언급하지 않은 것이 있다. 바로 공간space이다. 사실 영어로 '스페이스'라는 말을 들으면 제일 먼저 연상되는 것이 우주일 것이다. 텔레비전 시리즈 〈스타 트렉Star Trek〉의 그 유명한 오프닝 멘트, "우주, 마지막 개척지Space, the final frontier"처럼 말이다. 하지만 이 책에서 말하는 '공간'은 자기 주변의 물리적 공간, 상상으로 떠올리는 우리 몸속 공간, 그리고 존재하는 모든 것 속에 스며들어 있는 공간을 가리킨다. 오픈 포커스 연습을 마음 챙김mindfulness과도, 명상과도, 인지 행동 치료와도 구별되게 만드는 독특한 지점이 바로 지금껏 무시되어 온 이 공간이라는 차원이다. 오픈 포커스가 마음 챙김과 명상, 인지 행동 치료와 일정하게 겹치는 부분이 있기는 하지만, 그래도 오픈 포커스가 다른 것은 우리를 물리적 공간과 더욱 가까이 연결시킴으로써 온전한 경험을 가로막던 그 분리의 경계를 허물어뜨린다는 것이다.

주위를 둘러보라. 우리는 공간 안에 있다. 그뿐 아니라 우리 자체가 공간이다! 인간의 눈과 손과 뇌의 물리적 구조는 공간을 차지한다. 그것들이 곧 물리적인 물체이기 때문이다. 이 글을 읽을 때 떠오르는 여러분의 생각과 느낌 역시 공간을 차지한다. 생각과 느낌이 주로 뇌에서 일어나는 물리적 과정이기 때문이다.

사람들은 공간이 텅 비었다고 생각한다. 가령 '우주'라고 하면 행성 같은 물리적 물체들 사이의 빈 곳을 떠올린다. 하지만 우주는 비어 있지 않고, 실제로는 저밀도 입자들(주로 수소 가스)과 전자기 복사electromagnetic radiation(파장이 짧은 감마선부터 파장이 긴 라디오파까지를 포함하는 에너지—옮긴이)로 이루어져 있다. 예컨대 '방 안의 공간'이라고

할 때도 우리는 대개 물체들 사이의 공기를 떠올릴 것이다. 공기가 실은 질소, 산소, 기타 가스 분자들로 구성된, 부피를 지닌 물질임을 뻔히 알면서도 말이다. 공기가 눈에 보이지 않고 공기 속을 지나갈 때 몸에 저항이 느껴지지 않으므로 흔히들 공기를 텅 비었다고 생각하는 것이다. 하지만 우리가 있는 방, 심지어 지구의 대기도 물질로 꽉 차 있다. 우리 주변에 빈 공간이란 없다. 주변의 공간이 물질로 꽉 차 있다는 사실은 바람 부는 날, 앞으로 걸어가려면 공기의 저항력에 맞서 몸에 더 힘을 주어야 한다는 사실에서도 명확히 알 수 있다.

"모든 것이 공간이다"라는 사실에서 더 중요하게 짚어봐야 할 점은 여러분 자신이, 즉 여러분의 몸과 마음이 여러분을 둘러싼 공간과 하나로 연결된, 공간의 연속체라는 사실이다. 우리는 주변 공간과 분리되어 있지 않다. '주변' 공간이라고 말하지만 사실 그 공간은 주변에 있는 것이 아니라 바로 우리의 일부이기 때문이다.

숨을 들이마시고 내뱉을 때 공기 분자들은 우리의 몸으로 들어왔다가 나간다. 한쪽 손을 들어 공중에서 흔들며 피부에 와 닿는 공기의 흐름을 느껴보라. 지나가는 트럭 소리, 부엌에서 잘그락 부딪치는 그릇 소리, 쩍쩍 지저귀는 새 소리 등 지금 귀에 들리는 소리들은 공기의 파동이 물결처럼 퍼지다가 우리의 귀에 부딪쳐 고막을 자극하고, 이것이 다시 뇌의 물리적 구조를 활성화한 결과이다. 지금 귀에 들리는 소리, 혹은 그 소리를 만들어내는 물체는 그것들이 얼마나 멀리 떨어져 있느냐와 상관없이 우리의 뇌와 분리되어 있지 않다. 저길 아래로 지나가는 트럭 소리를 들었다면 그 트럭의 일부는 우리의 뇌 속에 물리적으로 존재한다는 뜻이다. 우리는 안팎의 공간 속에 존재하는 또 하나의 작은 공간일 뿐이다.

모든 것이 공간이고, 여러분은 자신이 오감으로 지각하는 물질과 동일한 물질로 구성되어 있다. "나는 주변과 분리되어 있다"는 감각은 주변 환경을 이해하고 결정을 내리는 데 도움이 되도록 우리가 만들어낸 하나의 구성물일 뿐이다. 초점을 넓혀 우리가 이 모든 공간의 일부라는, 부정할 수 없는 자신의 본질을 느낄 때 우리는 치유된다.

이 단순한 물리적 현실은 일상에서 쉽게 망각된다. 공간은 아침 출근길이나 친구와의 점심 식사 같은 일상과는 아무 상관도 없는 추상적인 개념처럼 느껴지기 때문이다. 하지만 공간은 절대 추상적이지 않다. 공간만큼 실제적이고 나와 긴밀히 연결된 것은 없다. 지금 이 순간 나와 내가 차지하고 있는 공간이 하나로 연결되어 있음을 느끼는 것이야말로 우리의 주의 방식이 지각에 끼치는 영향을 이해하는 데 대단히 중요하다.

우리가 공간을 경험하는 방식에 대해서는 다음 장을 비롯해 이 책 전반에 걸쳐 더 많이 설명할 것이다. 일단은 이 책에서 말하는 '공간'이 지금 이 순간 우리가 차지하고 있고 오감으로 경험할 수 있는 물리적 공간, 그리고 몸속 공간에서 일어나는 물리적 과정인 생각과 감정을 가리킨다는 정도로만 알아두자. 이 모두가 다 공간이다.

2

사라진 공간을
찾아서

2

사라진 공간을 찾아서

누구나 생각에 빠져 있을 때의 느낌이 어떤지 안다. 그것은 기분이 좋을 때도 나쁠 때도 있다. 딱히 할 일도 없는 나른한 겨울 아침, 폭신한 이불 속에 파묻힌 채 침대에서 뒹굴거리며 한가롭게 상상의 나래를 펼치고 있을 수도 있고, 비슷한 겨울 아침인데도 눈앞에 산적한 문제와 마주하기 싫어 침대 밖으로 차마 나가지 못한 채 앞날에 대해 걱정만 하고 있을 수도 있다.

두 경우 모두 겨울 아침에 침대에 파묻혀 있는 점은 동일하지만, 기분과 생각이 다르다는 이유 하나만으로 집은 아늑하고 안전한 스위트홈에서 불안과 스트레스로 가득한 가시방석 같은 곳으로 변한다. 하지만 이 장면의 즐거운 버전과 불쾌한 버전에는 한 가지 공통점이 있다. 바로 자신만의 생각 속에 빠져 있다는 점이다. 생각에 빠지는 순간 여러분은 자신이 있는 물리적 공간에서 멀리 벗어나 추억이나 아름다운 꿈속에 머물거나, 아니면 미래에 대한 두려움이나 악몽에 시달릴 수 있다.

생각에 푹 빠지는 것, 즉 미래를 예측하고, 상상하고, 추억을 회상하는 것은 다른 동물에겐 없는 인간만의 능력이지만, 무의식적으로 생각에 깊이 빠져 있다가는 부정적인 감정이나 두려움에 휩싸여 지금 이 순간 여러분이 하고 있는 경험으로부터 멀어질 수 있다. 현대사회의 첨단 기술은 생각에 잘 빠지는 인간의 이 같은 자연스러운 성향을 이용하고 있다. 이 시대를 살아가는 인간은 자기 생각에만 빠지는 게 아니다. 우리는 핸드폰, 노트북, 태블릿, 텔레비전 등 우리를 부르는 디지털 화면들에도 푹 빠진다.

화면에 주의를 기울이다 보면 '나'라는 의식은 화면 속의 영화나 뉴스, 소셜미디어 메시지에 빠져 사라지기 십상이다. 이 경험은 여러분이 보고 있는 내용이 무엇이냐에 따라 즐거울 수도 불쾌할 수도 있다. 하지만 침대에 누워 상상의 나래를 펼치거나 걱정에 휩싸여 있는 앞의 예에서와 마찬가지로, 멀리 사는 친구로부터 메시지를 받아 기분이 좋든 화면에 올라온 짜증나는 뉴스 때문에 심기가 불편하든 간에 현재 자신이 있는 물리적 공간으로부터 주의가 벗어난다는 사실만은 동일하다.

생각에 깊이 빠지는 것 자체가 부정적이거나 피해야 할 일은 아니다. 젊었을 적 행복했던 시간을 떠올리며 향수에 젖는 것은 우리 마음에 안정과 활력을 줄 수 있고, 세상을 떠난 가족이나 이별한 애인을 그리워하며 생각에 잠기는 것은 때로 불쾌한 감정에서 벗어나는 건강한 방법이 될 수 있다. 생각에 빠져들지 않도록 스스로를 단속하는 것이 목표는 아니다. 오히려 생각에 빠지는 것 또한 주의를 기울이는 하나의 방법임을 알아야 한다. 다만 스트레스와 불안, 혼란스러움 같은 부정적 감정에 자기 의도와는 상관없이 습관적으로 주의를 기울이게 되면, 인간을 인간답게 만드는 자질—즉 새로운 사업을 시작하고, 노래를 작곡하고, 새로운 음식 레시피를 만들고, 휴가 계획을 짜고, 인생에 의미를 부여하는 등등의 모든 일을 할 수 있도록 하는 '나'에 대한 자기 의식 및 과거와 미래를 알아차리는 능력—의 부정적인 측면에 발목 잡힐 수 있다.

이런 부정적인 측면은 순간적으로 불안감을 일으킬 수 있으며, 스트레스 상태에 빠지면 궤양이나 심장병, 고혈압 등 여러 질병에 걸릴 수 있다. 또한 긍정적 생각이든 부정적 생각이든 그 속에 빠진다고 해서 현실 세계로부터 도피할 수 있는 것은 아니다. 생각이 우리를 어디로 데려가든 우리는 여전히 공간 안에 몸을 가지고 존재한다. 우리가 실제로 차지하고 있는 공간으로 주의를 보내 그 공간을 인식하는 것이야말로 주의력을 통제하는 열쇠이다. 그리고 주의력을 통제할 수 있게 되면 우리는 자신의 생각과 감정은 물론이고 외부 세상에서 벌어지는 일과 그로 인한 즐거움, 걱정, 기회, 사회의 높은 기대치에 어떻게 주의를 기울일 것인지 '의도적으로 선택'할 수 있다.

⋮
의도적으로 주의를 기울이기

불안과 걱정, 스트레스에 빠졌을 때 어떻게 하면 주의에 대한 통제권을 되찾을 수 있는지 전반적으로 간단하게 살펴보자. 일상적으로 마주하는 구체적인 스트레스를 다루는 기법에 대해서는 뒤에서 더 자세히 이야기할 것이다. 여기서는 먼저 내면의 불안을 잠재우고 안정과 평온을 되찾는 일반적인 원리 및 간단한 방법 몇 가지를 살펴보자. 이 방법들로 여러분이 지금 하고 있는 걱정이 허상이라거나 중요한 게 아니라고 세뇌하려는 것이 아니다. 문제는 실재하며, 제대로 된 해결책을 필요로 한다. 하지만 걱정하고 불안해한다고 문제가 풀리는 것도 아니고, 때로는 불안감 때문에 오히려 문제를 해결하지 못하는 경우도 생긴다. 물리적 공간 속에서 자신의 위치를 알아차리면 세상이 좀 더 낙관적으로 보이고, 문제들이 두려움으로 부풀려진 상태가 아니라 있는 그대로 명확하게 보이며, 뇌파들이 서로 동조됨으로써 몸이 편안히 이완되는데, 이 모든 것은 결국 신체적·감정적인 건강을 전반적으로 증진시킨다.

'지금 이 순간' 여러분이 실제로 차지하고 있는 공간에 연결될 때 여러분은 이 간단한 접근만으로 기분과 지각이 얼마나 획기적으로 달라지는지 엿볼 수 있다. 우선, 지금 이 순간 여러분이 하고 있는 것, 바로 이 책을 읽는 행위를 가지고 연습을 시작해 보자. 다음 몇 단락을 읽는 동안 주의를 이렇게 저렇게 바꿔보라는 요청이 몇 번 반복될 텐데, 이때 주의를 바꾸는 동안에도 계속해서 책을 읽어나가도록 한다. 그러면 이미 매일 하고 있는 일들을 계속 하면서도 어떻게 여러분이 주의의 초점을 확장하고 변환할 수 있는지 알게 될 것이다.

말은 마법과도 같다. 말을 통해 전달되는 생각과 의미는 물리적 공간을 건너뛰어 순전히 정신적인 영역으로 곧장 들어가는 것처럼 느껴진다. 하지만 지금 이 책을 읽을 때 여러분 눈에 들어오는 단어들은 물리적 지면 위에 잉크로 인쇄된 것들로, 반사광을 통해 역시 물리적 기관인 여러분의 눈으로 전달된다. 글을 해석하는 정신적 영역조차도 제대로 작동하려면 심장에서 뇌로 혈액이 흘러야 하고, 전기 자극이 시냅스를 따라 이동해야 하며, 뉴런이 서로 연결되어 있어야 한다. 그리고 이 모든 것은 공간을 차지한다. 즉 지금 여러분이 하고 있는 독서 행위는 강도 높은 물리적 활동이며, 눈으로 페이지를 훑을 때 글자에만 초점을 맞추는 것은 여러분이 공간 안에서 쓸 수 있는 주의의 극히 일부만을 쓰는 것이다.

책을 읽으며 잠시 물리적 글자 자체에만, 즉 종이 위에 찍힌 잉크에만 초점을 맞춰보자. 그런 뒤 글자들 주변의 빈 공간을 알아차려 보자. 여러분은 지금 글자를 읽고 있지만 동시에 글자들 사이의 공간도 보고 있다. 두 눈과 책 사이에 존재하는 공간 역시 보고 있다. 그 공간에 보이는 게 아무것도 없을지라도 말이다. 이제, 계속 책을 읽어 내려가면서 책 주변의 공간을 알아차려 보자. 책을 들고 있는 두 손을 알아차리고, 책의 무게, 페이지의 질감을 느껴보자. 여러분이 지금 있는 공간은 어디인가? 도서관인가, 버스인가, 기차인가, 아니면 집에 있는 방 안인가? 책을 계속 읽어나가되 의식을 밖으로 확장하여 책뿐 아니라 여러분이 지금 앉아 있는 공간의 세부적인 면모들을 알아차려 보자. 우리는 바로 눈앞에 있는 것에, 지금 하고 있거나 집중하고 있는 '가장 중요한' 것에 좁게 초점을 맞추는 데 너무 익숙해져서 우리가 있는 공간은 배경으로 사라져버릴 때가 많다. 하지만 여러분은 이 글자들을 계속해서 읽고 이해하는 와중에도 책 주변에 있는 물건들을 알아차릴 수 있고, 책 자체를 비롯해 얼굴과 책 사이의 거리까지도 동시에 알아차릴 수 있다. 이러한 모든 요소를 알아차림의 대상에 포함시키는 것이야말로 지금 여러분이 차지하고 있는 공간에 그라운딩grounding하기 위한 간단한 첫 단계이다. 지금 이 순간 여러분의 몸이 차지하고 있는 물리적 공간에 연결되는 것은 여유로움과 차분함을 되찾고 신체의 여러 시스템들을 동조화하기 위한 첫 번째 단계이다. 이렇게 주의를 확장하는 것은 우리 뇌가 바라는 주의 기울이는 법과 정확히 일치한다. 인간이라는 존재는 이렇게 주의를 기울이도록 진화해 왔다. 그러니 처음에는 낯설더라도 이 방법이 곧 자연스럽게 느껴질 것이다. 실제로 자연스러운 일이기 때문이다.

오감으로 공간을 경험하기

간단한 실험 하나를 더 해보자. 이것 역시 책을 읽으면서 하면 된다. 현재 무슨 소리가 들리는가? 지금 이 순간 우리 진료실 창 밖을 예로 들자면 참새가 지저귀고, 저 아래 길에서는 대형 트럭이 삐삐삐 소리를 내며 공사장을 후진해서 빠져나가고 있다. 이런 소리들을 차단하려 애쓰지 말고 있는 그대로 알아차려 보자. 그러면 자신이 환경, 즉 자신을 둘러싼 공간의 일부임을 더욱 확연히 느낄 수 있을 것이다. 이렇게 우리는 공간과 연결되어 있음을 느끼면서 동시에 이 페이지에서 설명하는 내용들도 이해할 수 있다. 지금 '여러분'에게 무슨 소리가 들리는가? 이 글자들을 읽는 동시에 주변의 소리들이 얼마나 멀리서 들려오는지 가늠할 수 있는가? 눈으로 이 글줄을 훑고 뇌로 그 의미를 조합해 내는 중에도 그 소리들이 공간의 어디에서 들리는지 알아차릴 수 있는가? 물리적 공간을 인식하면, 즉 초점을 넓혀서 이 책의 질감과 무게, 그리고 공기의 파동을 통해 귀로 전달되는 소리 등을 동시에 알아차리면, 지금 이 순간 하고 있는 일에 마음을 더 깊이 쏟을 수 있고 몸과 마음을 다시금 하나로 정렬시킬 수 있다.

여러분은 지금 앉아 있는가 아니면 서 있는가? 앉아서 이 글자들을 읽고 있는 중이라면 의자를 누르고 있는 자신의 체중을 느껴보라. 지금 등을 뒤에 기대고 있는가 아니면 몸을 앞으로 숙이고 있는가?

등과 맞닿은 의자의 등받이를 느껴보거나, 바닥에 닿아 있는 발에 가해지는 몸의 무게를 느껴보라. 다시 말해 자신의 몸을 느껴보라. 분주한 일상 속에서 우리는 이것저것 계속 머리 쓰는 일만 하면서 사는 경우가 많다. 그러면서 자신의 생각과 의도에만 좁게 초점을 맞추며, 자신이 여전히 공간 안에 몸을 가지고 존재한다는 사실, 그리고 우리가 지금 차지하고 있는 공간이 자신의 기분과 감정에 깊은 영향을 끼친다는 사실은 까맣게 잊는다.

여러분의 몸과 그 몸이 차지하고 있는 공간은 여러분이 지금 읽고 있는 글, 다른 사람들이 하는 말, 또 여러분의 생각과 감정을 이해하고 해석하고 기억하는 능력에 심대한 영향을 끼친다. 인간은 공간을 차지하고 시간을 따라 움직이는 4차원적 존재인 만큼 이 모든 물리적 차원들을 인식하게 되면 실제로 신경계가 더욱 조화를 이루고, 마음이 차분해지고, 심박수가 느려지며, 편안한 상태가 되면서 정신적 지각 능력이 향상된다.

다시 한 번 초점을 이 글자들뿐 아니라 이것들을 찍어낸 잉크, 글자들이 나열된 페이지의 표면, 손에서 느껴지는 책의 무게와 질감 등으로 확장해 보자.

이제 여기서 한 발 더 나아가 코로 숨을 깊게 들이쉬어 보라. 지금 기차나 버스를 타고 있다면 혹은 공공 장소나 공원 같은 곳에 있다면, 여러분 주변은 수많은 냄새로 가득할 것이다. 어떤 냄새가 맡아지는가? 여러분이 깔끔한 사람이고 집 안에 조용하게 앉아 있다 해도 방금 먹은 음식 냄새가 공기 중에 여전히 떠돌 수 있다. 강아지나 고양이 특유의 냄새가 옅게 날 수도 있고, 셔츠에서 세탁비누 냄새가 난다거나 향수 냄새가 맡아질 수도 있다.

냄새가 기억과 기분에 끼치는 영향은 아주 크다. 또한 냄새에 대한 기억은 뇌의 가장 오래된 부위에 저장되기 때문에, 냄새는 오래도록 잊고 있던 과거의 추억을 불러일으키기도 한다. 일상에서 맡는 냄새가 사람의 경험 형성에 큰 영향을 미치는 만큼, 주변의 냄새를 잘 알아차리면 현재 자신이 차지하고 있는 공간에 더 긴밀하고 생생하게 연결되고, 이는 다시 몸의 긴장이 풀리며 차분해지는 결과로 이어진다.

우리 진료실 주변을 다시 한 번 둘러보면, 밖에서는 새들이 여전히 지저귀지만 지금은 아까보다 훨씬 늦은 저녁이라 우는 새의 종류도 다르고 울음소리도 다르다. 옆 사무실에서 들리는 청소기 소리에 중간중간 새소리가 묻히기도 하고, 긴 하루 끝에 청소부가 사용하는 세제와 소독제 냄새가 진료실로 흘러 들어오기도 한다. 윙윙 시끄럽게 돌아가는 청소기 소리와 소독제 냄새가 세상에서 제일 기분 좋게 느껴지는 건 아니지만 공간을 오감으로 경험할 때 빠트릴 수 없는 부분임에는 틀림없다. 여기서 정말 중요한 사실 하나를 짚고 넘어가자. 바로 이 냄새와 소리는 우리가 그것을 의식하든 하지 않든 진료실이라는 환경에 속해 있다는 점이다. 주변 환경에 주의를 기울이지 않는다고 해서 여러분 주변의 모든 감각 자극이 마법처럼 사라지는 일은 없으며, 이 자극을 의식적으로 알아차리든 알아차리지 못하든 그것은 여러분에게 영향을 끼친다. 자신도 모르게 그런 감각 자극에 휘둘리느니 그것들을 알아차려 주변 환경을 온전히 경험하는 편이 훨씬 낫다.

근처에서 계속 큰 소음이 들려왔지만 일 때문에 어떻게든 그 소음을 무시하려 애를 썼는데 하루가 끝날 무렵 지독한 두통에 시달린 적이 있는가? 부지불식간에 생기는 이런 두통을 예방하는 방법은 그 소음을 알아차리고 받아들이는 것이다.(그 소리가 여전히 짜증이 나더라도.) 주변 환경에 좀 더 의식적으로 주의를 기울이면 자신도 모르게 받는 환경의 영향으로부터 벗어날 수 있다.

지금 '여러분'이 있는 물리적 공간에서는 어떤 냄새가 나고 어떤 소리가 들리는가? 그 냄새와 소리는 여러분이 주의를 기울이기 전부터 이미 존재했고 또 여러분에게 영향을 끼쳤다. 여러분이 의식하지 못했을 뿐이다. 지금 이 순간, 여러분이 그 소리와 냄새를 인식하면서도 여전히 이 글을 읽고 있고 그 의미를 이해하고 있음을 알아차리기 바란다.

주의를 제대로 기울인다는 것은 곧 주변에서 일어나는 모든 일에 온전히 머문다는 뜻이며, 그렇게 주변의 모든 일에 주의를 기울이는 것이 습관이 되면 언제 무엇에 주의를 보낼지 선택할 수 있고, 의식적으로 초점을 넓히거나 좁히거나 혹은 결합할 수도 있다. 그 상황에 가장 적합한 주의 방식으로 들어갔다가 나왔다가 또 다른 것으로 넘어가는 것이 자유자재로 가능해진다.

만일 이 책이 양자 역학과 관련된 수학 공식을 설명하고 있고 여러분이 막 그 공식을 접한 학생이라면 잠시 그 공식이나 풀이로 초점을 좁혀야 할 것이고, 문제를 풀기 위해서는 잠시 강한 집중력을 발휘해야 할 것이다. 우리는 초점을 좁힌 채 그 상태를 계속 유지하는 경향이 있는데 이러면 에너지가 금방 바닥이 난다. 그러나 그렇게 좁은 초점 상태로 언제까지나 집중하고 있을 필요가 없다. 문제를 풀 때는 다른 일은 모두 제쳐두고 문제에만 좁게 초점을 맞춰야겠지만, 일단 답을 알아냈으면 초점을 넓혀 다시 책의 페이지, 방 안의 모든 풍경과 냄새를 인식할 수 있다. 주의 방식을 원하는 대로 바꿀 수 있게 되면 집중력이 향상되는 것은 물론이고, 자신이 처한 물리적 환경 속으로 다시 돌아가 긴장을 풀고 편히 머무를 수 있을 것이다. 이렇듯 여러 가지 주의 방식을 유연하게 오가는 것은 세상에서 가장 자연스러운 일이다. 안타깝게도 아주 좁은 방식으로 주의를 기울이는 법만은 연중에 배운 바람에 이것을 습관으로 길들이지 못했을 뿐이다.

일상 생활 속의 구체적인 스트레스를 풀기 전에 작은 실험 하나를 더 해보자.

이 글자들을 읽고, 손으로 책의 무게를 느끼고, 주변의 소리들을 듣고, 부드럽게 다가오는 향을 맡으면서, 이제 입 속에서 자신의 혀를 느껴보라. 만일 오늘이 스트레스가 많은 날이었다면 턱이 뻣뻣하게 긴장되어 있을 수 있다.(이것은 뒤에서 다시 다룬다!) 이때 혀나 입을 움직이지 말고 그냥 가만히 알아차리고, 나아가 치아도 알아차려 본다. 혀에서 침이 느껴지는가? 맛이 느껴지는가? 어떤 맛인가? 아까 먹은 음식이 혀에 남긴 맛을 지각할 수 있는가? 책을 읽을 때 홀짝거린 음료수의 맛은? 침 자체의 맛이 느껴지는가? 사람들은 보통 음식을 먹고 마실 때에만 맛에 집중하지만, 냄새에 주의를 기울이는 행위로도 맛을 더 강렬하게 느낄 수 있다. 입 안에서 느껴지는 맛은 사실 '나'를 구성하는 요소이다. "먹는 것이 곧 나다"라는 말은 은유적으로나 문자 그대로나 모두 진실이다. 내가 먹은 음식의 맛은 나라는 사람의 일부이다.

이 모든 신체 감각을 자각하는 것은 자신의 물리적 공간을 인식하는 과정으로, 우리가 자기 몸을 주변의 물리적 사물과 연결되어 있는 또 하나의 물리적 사물로 바라볼 때 우리 뇌파는 훨씬 잘 동조화되고 우리 마음은 더욱 차분해지며 균형도 더 잘 이루게 된다. 이것은 엄격한 임상 실험들을 통해 입증된 사실이며, 여러분 역시 주의 방식을 유연하게 바꾸는 연습을 해서 이 모든 감각을 알아차리게 되면 직관적으로 자연스럽게 알게 될 것이다.

인간 외의 다른 동물들은 모두 옛날부터 본능적으로 이렇게 살아왔다. 즉 초점을 넓혔다 좁혔다 하면서 주변에서 보이는 것, 들리는 것, 또 냄새까지 모두 한 번에 의도적으로 포착해 내는 것이다. 인간역시 원래는 동물들처럼 주변 세상으로 주의를 기울이도록 진화해왔다. 인간은 수백만 년 동안 지구라는 자연 환경의 일부로 살아왔다. 우리가 지금 알고 있는 문명을 이룬 것은 고작 몇천 년밖에 되지 않고, 그중에서도 인간의 마음을 자연으로부터 멀리 벗어나게 하는 기술들이 개발된 것은 지난 백여 년에 불과하다. 우리가 매일 느끼는 스트레스의 상당 부분은 우리 몸과 마음이 지금 이 순간 우리가 차지하고 있는 물리적 공간의 일부라는 사실을 잊고, 자기 생각이나 컴퓨터 화면 혹은 재미있는 최신 기기들로 초점을 좁히기 때문에 발생하는 것이다. 공간에 주의를 기울임으로써 공간과 다시 연결된다는 말은 인간이 발명한 놀라운 기술을 거부한다는 뜻이 아니라, 그러한 기술 혹은 인간이 발명해 낸 주변의 모든 것에 선택적으로, 상황에 맞게, '자신'이 원하는 대로 주의를 기울인다는 뜻이다. 이런 식으로 공간에 유연하게 주의를 기울일 때의 또 다른 이점은 자신의 감정이나 다른 사람의 감정에 다시 연결될 수 있다는 것인데, 이 점에 대해서는 뒤에서 다룰 것이다.

지금은 다만 여러분이 들고 있는 이 책과 두 눈 사이의 공간을 알아차려 보도록 한다. 엄지와 나머지 손가락들이 책을 얼마나 세게 쥐고 있는지 느껴보고, 페이지 위의 글자들과 주변의 여백을 알아차리고, 책 너머의 공간을 오감으로 감지하고, 자신을 사방의 공간 안에서 일정 공간을 차지하고 있는 물리적인 몸으로 느껴보자. 원하는 만큼 유연하게 주의를 넓히거나 좁힐 수 있는 인간의 타고난 능력을 되찾는 것이야말로 더 건강하고 더 만족스러운 삶으로 나아가는 첫 단계이다. 그리고 여러분은 지금 그 한 걸음을 내디뎠다.

3

스트레스 해소

The Open-Focus LIFE

3

스트레스 해소

스트레스란 적응이 필요한 모든 변화에 몸이 보이는 반응, 혹은 정상
적인 기능을 유지하기 위한 몸의 대응을 의미한다. 환경이 변하면 인
간의 몸은 그 변화에 맞서 신체적·감정적·정신적으로 대응하며, 스
트레스 상황은 언제 어디에서나 발생할 수 있다. 예컨대 직장(동료와
의 갈등, 실직)이나 가정(아이들 양육의 어려움, 불화 혹은 이혼)에서 벌어
지는 일이 주범일 수도 있고, 정치나 공중 보건 위기 상황, 심지어는
날씨 변화 같은 일상적인 일조차 스트레스의 원인이 되기도 한다.

미국 심리학회American Psychological Association가 발표한 최근 연구에 따
르면, 미국인들이 받는 스트레스의 가장 큰 원인은 미국의 국가적 상

황이라고 한다. 이에 따르면 미국인의 63퍼센트가 매일 나라의 미래를 걱정하고, 공화당원과 민주당원 모두 절반 이상이 정치적 분열 때문에 스트레스를 받았다. 매일 뉴스를 확인하는 사람이 전체 인구의 95퍼센트에 육박하지만 72퍼센트는 미디어가 사건을 과장한다고 생각하며, 절반 이상은 보도되는 뉴스보다 미디어 자체에 스트레스를 받았다.

사람들은 또 어디에서 스트레스를 받을까? 미국인의 54퍼센트는 매일 돈 걱정을 한다. 미국이 전 세계에서 가장 부유한 국가라는 점을 감안하면 이는 놀라운 수치이다. 그렇다면 무엇 때문에 돈 걱정을 할까? 생계 유지, 예상치 못한 지출, 빚, 은퇴하지 못하고 노년까지 계속 일해야 할지도 모른다는 불안감, 자녀 교육비, 의료비 등 거의 모든 것이 돈 걱정의 대상이다. 일 역시 스트레스의 주범이어서, 미국인의 거의 3분의 2가 직장 문제로 걱정한다. 개인적으로 매일 맞닥뜨리는 스트레스 역시 빼놓을 수 없다. 인간 관계는 조용할 날이 없고, 아이들은 자라면서 필요한 것들이 계속 생기며, 부모님도 나이 들며 돌봄을 필요로 하는 등 가족을 둘러싼 걱정은 끊이지 않는다. 그 외에도 심각한 사고라든지 부모나 형제자매의 이혼, 이사 같은 일은 누구나 겪게 마련이다. 행복한 일도 스트레스를 야기한다. 결혼식을 하려면 지난한 준비 과정과 가족들로부터 받는 스트레스, 비싼 비용 문제가 동반되고, 임신·출산의 경우엔 산모와 아기의 건강에 대한 염려와 부모의 일자리 스트레스가 딸려오며, 승진을 하면 더 많아진 업무량과 책임감이 따라온다.

이 모든 스트레스의 공통점은 무엇일까?

현대 미국인의 삶에서 가장 해로운 요인은 일상에서 주의를 기울이는 방식이 극도로 협소하고 부자연스럽다는 것이다. 우리는 전자기기 화면에 얼굴을 바짝 들이대고 있으면서 주변의 물리적 공간에서 일어나는 사건이나 사람은 마치 없는 듯이 취급한다. 남녀노소를 불문하고 우리는 일이나 정치적 이슈를 집까지 끌고 들어오기도 한다. 우리 삶에는 이것저것 신경을 분산시키는 일들이 50년 전, 100년 전보다 훨씬 많다. 하지만 스트레스는 불안이나 신경을 분산시키는 일 자체에서 비롯되는 게 아니라 경직되고 몸에 해로운 방식으로 그 일에 계속해서 주의를 집중하기 때문에 발생한다.

현대 사회를 일종의 놀이 공원이라고 생각해 보자. 우리는 가족과 함께 놀이 공원을 구경하고 있다. 곳곳에 반짝이는 조명과 요란한 음악에 맞춰 빙빙 돌아가는 놀이 기구가 보이고, 호객꾼은 고리 던지기니 두더지 잡기를 하라며 사람들을 잡아끌며, 공기 중에는 달콤한 솜사탕 냄새와 동물원의 건초 냄새가 뒤섞여 떠돈다. 이 모든 것들이 동시에 쏟아지지만 가족들은 각기 자기가 가장 매혹을 느끼는 대상에만 초점을 맞출 것이다. 한 사람은 회전컵 놀이 기구에, 한 사람은 팝콘에, 또 한 사람은 줄톱으로 저글링을 하는 무대 위의 어릿광대에게 시선이 간다. 하지만 동시에 가족들은 머리 위의 밤하늘과 서로 맞잡은 가족의 손길, 피부에 닿는 부드러운 바람에도 주의를 기울일 수 있다. 이렇듯 주의의 초점은 한 순간에도 좁혔다 넓혔다 할 수 있다. 여기서 중요한 것은 마음이 편하거나 상황이 즐거우면 이러한 전환이 아주 쉽게 이루어진다는 사실이다. 무언가를 즐기고 있을 때는 저항이 일어나지 않는다. 어떤 것이든 있는 그대로 다 받아들이고 싶고, 좋은 일을 경험할 때 대부분 그렇듯 시간이 너무 빨리 지나가 아쉬울 뿐이다.

하지만 그야말로 놀이 동산에 비견될 만한 현대 사회는 어떠한가? 이곳에서는 주의를 사로잡는 것들이 실제 놀이 동산처럼 순수한 재미를 위한 것이 아니다. 때로는 정색을 하고 대해야 할 일도 있고 응분의 대가를 치러야 할 일도 있다. 누군가는 집세와 자동차 할부금, 보험료를 지불해야 하며, 양육비는 점점 많이 들어간다. 그런가 하면 매일 폭력과 분쟁 관련 뉴스가 집집마다 스크린을 통해 전달된다. 가끔 보면 현대 사회라는 이 놀이 동산은 못된 어릿광대들로 가득 찬 것처럼 보인다. 이처럼 때로는 미쳐 돌아가는 것처럼 느껴지는 일상에서 우리를 진정시키고 스트레스를 덜 느끼게 해줄 수 있는 주의 방식은 바로 진짜 놀이 동산에서 그토록 자연스럽게 전환할 수 있었던 유연한 주의 방식이다.

이 장에서는 우리의 정신을 쏙 빼놓는 일상의 스트레스를 하나씩 둘러보며 주의 방식을 어떻게 달리하면 스트레스를 덜 받을 수 있는지 살펴본다. 그야말로 속이 뒤집히는 상황에서 어떻게 하면 침착함을 되찾을 수 있는지, 더없이 부자연스럽고 억지스러운 환경에서조차 자연스럽게 본래의 내 모습으로 존재할 수 있는 방법은 무엇이 있는지 알아본다.

•
•

핸드폰과 나

문자 알림음이 울린다. 나는 핸드폰을 꺼낸다. 약속 시간을 변경하고 싶다는 문자이다. 나도 일정이 있는 사람인데 이렇게 촉박하게 시간을 바꾸는 건 곤란하다. 하지만 이건 놓치고 싶지 않은 중요한 약속이고, 약속을 다시 잡자니 내 일정상 일주일도 더 뒤라야 가능하다. 이 약속을 최대한 빨리 다시 잡으려면 다른 약속을 조정해야 하는 상황이다. 캘린더 앱을 켠 나는 앞으로 며칠간의 일정을 어떻게 바꾸는 게 좋을지 생각한다. 그때 또 다른 문자가 온다. 발신자는 엄마다. 방금 박스 하나를 찾았는데 거기서 내가 4학년 때 쓴 단어 숙제 공책이 나왔다며 가져갈 생각이 있느냐고 묻는 문자이다.

4학년 때 선생님에 대한 기억을 떠올리고 있는데 뉴스 앱에서 내가 지난 선거 때 투표한 상원의원이 방금 범죄 혐의로 기소되었다는 푸시 알림이 뜬다. 순간 열이 뻗친 나는 알림을 밀어 속보를 읽기 시작한다. 마침 친구 하나가 이 기사를 페이스북으로 전달해 주는 바람에 핸드폰에서 알림음이 울리고, 이미 잘 읽고 있던 뉴스를 알리는 팝업창이 뜨면서 기사를 가린다.

나는 머릿속을 털어내고 애초에 핸드폰을 꺼낸 이유였던 일정 변경을 위해, 원래 만나기로 했던 친구에게 약속 시간을 좀 바꿀 수 있겠냐고 문자를 보낸다. 이 문자를 보내자마자 약속 시간을 변경하고 싶다던 그 첫 번째 사람에게서 다시 문자가 온다. 착오가 있었다며 원래 시간이 좋으니 변경은 없었던 일로 해달라는 내용이다. 뒤이어 바로 친구에게 오케이, 이번 약속은 취소하고 다음에 만나자는 답장이 온다. 첫 번째 사람과의 약속 시간이 변경되지 않았으니 결국 나는 친구랑 만나는 약속만 쓸데없이 취소해 버린 셈이다. 짜증도 나고 마음도 시끄러워진 나는 상원의원을 다룬 페이스북 메시지를 다시 읽기 시작한다. 동시에 이 기사가 떠 있던 뉴스 앱에서 새 기사 알림이 울린다. 문자 메시지 알림음도 다시 울린다. 또 확인해야 하나?

요즘 핸드폰의 통화 기능은 다른 여러 기능들에 비해 상대적으로 그리 중요하지 않게 되었다. 기술 하나가 우리의 주의를 온통 차지하는 일은 새로운 일이 아니다. 지금 여러분이 읽고 있는 인쇄된 글줄도 한때는 놀라운 기술 혁신이었으며, 이것도 읽자면 주의를 기울여야 한다. 그런데 핸드폰은 놀라우리만치 다양한 사회적 기회와 정보, 게임을 선사하는 종합 선물 세트와도 같아서, 다른 어떤 기술도 해내지 못한 독특한 방식으로 우리의 주의를 사로잡는 기기가 되었다. 핸드폰은 좋은 것이다. 우리가 핸드폰에 주의를 기울이는 방식을 의도적으로 선택하기만 한다면 말이다.

우리 일상에 당연한 것이 되어버린 모든 기술이 그러하듯 핸드폰 역시 독자적인 생명을 가지고 발전해 왔으며, 우리는 핸드폰을 점점 습관적·무의식적으로 사용하게 되었다. 《타임Time》지에 실린 한 연구에 따르면 미국인은 하루에 평균 76번 핸드폰을 확인하고, 통화와 문자, 게임, 인터넷 검색, 앱 사용 등 핸드폰에 쓰는 시간은 하루 평균 145분에 달한다. 하루에 거의 2시간 반을 쓰는 셈이다. 미국 노동통계국Bureau of Labor Statistics이 실시한 2016년 '생활 시간 조사Time Use Survey'에 따르면 미국인이 먹고 마시는 데 쓰는 시간은 그것의 절반도 안 되며, 가족들과 보내는 시간은 그것의 4분의 1도 안 된다. 뒤집어 말하면, 같이 사는 사람들과 실제로 만나 교류하는 시간보다 핸드폰을 쓰는 시간이 하루에 네 배나 더 많다는 말이다.

　자신의 핸드폰을 보라. 분명히 근처에 있을 것이다. 핸드폰을 가져와 한번 들여다보기 바란다. 하나의 사물로만 바라본다면 그것은 어떤 것일까? 보호 케이스나 멋들어진 지갑 케이스가 씌워져 있을지도 모르지만, 핸드폰은 그 자체만 보면 단단한 플라스틱과 유리로 찍어 낸 네모난 프레임 안에 인쇄 회로 기판과 LCD 화면, 배터리가 들어가 있는 기계에 불과하다. 이제, 핸드폰 화면이 우리의 눈과 주의를 잡아끌겠지만 잠시 무시하고 핸드폰과 눈 사이의 공간을 상상해 보라. 화면에 떠 있는 내용을 무시하고 화면과 눈 사이의 공간에 대해 생각해 보는 것이다. 그 다음 핸드폰과 눈 사이의 공간을 알아차리면서 동시에 두 눈 사이에 있는 공간도 상상해 보라. 코와 눈 사이의 공간과 손에 들려 있거나 테이블에 놓여 있는 핸드폰까지의 공간은 어떻게 연결되어 있는가? 핸드폰이 손가락 피부에 닿을 때의 '느낌'은 어떤가?

다음번에 문자 알림음이 울리고 화면이 켜지면 이렇게 해보라. 화면에 뜬 문자 메시지를 읽되 그와 동시에 손과 핸드폰을 둘러싼 주변 공간을 알아차려 보는 것이다. 그 다음에는 자신을 둘러싼 공간을, 그 다음에는 자신이 있는 방을, 더 나아가서 집 밖을, 인도를, 사람들을, 자동차를 알아차려 본다. 한번 해보길 바란다. 화면에 뜬 문자 메시지를 읽으면서 동시에 핸드폰을 둘러싼 3차원의 공간을, 눈과 화면 사이의 공간을, 그리고 여러분이 차지하고 있는 공간을 알아차릴 수 있겠는가?

초점을 LCD 화면에 나타나는 이미지나 정보 콘텐츠로 매우 협소하게 좁히면 우리의 알아차림은 핸드폰 속으로 사라지고, 그렇게 계속해서 좁게 초점을 맞추다 보면 스트레스 수치가 올라간다. 핸드폰을 우리가 차지하고 있는 물리적 공간의 일부임을 상기하면서 사용한다면, 핸드폰으로 받은 문자가 아무리 열받게 하는 내용이더라도 그 메시지의 중요성은 줄어들게 된다. 화면에 뜨는 정보만이 아니라 화면 주변의 공간까지 볼 수 있게 되면, 문자 알림음이나 알람, 문자, 팝업창이 야기하는 불안은 우리가 차지하고 있는 물리적 공간 속으로 녹아 없어질 수 있다. 문자 알림음 소리가 나더라도 그 소리는 핸드폰과 귀 사이의 공간 및 뇌가 차지하고 있는 두 귀 사이의 공간을 통해 전달된다. 이제 여러분의 핸드폰을 확인해 보라. 하지만 계속해서 여러분의 공간, 여러분의 몸이 차지하고 있는 공간을 동시에 느껴 보기 바란다.

만성 스트레스와 반대되는 것

만성 스트레스와 반대되는 것은 무엇일까? 이완이나 편안함이라고 대답하는 사람도 있겠지만, 더 정확한 답은 '자신의 주변 공간으로 유연하게 주의를 기울이기'이다. 이것을 '지금 이 순간에 존재하기'라고 볼 수도 있겠으나, 유연하게 주의 기울이기는 주변의 사물을 단지 순간적으로 알아차리는 것 이상이다. 이것은 또 마음 챙김mindfulness 수련과도 다르다. 유연하게 주의를 기울인다는 것은 지금 일어나고 있는 일에 순간순간 가장 적합한 방식으로 주의를 기울이는 것뿐 아니라, 자신이 느끼는 감정도 받아들이고 자신의 기억과 감정, 판타지도 모두 자신의 물리적 공간에서 일어나는 일의 일부라고 받아들인다는 의미이다. 즉 유연하게 주의를 기울인다는 것은 자신이 관찰하고 있거나 직접 참여하는 활동에 자신의 감정을 떨어뜨려 놓지 않고 통합한다는 뜻이다.

만성 스트레스는 상상으로 쓴 머릿속 드라마에 전전긍긍한다거나 과거의 기억을 곱씹다가 생기는 낮은 수준의 내적 공황의 결과이다. 그런데 스트레스를 불러일으키는 이러한 생각과 감정과 기억이 지금껏 내려놓지 못한 경험이나 미래에 대한 희망 또는 두려움의 흔적인 것도 분명 맞지만, 다른 한편으로 그것들이 우리 몸과 환경을 구성하는 물리적 요소들이기도 하다는 점은 사람들이 흔히 간과한다. 물론 우리의 생각과 느낌의 내용을 볼 수 없기 때문에, 즉 우리의 뇌에서 펩타이드와 세포 수용체와 시냅스가 이리저리 작용한 끝에 감정과 생각을 만들어내는 과정을 실시간으로 목격할 수 없기 때문에, 기억을 물성物性을 지닌 사물로 간주하는 건 다소 역설적인 면이 있긴 하다. 하지만 자신만큼은 내부에서 일어나는 그러한 물리적 과정을 자각할 수 있다. 내 생각과 감정은 부피가 있고 공간을 차지하고 있다는 것, 생각과 감정은 내 몸을 구성하는 물리적 요소라는 것을 알아차릴 수 있다는 말이다. 이러한 느낌의 물리적 속성을 상기할 때 우리는 놀라우리만치 차분해질 수 있다.

예를 들어 가족과의 저녁 식사 자리를 상상해 보자. 직장에서 힘든 하루를 보낸 당신은 여전히 직장에서 있었던 일, 내일 아침 제일 먼저 해야 할 일에 대해 생각 중이다. 당신은 완전히 지쳐서 식사를 즐기는 것은 고사하고 음식 맛도 제대로 못 느끼고, 그날 학교에서 있었던 일을 재잘거리는 아이의 이야기도 제대로 따라가지 못한다. 물론 연습을 한다면 이 상황의 모든 측면에 자연스레 주의를 기울일 수 있게 될 것이다. 설령 처음이라고 해도 약간의 집중력만 발휘하면 아주 빨리 그 상태에 도달할 수 있다.

직장에서의 일을 둘러싼 자신의 생각과 감정이 지금 이 순간 실제로 뇌에서 벌어지는 물리적 반응이라는 사실을 찬찬히 되새겨보기 바란다. 스트레스를 불러일으키는 감정들이 당신 마음속의 공간을 차지하고, 그러는 당신 마음은 두 귀 사이에 위치한 머릿속 공간의 일부를 차지하고 있다. 스트레스는 머리 위로 구름처럼 드리워진 외부의 걱정덩어리도 아니요, 성난 귀신처럼 당신 앞에 나타나 당신을 괴롭히는 어떤 이질적인 존재도 아니다. 그것은 당신 뇌의 일부일 뿐이다. 생각과 감정의 내용물, 즉 상사에 대해서나 나중에 해야 할 일에 대해 생각할 때 느끼는 스트레스는 저녁 식사 자리에 물리적으로 당신과 함께 존재한다. 하지만 일 그 자체, 당신이 걱정하는 그 혹시나 모를 결과는 그 자리에 없다.

이렇게 스트레스를 주는 생각과 감정이 우리의 물리적 현실의 일부임을 인정하는 것이 스트레스를 줄이는 첫 단계이다. 이 물리적 반응과 관련해 우리가 해야 할 일은 아무것도 없다. 그저 자신의 물리적 현실을 자각하기만 하면 된다.

어떻게 하면 될까?

먼저, 뇌와 뇌를 감싸고 있는 두개골 사이의 공간을 상상해 보자. 그리고 두 귀 사이, 두 눈 뒤의 머리 안쪽에 뇌척수액으로 둘러싸여 있는 부분을 부피감이 있는 공간으로 상상해 본다. 그 다음 뇌와 코 사이의 거리를 상상해 본다. 이제 뇌와 코 사이의 거리를 상상하는 동시에 당신 코와 재잘거리는 아이의 코 사이의 거리를 상상해 본다. 아이의 코와 당신의 업무 스트레스 모두 당신이 속한 환경의 물리적 대상이다. 아이의 재잘거리는 이야기 역시 공기를 통해 귀로 전달되는 음파이기 때문에 당신이 속한 환경의 물리적 요소일 뿐이다.

주변의 물리적 공간 안에 존재하는 자신의 생각과 감정, 다른 사람의 생각과 감정을 느끼는 것은 주의를 확장해 스트레스 너머를 볼 수 있는 방법이다. 우리는 맛있는 음식과 대화, 내면의 감정 모두에 동시에 주의를 기울일 수 있다. 그 모든 것은 우리를 둘러싼 물리적 공간 안에 존재하기 때문이다. 그리고 공간을 알아차리면 스트레스가 줄어든다는 사실은 임상적으로 증명되었다.

만성 스트레스와 반대되는 것은 이처럼 자기 주변에서 일어나는 모든 일에 자연스럽고 유연하게 주의를 기울이는 것이다.

∴

불면

시계를 보니 새벽 세시다. 한밤중인데도 잠에 들지 못한다. 혹은 잠깐 잠이 들었다가도 한 시간 정도 선잠만 자다가 기억도 나지 않는 어떤 일로 화들짝 놀라 잠에서 깬 뒤 끝없는 걱정에 휩싸인다.

생각은 다시 일 문제로 돌아온다. 청구서의 그 돈은 어디서 마련할지 답답하고, 잘 알지도 못하는 사람이랑 사실은 별로 관심도 없는 주제로 페이스북에서 논쟁을 벌인 일이 바보짓같이 느껴진다. 그리고 이어지는 생각. '지금 짖고 있는 저 개는 뉘 집 개지? 어느 집에서

개를 새로 입양이라도 했나?'

명상 책에서는 생각을 따라가지 말고 관찰을 하라고, 그러니까 생각 속에 빠지지 말고 생각이 떠오르는 것을 그냥 알아차리기만 하라고 하지만, 몇 분 정도는 어찌저찌 해본다 해도 생각들은 막을 새도 없이 금세 다시 튀어나오고 당신은 더 걱정스러운 생각 속으로 고스란히 빨려 들어간다. '멜라토닌은 효과가 있었다 없었다 하고, 트립토판도 효과가 있었다 없었다 하고, 카모마일 티는······' 이제 당신은 실제로 잠에 드는 게 아니라 아무 효과도 없는 수면 치료제들에 대해 생각한다. '오늘 헬스장에 갈 시간만 있었어도······' 이제 당신은 오늘 하루, 아니 지금까지 살면서 해야 했는데 하지 않은 일에 대해 생각하며 스스로를 들볶는다. '지금이라도 수면제를 먹는 게 나을까?' 하지만 지금 수면제를 먹고 자봤자 출근하려면 네 시간 후에는 일어나야 하는데 그때 일어나면 머릿속이 짙은 안개가 낀 것처럼 뿌옇고 멍한 상태일 게 뻔하다.

왜 이런 불안한 생각들이 여러분을 갉아먹고 있는 걸까? 이 생각들은 도대체 어디서 오는 것일까? 하지만 이렇게 묻기보다는 "이 생각들은 지금 어디에 있는가?"라고 묻는 것이 훨씬 더 나을 것이다.

심리학에서는 생각을 '정신적 표상mental representation'이라고 정의하는데, 이 정신적 표상은 주로 뇌에서 일어난다. 하지만 청구서를 떠올릴 때 여러분이 느끼는 스트레스는 어떤가? 싸르르 아픈 배는? 보험료 걱정은? 어떻게든 잠을 자보려고 뒤척이는 가운데 계속 뒤바뀌는 기분은? 이것들 모두 '정신적 표상'인 걸까? 부분적으로는 그렇지만, 신경과학자들은 기분에 따라 신체의 특정 부위에서 특정한 화학적 반응이 발생하고, 역으로 이러한 화학적 반응에 따라 기분이 달라진다는 사실을 증명했다. 현대 과학은 지난 수천 년에 걸쳐 민간에 축적되어 온 지혜들이 옳다는 걸 여러 방식으로 입증했다. 예를 들어 우리가 슬픔이라고 지각하는 것은 뇌에서만이 아니라 심장 안팎의 화학적 변화로도 나타난다. '가슴이 무너진다' '가슴이 아프다' '가슴이 찢어지는 것 같다' 같은 말들이 슬픔을 나타내는 표현으로 쓰이는 것은 이 때문이다. 스트레스 같은 감정은 위胃의 생화학 작용과 연관되어 있고(누군가를 만나 짜증이 나면 '속이 뒤틀리는' 것 같고, 스트레스 상황에서는 '속이 울렁거리는' 등), 두려움과 분노는 소화기 하단부의 신경과 연결되어 있어서 속된 말 중에는 공공 장소에서 해서는 안 되는 행위를 이런 감정들과 연결 지어 쓰는 경우가 종종 있다.(가령 영어에서 열이 끝까지 올랐을 때 쓰는 '오줌을 지린다pissed off' 혹은 '똥을 지린다lose your shit'와 같은 표현.) 우리를 잠 못 들게 하는 정신적 표상 혹은 생각은 우리 뇌에서 떠오르는 것이지만 동시에 우리 몸 어딘가에서 일어나는 것이기도 하다. 이 생각이 우리 뇌 안에도 있고 몸 안에도 있음을, 즉 뇌와 몸이 차지하고 있는 공간 안에 있음을 알아차리는 것은 생각과 감정을 온전히 경험하여 그것들과 진정으로 하나가 되는 첫 번째 단계이다.

"불쾌한 생각이나 감정과 왜 하나가 되어야 하는가?" 하는 질문을 할 수도 있을 것이다. 그것은 그 생각과 감정이 이미 우리에게 속한 우리의 일부이기 때문이다. 그런데 이것들 때문에 잠을 못 이룬다는 말은 우리가 그 생각이나 감정을 '자신'과 분리된 별개의 대상으로 바라본다는 뜻이다. 다시 말하면 자신의 감정에서 한 발짝 떨어져서 그 감정을 고통스럽게 느끼게 하는 방식으로 주의를 기울이고 있다는 뜻이다. 이때 우리는 자신의 생각이나 감정을 대상화해서 그것들에 지나치게 좁게 주의를 기울이고 있기 때문에, 그 생각이나 감정이 자신의 일부처럼 느껴지지 않고 자신과는 별개의 것으로, 마치 그것들이 자신에게 '벌어진' 어떤 것처럼 보인다. 하지만 사실 그것은 우리와 분리된 게 아니다. 그 생각과 감정은 우리의 몸, 즉 우리가 물리적으로 차지하고 있는 공간 안에서 일어나고 있으며, 따라서 그것들을 우리의 물리적 공간에 속한 일부로 바라보고 우리 몸속에 통합시킬 수 있다면, 우리 마음은 차분해지면서 쉬 잠에 들게 될 것이다.

만약 지금 인간 관계 때문에 스트레스를 받고 걱정에 시달리고 있다면, 그 불안이 자리하고 있는 뇌와 심장 사이의 거리를 상상해 보기 바란다. 걱정스러운 생각이 일어나는 두 귀 사이의 공간을 상상할 수 있는가?

생각이 일어나고 있는 머릿속 공간을 상상해 보자. 두 귀 사이, 그리고 두 눈 뒤에 있는 그 공간을 떠올렸다면, 이제 그곳과 심장 사이의 거리를 상상해 보자. 그렇게 뇌와 심장 사이의 거리를 상상하면서 동시에 심장과 위胃 사이의 공간, 즉 걱정으로 인해 분비된 아드레날린이 혈관을 수축시켜 속이 뒤틀리는 것처럼 느껴지는 부위를 떠올릴 수 있는가? 위 안과 그 주변에 있는 공간을 느낄 수 있는가? 그곳에서 느껴지는 감각이 아무리 강렬하더라도 있는 그대로 경험해 보자. 이제 다시 위와 심장 사이의 거리를 떠올려보자. 심장이 뛰고 있다. 호흡은 어떤지 살펴보라. 숨이 코와 입, 목과 폐를 거쳐 들어오고 나가는 것을 느끼다 보면 심장이 어떤 속도로 뛰는지 알 수 있다. 이제 심장과 턱 사이의 거리를 상상해 보라. 그 다음 턱으로부터 두 눈 사이 공간까지의 거리를 상상해 보라. 두 눈과 입과 턱이 모두 포함된 그 공간을 목 안의 공간, 더 내려가 심장 주변의 공간과 연결시킬 수 있는가?

걱정스러운 생각은 우리 몸의 일부이자 우리 몸이 차지하는 공간의 일부이고, 이 몸은 우리가 있는 방 안 공간의 작은 일부이다. 머리와 심장 사이의 거리, 심장과 위 사이의 거리를 상상하면서 그 아래쪽에 있는 장기들 역시 동시에 알아차릴 수 있는가? 엉덩이와 다리와 발이 차지하고 있는 공간 역시 떠올릴 수 있는가?

우리 몸이 차지하는 공간을 떠올리면, 생각의 진정한 본질, 즉 생각이란 물리적 공간 안에서 일어나는 물리적 과정이라는 사실 역시 떠올리게 된다. 이제 발과 침실 벽 사이의 거리를 상상할 수 있는가? 발에서 가장 가까운 벽과 머리에서 가장 가까운 벽 사이의 거리 역시 상상해 보라. 그런 다음 두 벽 사이의 공간이 우리 몸, 즉 우리의 발과 손, 위, 심장, 턱, 눈을 통과해 하나로 연결되는 모습을 상상해 보라.

불안한 생각이 온전히 '우리 몸의 일부'임을 느끼고 그 생각과 하나가 되면, 불안은 자기의 본모습—즉 불안이란 그저 '침대'라는 공간 위에 누워 있는 '우리 몸'이라는 공간의 한 부분일 뿐이라는—을 드러낼 것이다. 침실의 벽과 벽 사이에는 편안하게 누워 있는 우리 몸을 포함해 오로지 공간만이 존재한다. 이제 머리끝부터 발끝까지, 심장과 위, 하부 장기들과 팔과 다리를 모두 아우르는 공간을 상상할 수 있는가? 그리고 우리 몸을 둘러싼 상하좌우의 모든 공간을 상상할 수 있는가? 물리적 현실에서 모든 공간이 실제로 연결된 것처럼, 잠시 시간을 갖고 머릿속에서 이 공간들을 모두 하나로 연결시켜 보라.

우리 몸을 통과해 지나가는 생각들은 이 공간의 일부이다. 생각이 몸이라는 공간의 작은 일부에 불과하다는 사실을 상상할 수 있는가? 몸보다 훨씬 큰 이 방의 공간과 비교한다면 생각은 얼마나 더 작을까? 방 밖의 주변 공간과 비교한다면 얼마나 더 작을까? 우리 생각이 우리를 사방으로 둘러싸고 있는 광대한 물리적 세상의 아주 작은 일부분임을 상상할 수 있겠는가?

눈을 감고 지금 떠오르는 생각이 이 광대무변한 공간의 작디작은 일부임을 떠올려보자. 공간의 작디작은 한 조각, 그것이 생각의 본모습이고 우리의 본모습이다. 우리 몸속과 주변의 모든 것이 물리적 공간임을 알아차리자.

아침 루틴

누구나 아침부터 괜히 기분이 나쁠 때가 있다. 밤새 뒤척이다가 찌뿌둥한 상태로 일어났을 수도, 알람 소리를 못 듣고 내처 잤을 수도 있다. 일어났더니 개가 정원을 다 파헤쳐놨을 수도 있고, 또 어디다 두었는지 못 찾겠다는 아이의 숙제장을 찾아주느라 계란 요리를 다 태워먹었을 수도 있다. 하지만 기분도 안 좋고 모든 게 찜찜한 아침, 우리는 짜증나는 일이나 실수, 사고에 대해 그럴 줄 알았다며 하루 종일 부정적인 감정에 시달리는 대신 그런 일이 '일어나는 즉시' 기분을 전환시킬 수 있다. 주의를 더 유연하게 기울일 수 있게 되면 아침을 기분 좋게 시작하는 날이 많아지고, 새롭게 주어진 하루를 차분한 마음으로 반기게 될 것이다.

당신은 보통 어떻게 일어나는가? 아침에 제일 먼저 무엇에 주의를 기울이는가?

2019년 아메리슬립AmeriSleep(미국의 침대·매트리스 브랜드—옮긴이)에서 실시한 연구에 따르면, 대다수 미국인이 일어나자마자 하는 생각은 돈 걱정, 일 걱정이다. 이런 경향은 일자리가 불안정한 긱gig 노동자(단기로 계약을 맺고 프로젝트 단위로 일하는 노동자—옮긴이), 자영업자, 요식업이나 관광업 종사자, 영세 사업자들에게서 두드러지기는 하지만, 인종과 젠더, 나이와 직업을 불문하고 미국인의 50퍼센트는 눈을 뜨자마자 돈과 일에 대해 생각한다고 한다.

미국인의 63퍼센트가 아침에 일어나자마자 제일 먼저 하는 일은 핸드폰이나 태블릿 PC, 컴퓨터를 확인하는 것이다. 대부분의 사람들이 이제는 알람 시계 대용으로 핸드폰을 사용하므로, 우리는 이 작은 만능 기계가 내는 소리에 맞춰 기상하는 것은 물론이고, 우리를 깨운 바로 그 기계가 그 즉시 우리 품에 안겨주는 불안을 지닌 채 하루를 보낸다.

사람들이 아침에 제일 먼저 핸드폰을 확인하는 것은 대개 자기가 사는 곳이나 전 세계에서 벌어지는 일들을 파악하고 또 소셜미디어로 친구들과 연결되어 있음을 느끼기 위해서다. 하지만 전자 기기를 사용할수록 "연결감은 더 떨어지고 불안감은 더 높아진다"는 연구 결과가 거듭해서 나오고 있다. 실제로 자신이 살고 있는 물리적 공간과 가장 가까운 곳에 있는 가족과 친구들, 즉 가장 긴밀하게 연결되어 있는 사람들을 생각하며 하루를 시작한다고 보고한 사람은 놀랍게도 10퍼센트가 채 되지 않는다.

그러니 요즘 대다수 사람들은 수면 상태의 세타파에서 알파파를 거쳐 베타파로 전환되는 속도가 너무 빨라서, 결과적으로 무언가에 쫓기듯 조급함에 시달리면서 혹은 침실 벽 너머 저 먼 곳에서 벌어지는 일들에 대한 알람을 받으면서 불안감과 분리된 느낌을 안고 하루를 시작한다. 자기 주변이나 자기와 가장 가까운 사람들을 챙기기보다는 자신이 통제하기 어렵거나 전혀 통제할 수 없는 일 또는 사건에 자동반사적으로 걱정을 하면서 말이다.

현재 여러분의 아침 루틴이 어떻든, 평소 아침을 얼마나 소란스럽고 정신없이 보내든, 여러분은 물리적 공간을 알아차리는 것만으로도 연결감과 행복감을 느끼며 매일을 시작할 수 있다. 그리고 여기서 말하는 물리적 공간에는 여러분의 핸드폰도 포함되어 있다. 하지만 무엇보다도 여러분이 하루를 시작할 때 자신의 주변 공간과 연결되면 훨씬 더 큰 행복감을 느끼게 될 것이다.

알람을 듣고 잠이 깼다면, 특히 그것이 핸드폰 알람이라면, 소리를 끈 뒤 핸드폰을 잠시 옆으로 치워둔다. 그런 뒤 피부에 닿는 부드러운 이불의 감촉, 몸을 뒤척거릴 때 생기는 시트의 주름, 머리나 얼굴에 닿아 있는 베개의 촉감을 느껴보라. 다시 잠들고 싶어질지 모르지만 그러기 전에 스스로에게 이렇게 물어보라. "입에서 어떤 맛이 나지?" 전날 밤에 먹은 음식 때문에 신물이 올라오는가, 입이 텁텁한가, 쇠 맛이 나는가? 잠을 푹 잤다면 입가에 침 자국이 있을 수도 있다. 침을 꿀떡 삼키면서 턱과 목 뒤편의 근육이 수축하고 이완되는 것을 느껴보라. 눈꺼풀의 무거움도 느껴보라. 눈 앞꼬리나 뒤꼬리에 붙어 있는 눈곱도 느껴보라. 시트에 눌린 머리카락은 어떤 느낌인가?(머리카락이 없다면, 맨머리에 닿는 베개의 감촉은 어떤가?) 머리를 베개에 깊숙이 파묻은 채 뇌와 뇌 속의 모든 생각들을 둘러싼 머리뼈와 피부를 느끼고, 그 생각들이 머리라는 물리적 경계 안에 잠시 머물러 있도록 하자. 머리가 베개와 시트를 누르고 있는 것을 느끼는 것과 동시에,

생각이 일어나고 있는 두 귀 사이의 공간을 상상할 수 있는가? 뇌가 차지하는 물리적 공간에서부터 두개골을 지나 베개의 촉감, 목이나 뺨에 닿는 이불의 감촉까지를 하나로 연결할 수 있는가? 생각의 주제는 비록 지구 반대편에서 일어나는 일과 관련된 것이라 해도 생각 그 자체는 바로 이곳, 이 방에 여러분과 함께 있다. 몸의 무게와 머리 끝부터 발끝까지의 길이, 손과 발의 가벼움, 팔과 다리의 피부, 상대적으로 무거운 엉덩이와 가슴을 모두 느껴보라. 맨살이 드러난 곳에서 느껴지는 공기의 온도는 어떤가? 따뜻한가, 추운가?

　아침에 일어났을 때 업무나 돈, 그날 일정에 대한 생각이 떠오르는 건 자연스러운 일이다. 하지만 이런 생각들에 주의가 갈 때 주변에서 들리는 소리에도 주의를 기울여보라. 집 안에 있는 다른 사람의 소리가 들리는가? 파트너가 옆에서 코를 골거나 뒤척이고 있는가? 아이들의 발소리나 혹은 누군가 부엌에서 커피 내리는 소리가 들리는가? 밖에서 자동차 지나가는 소리가 들리는가? 아니면 이웃집 동물들이 내는 소리가 들리는가? 침대에 편안히 누운 채 잠시 들리는 소리에 귀 기울이며 자신의 귀에 와 닿는 그 소리의 파동을 매개로 사방의 공간과 연결되어 보라. 시끄럽게 짖어대는 이웃집 강아지 소리도, 빵빵거리는 경적 소리도 좋다. 그저 듣는다. 가장 멀리서 들리는 소리는 무엇인가? 그 먼 소리를 만들어내는 사물과 여러분 사이의 물리적 공간을 상상할 수 있는가?

　핸드폰을 확인하고 싶은가? 얼마든지 해도 좋다. 다만 화면을 볼 때 잊지 말고 주변의 방 공간과 핸드폰 너머의 공간, 나아가 사방의 벽과 바닥까지도 동시에 알아차리도록 한다. 손에 쥐고 있는 작은 기기의 윤곽이 느껴지는가? 숨을 들이쉴 때 폐로 들어오는 방 안의 공기가 느껴지는가? 조그마한 디지털 화면을 들여다보면서 계속해서 주변에서 들리는 소리에 주의를 기울이는 동시에 몸에 닿는 매트리스의 느낌, 피부에 닿는 이불의 촉감까지도 모두 느껴보라. 이 모든 것은 그 작은 화면에 뜨는 메시지나 뉴스와 동시에 일어나는 일이다.

인간의 주의와 감각 기관은 전체 환경을 동시에 인식하도록 설계되었다는 점을 꼭 기억하자. 인간은 두 눈으로 화면을 관찰하며 거기에 뜨는 정보를 받아들이면서도, 여전히 자신을 둘러싼 방 안 풍경을 보고, 소리를 듣고, 냄새를 맡고, 피부에 닿는 부드러움과 온기를 느낄 수 있다. 이런 방식으로 주의를 기울이는 게 익숙해지면 눈앞에 놓인 대부분의 일과를 처리하면서도 '동시에' 주변 환경과 '자신의 감정'을 모두 차분하게 받아들일 수 있다.

우리는 자연스럽게 주의를 전환해 나아갈 수 있다. 하루 종일 피부에 닿는 옷의 감촉에만 주의를 집중한다면 분명 정신이 돌아버리고 말 것이다. 하지만 무엇에 주의를 기울일지, 초점을 얼마나 넓힐지 혹은 좁힐지를 언제라도 상황에 맞게 스스로 결정할 수 있음을 아침 내내 찬찬히 상기해 보라. 문자 메시지나 이메일을 보내야 한다거나, 핸드폰에서 본 내용에 대해 평소와 좀 다르게 대응할 필요가 있다면, 그리고 그것이 중요한 일이고 집중을 해야 제대로 처리할 수 있는 일이라면, 초점을 아주 좁혀서 그 일을 하면 된다. 하지만 소셜 미디어에 '좋아요'를 누르는 일 정도라면 초점을 훨씬 넓혀도 된다. 손가락 끝에 화면이나 키보드가 닿는 느낌은 언제든 느낄 수 있고, 핸드폰을 사용할 때 화면 주변과 방 안의 모습 역시 언제든 시야에 담을 수 있으며, 피부에 닿는 옷의 촉감 역시 언제든 느낄 수 있다. 나를 둘러싼 물리적 공간으로 주의를 기울이면 방 안에 있는 모든 사물에도 동시에 주의를 기울이는 것이며, 이런 습관은 사람을 차분하고 편안하게 만든다. 이제까지는 메시지를 보내거나 SNS에 '좋아요'를 누를 때 그것에만 한껏 집중하고 있었다면 이제는 초점을 넓혀 방에서 보이는 것, 들리는 것, 냄새 나는 것을 모두 알아차려 보자.

다음과 같이 불평하는 사람이 있을 수도 있다. "다 좋은 말씀이네요. 하지만 나는 아침 내내 침대에서 뒹굴며 온갖 새소리에 주의를 기울인다거나 얼굴에 와 닿는 공기의 감촉 따위를 느끼고 있을 만큼 한가한 사람이 아니란 말입니다. 아시겠어요!"

하지만 이런 식으로 주의를 기울인다고 해서 시간이 더 걸리는 건 아니다. 조금만 연습하면 특별히 집중하지 않아도 신체적 감각이 일어날 때마다 자연스레 알아차리면서 아침을 보낼 수 있다. 이렇게 주의를 기울이는 게 새로운 습관으로 자리 잡을 것이다.

이것은 명상도 아니고, 고요함이나 특별한 기술을 필요로 하는 것도 아니다. 그저 주변의 3차원적 감각 내용들을 온전히 알아차리고, 그것들이 우리 몸의 일부가 되도록 허용해 우리의 모든 의식적인 경험 속에 통합되도록 연습하는 것일 뿐이다. 이러한 감각을 알아차리는 데 더 많은 시간이 필요한 것은 아니다. 원래 우리의 몸과 마음은 이렇게 매일을 보내도록 진화해 왔다.

또 이런 반론을 제기하는 사람도 있을지 모르겠다. "그것도 좋다 칩시다. 하지만 식구들 모두가 지금 이 순간 공간에 연결되어 있는 것도 아니고, 내 감각이 어떤지를 살피는 것보다는 애들 등교 준비가 훨씬 급해요. 게다가 거실에 켜놓은 TV 소리는 굳이 주의를 기울이지 않아도 이미 다 들리고요. 주의를 확장해 아침의 모든 광경과 소리, 냄새를 받아들이는 것도 좋지만, 지금 이 순간 나를 짜증나게 하는 것이 집 밖에 서 있는 쓰레기차 말고 또 있다면요? 짜증나게 하는 게 '내 집 안'에 있다면요?"

대부분의 사람들은 절처럼 고요한 곳에 살지도 않고, 개인 스파 같은 곳에서 호화로운 고즈넉함을 누리지도 못한다. 온갖 소란스러움 한가운데에 처해 있을 때가 더 많다. 하지만 정신을 쏙 빼놓는 상황이 발생하더라도 같이 동요하며 반응할 필요는 없으며, 아무리 짜증나는 일이라도 외면하지 않고 차분하게 대처할 수 있다. 우리 연구는 물론이고 지난 수년간 많은 과학자들이 내놓은 결론에 따르면, 주의를 기울이는 방식이 달라질 때마다 뇌파의 주파수가 달라진다. 즉 아무리 정신없는 상황에서라도 주의 기울이는 방식을 바꾸면 실제로 평온함을 '느낄' 수 있다는 뜻이다. 매일 아침이 작은 전쟁터같이 느껴질 때라도 이 말은 진실이다.

아침 식사 장면으로 넘어가기 전에 이러한 뇌파의 변화가 실제로 어떻게 일어나는지, 이것을 어떻게 하면 잘 활용할 수 있는지 잠시 살펴보자.

아침에 막 잠에서 깨면 뇌는 잘 때와는 다른 주파수 범위에서 활동하기 시작한다. 숙면할 때 나오는 뇌파는 주파수가 아주 낮은 델타파이고, 잠에서 서서히 깨어나는 전환기에는 약간 더 빠르고 덜 규칙적인 세타파가 생성된다. 뇌의 주파수는 우리가 자고 있을 때조차 뇌가 주의를 기울이고 있음을 의미한다. 뇌는 밤새 자율신경계를 조절하면서 우리가 렘 수면REM(rapid eye movement, 깨어 있는 것에 가까운 얕은 수면 상태로, 안구의 빠른 움직임으로 구분되는 수면의 한 단계—옮긴이) 상태에서 꿈을 꾸는 동안 근육이 움직이지 않게 막아주며, 규칙적인 주기로 가장 깊은 수면 단계로 들어갔다 나오게 한다. 이 모든 활동이 우리가 밤새 주의를 기울이고 있음을 가리킨다.

평소와 같은 상황에서 깨어났을 때, 즉 상대적으로 예측 가능하고 긴급한 일이 없는 상황에서 깨어났을 때 보통 뇌가 생성하는 뇌파가 알파파이다. 이 알파파는 주의가 이완되고 열려 있으면서도 또한 깨어 있는 상태인데, 이것이 대부분의 시간을 보내는 기본 상태가 되어야 한다. 이후 하루를 보내며 매우 구체적인 대상에 초점을 좁혀 주의를 기울이게 되면 뇌파는 베타파로 변한다. 베타파는 집중 상태를 의미한다. 예를 들어 까다로운 업무에 온통 집중하고 있거나, 운전을 하는데 도로 상황이 예측 불가능하고 자칫 위험할 수 있어 신경을 쓰고 있을 때는 뇌가 더 많은 베타파를 만들어낸다. 비상 상황 또는 '투쟁, 도피 혹은 경직' 모드에서는 베타파가 급격히 증가한다.

이때 공간과 연결됨으로써 주변 환경과 자신의 감정에 의식적으로 주의를 기울이게 되면 초점이 확장되면서 알파파가 생성되고, 결과적으로 대부분의 사람들이 아침에 일어나자마자 벗어나고 마는 차분한 각성 상태, 연결감의 상태로 다시 들어갈 수 있게 된다. 잠에서 깼는데 아이들이 집 안을 휘젓고 다니며 물건을 쓰러뜨리는 소리가 나고, TV 소리가 시끄럽게 들린다면, 평소 습관대로라면 여러분은 이러한 자극에 좁게 초점을 맞추며 저 상황을 어떻게 수습할지 골몰할 것이다. 하지만 이번에는 아침을 준비하는 부엌 장면으로 넘어가, 아무리 정신없이 바쁜 날일지라도 여러분이 어떻게 주의를 확장할 수 있는지 살펴보자. 아침 상황에서 좀 더 의식적으로 그리고 유연하게 주의를 좁히거나 넓힐 줄 알게 되면 더 많은 알파파가 생성되면서 훨씬 더 차분하고 침착한 태도를 유지할 수 있다.

어쩌면 여러분은 알람 소리를 듣지 못하고 늦잠을 잤거나 마지막의 마지막 알람까지도 다 꺼버렸을 수 있다. 지각했다는 느낌이 강하게 들면서 아침 식사는 건너뛰어야겠다는 생각이 든다. 이미 머리는 출근길 도로가 얼마나 막힐지, 지각한 걸 아무한테도 들키지 않고 몰래 사무실로 들어갈 수 있는 방법은 무엇일지 생각 중이다. 하지만 출근길은 지금 부엌에 있는 여러분 곁에 있지 않다. 상사도 동료도 없다. 그에 반해 여러분이 느끼는 그 불안은 실재하고, 출근길에 대한 여러분의 상상 역시 실재한다. 하지만 그런 불안감은 여러분이 지금 있는 부엌이라는 공간의 아주 작은 일부에 불과하다. 여러분은 불안해하지 말자고 스스로를 다독이지 않아도 된다. 그저 이 부엌에 그 불안함과 더불어 어떤 것이 또 있는지 의도적으로 알아차리기만 하면 된다. 그런 물건들은 늘상 보는 것이기 때문에 전혀 주의를 기울이지 않고 지나가기 쉬운데, 믿기 힘들지 몰라도 단지 커피 메이커가 놓여 있는 것을 알아차리는 것만으로도 뇌파의 주파수가 변해 더 많은 알파파가 생성되고 여러분은 훨씬 침착해진다.

어젯밤에 설거지를 안 해서 그릇들이 싱크대에 그대로 쌓여 있다고 해보자. 아니면 반대로 얼룩 하나 없이 깨끗한 부엌이라고 해보자. 부엌의 모습을 있는 그대로 받아들이면서 부엌에 있는 물건들을 그저 물건들로만 인식해 보자. 이것은 토스터기구나, 수납장이구나, 조리대구나 하고 말이다. 처음에는 어색하게 느껴질지 모르지만, 부엌을 있는 상태 그대로 관찰하는 것만으로도 불안이 줄어들 것이다. 물론 지금 늦었다는 사실은 변함이 없으므로 어떻게든 빨리 커피를 내려야 한다! 아이들에게 빨리 준비하라고 말해야 한다! 하지만 이렇게 평소처럼 하면서도 손에 닿는 커피 메이커의 손잡이를 느끼고, 팔을 굽혀 들어올린 프라이팬의 묵직한 무게도 느끼고, 또 두 발이 닿아 있는 부엌 장판의 감촉도 느끼면서, 동시에 불안감이 어떻게 존재하는지도 알아차릴 수 있다. 냉장고를 열었을 때 나오는 냉기도 알아차릴 수 있다.

얼룩 하나 없이 깨끗한 부엌이라고 해도 부엌은 집 안의 다른 공간에서는 맡을 수 없는 갖가지 냄새들로 가득하다. 토스터기에서 빵이 구워지고, 커피 메이커에서 커피가 내려지고, 계란이 프라이팬에서 익고 있는 지금, 여러분은 기분 좋은 이 냄새들을 한껏 들이마실 수 있다.

'하지만 이게 일요일 아침 브런치는 아니잖아'라는 생각이 들 수도 있다. 한 달 내내 준비한 프로젝트의 기한이 오늘 오후인데 아무리 생각해도 도저히 그 시간 안에 끝낼 방법은 없어 보이고, 그 와중에 아이들은 또 화장실에 들어가 세월아 네월아 하고 있다! 하지만 지금 부엌을 가득 채우고 있는 냄새는 여러분이 휴일에 그토록 열광했던 냄새, 가령 커피 향과 고소한 오트밀과 상큼한 오렌지 주스의 냄새와 전혀 다를 바가 없다. 출근 준비로 급해서 종종거리든, 일요일 아침에 잠옷 바람으로 게으름을 피우든, 몸의 입장에서 아침 식사가 준비될 때 입력되는 감각들은 모두 동일하다. 차이는 우리가 그 감각에 어떤 주의를 기울이고 있는가뿐이다.

설령 인스턴트 커피와 차가운 시리얼, 전자레인지에 데운 팝타르트Pop-Tarts(따뜻하게 데워먹는 인스턴트 패스트리—옮긴이)를 먹는다 하더라도 음식 냄새라는 신체적 감각, 배에서 느껴지는 허기, 그 허기가 곧 채워질 것이라는 기대는 뇌에 입력되고, 그에 대한 반응으로 뇌파가 생성된다. 의식을 확장해 그 모든 것을 알아차리면 더 많은 알파파가 생성되고, 걱정은 전체 경험의 작은 일부에 불과해지면서 크게 줄어든다. 이렇게 감정은 부엌이라는 물리적 현실에 근거하게 된다.

알파파가 시간을 느리게 가도록 만들어주지는 않는다. 출근 버스를 타려면, 아이들을 제 시간에 등교시키려면, 운전을 해서 늦지 않게 직장에 도착하려면, 여전히 바삐 움직여야 한다. 하지만 아침의 감각들을 알아차리는 것이 시간을 빼앗는 것은 아니다. 오히려 이러한 감각들을 의식적으로 알아차릴수록 매일 아침 일과를 '더욱 빠르고 효과적으로' 해낼 수 있다.

바빠서 서두르고 있을 때조차도 의식을 확장해 자신이 차지하고 있는 물리적 공간의 감각들을 알아차리면, 걱정이나 심지어 공황 같은 감정에도 매몰되지 않으면서 훨씬 차분하게 아침을 보내고 눈앞의 일들도 할 만하다는 생각이 들 것이다. 늦게 일어난 것도, 아침에 가족들을 챙기는 것도, 그날 있을 어려운 업무를 미리 걱정하는 것도 모두 다 중요하고, 일부는 진짜 급한 일이므로, 이 상황을 너무 불안해하지 말라고 억지로 스스로를 설득해서는 안 된다. 그 대신 손에 닿는 숟가락의 느낌, 커피 머그잔의 무게, 손에 전해지는 커피의 따뜻함을 '동시에' 알아차리도록 한다.

물론, 주의를 기울이는 것이 모든 일을 해결해 주는 마법은 아니다. 하지만 샤워 후 물기를 닦을 때 몸에 닿는 수건의 부드러운 촉감을 의식적으로 느껴본다면, 설령 그 행위를 매우 빠르게 하더라도, 아침이 비상 상황처럼 느껴지지 않고, 훨씬 편안하고 우아하게 하루를 준비할 수 있을 것이다. 바쁜 현대 사회에서는 왠지 이 말의 반대가 맞는 것처럼 들리겠지만, 칫솔모가 치아와 잇몸에 닿을 때의 느낌을 제대로 경험한다면—특히 늦어서 '바쁠 때일수록'—여러분의 심박수는 느려질 것이다. 일단 이 습관을 들이면 오히려 시간을 절약할 수 있다는 사실을 꼭 명심하자.

'내 몸'을 통해 공간과 연결되면 삶의 가장 기본적인 일면, 가령 룸메이트나 파트너 또는 아이들의 목소리, 시리얼에 부은 차가운 우유 냄새, 면도할 때 얼굴을 스치는 면도기나 눈 화장할 때 속눈썹을 건드리는 마스카라의 느낌 등 지금까지 별 생각 없이 넘기던 것들이 새롭게 다가올 것이다. 그리고 여러분은 이 모든 몸의 감각을 라디오 뉴스를 들으면서, 핸드폰 메시지를 확인하면서, 심지어 회사에 나가 해야 할 일을 생각하면서도 알아차릴 수 있다.

여러분의 의식이 그날 있을 일에 대한 걱정 속에 완전히 빠져 있다고 해서 몸이 사라지는 것은 아니다. 하지만 자기 몸과, 또 주변 공간과 연결되어 있다 보면 그런 걱정과 불안은 상대적으로 크기가 줄어들기 때문에 걱정이 마음에서 차지하는 공간도 그만큼 줄어들 수 있다. 혹시라도 부지불식간에 걱정에 빠진다거나, 핸드폰으로 교통편을 찾거나 뉴스를 보는 데 몰두하게 된다거나, 방금 보거나 들은 일에 대한 어떤 감정에 휩싸이게 되거든, 그저 손에 쥐고 있는 핸드폰의 무게와 촉감을 느껴보고 시야를 방 전체로 넓혀 그 모습을 동시에 바라보기 바란다. 커피 잔을 다시 들거든 커피를 입 안에 잠시 머금었다가 삼키면서 커피의 그 기분 좋은 쌉싸름함이 혀의 미뢰를 가득 채우는 것을 느껴보기 바란다. 커피를 삼킬 때 커피가 목을 따라 쭉 내려가며 자신의 일부가 되어가는 과정을 느껴보라. 숨을 깊이 들이쉬며 가슴과 배의 근육을 느끼고, 폐를 가득 채우며 자신의 일부가 된 공기의 부피감 역시 느껴보라. 야외를 걸을 때 얼굴에 닿는 공기를 느껴보라.

4

통증 해소하기

통증 해소하기

오랜 시간 육체적 통증에 시달리는 사람이 많다. 미국 질병통제예방센터CDC가 2018년에 발표한 연구에 따르면, 미국 성인의 20퍼센트 이상이 매일 혹은 '거의 매일' 통증을 겪는다. 만성 통증 때문에 거동에 제약을 겪고, 결근을 하고, 일상적인 활동을 하는 데 지장을 받는 사람이 무려 '5천만 명'이라는 소리이다. 그러니 혹시나 만성 통증을 겪고 있는 사람이 있다면 절대 혼자가 아님을 알기 바란다. CDC 연구는 또한 불안, 우울, 오피오이드opioid(마약성 진통제—옮긴이) 중독과 만성 통증과의 연관성을 지적한다. 이 책을 쓰는 지금, 미국 보건복지부는 오피오이드 과다 복용을 유행병epidemic으로 선언했다. 통증

완화를 위해서 통상적으로 처방받는 양보다 더 많은 양을 복용하고
자 하는 유혹에 빠졌다가 통증이 나아지기는커녕 더 큰 고통과 심지
어 죽음으로까지 이어지는 경우가 많은 것이다.

이런 만성 통증은 왜 생기는 것일까? 미국인의 대부분은 이제 육
체적으로 힘쓰는 일을 직업적으로 하지 않는다. 육체 노동을 하는 사
람은 미국 노동자의 13.5퍼센트에 불과하고, '매우 강도 높은' 육체
노동을 하는 사람의 비율은 3.4퍼센트에 그친다. 하지만 요통은 너무
흔하고 그 정도 또한 심각해서 요통으로 인한 급여 및 생산성 손실
비용은 연간 1,000억 달러에 달한다. CDC는 심지어 국가적 통증 전
략National Pain Strategy을 수립해 의사와 교육자들에게 통증 완화를 위한
지침을 제시하고, 미국 국립보건원NIH은 '만성 허리 통증 태스크 포
스Task Force on Chronic Back Pain'를 발족했다.

하지만 통증에 대한 관심이 이토록 큰 것에 비해 통증 치료 쪽
의 발전은 더딘 편이다. 미국 통증의학아카데미American Academy of Pain
Medicine의 연구 결과에 따르면, 처방약을 복용하여 만성 통증을 포괄
적으로 치료한 사람은 평균 58퍼센트에 불과하며, 설령 치료가 성공
적이라고 하더라도 약은 통증의 원인을 뿌리 뽑기보다 겉으로 보이
는 증상만 억제하는 수준이다.

그렇다면 왜 그렇게 많은 사람이 오랜 시간 통증에 시달리는 걸
까? 왜 현대의 발전된 치료법으로 통증을 해결하지 못하는 걸까?

우리가 통증과 맺고 있는 관계는 굉장히 복잡하다. 통증의 경험

을 좀 더 정교하고 종합적으로 이해하려면—통증의 원인은 무엇이고, 통증에 어떻게 대처해야 하는지 파악하려면—서구 문화에서 흔히 간과되는 핵심 요소, 바로 '통증에 주의를 기울이는 방식'을 반드시 짚어볼 필요가 있다. 통증에 대한 우리의 이해는 고대 그리스 철학 및 초기 유럽 의학에 뿌리를 두고 있으며, 현대 의학의 눈부신 발전에도 불구하고 통증 치료는 여전히 이 문화적 이해에 바탕을 두고 있다. 하지만 만성 통증을 다루는 데는 이 전통적인 서구의 개념만으로는 충분하지 않다.

통증에 관여하는 것은 우리 몸의 감각 메커니즘만이 아니다. 여기에는 우리 마음의 해석 메커니즘도 관여하기 때문에 통증에 대한 이해나 예상도 영향을 끼친다. 그리고 이보다 더 중요한 것은 통증에 대한 우리의 경험에는 몸의 생리적 과정과 과거의 경험 모두가 포함된다는 사실이다. 통증을 어떻게 떠올리는지, 통증에 어떻게 주의를 기울이는지에 따라 그 순간 통증에 대한 경험이 달라지고 통증을 해석하는 뇌의 신경 경로도 바뀐다.

일단 여기서 말하는 통증이 어떤 의미인지 잠시 살펴보자. 그런 뒤 어떻게 하면 통증을 다르게 경험하고 또 해소할 수 있는지 그 방법에 대해 설명하겠다.

일반적으로 통증은 크게 급성 통증과 만성 통증으로 나뉜다. 급성 통증은 일시적이며 보통 외부 원인으로 인한 경우가 많다. 예를 들어 못을 밟았다면 발의 찔린 부위에서 날카로운 통증을 느낄 것이다. 그곳에서 피가 나고, 뇌는 바로 그곳이 통증이 있는 곳이라고 알려준다. 이것은 진실이기는 하지만 완전한 진실은 아니다. 이 초기의 통증 반응은 우리가 다치지 않도록 보호하기 위해 생긴 원시적 기능이다. 그 덕분에 우리는 못에서 발을 떼어 더 큰 상처가 나는 걸 막을 수 있다. 하지만 급성 통증은 대단히 개인적인 경험이기도 하다. 모두가 알다시피 '통증 내성이 높아서' 고통이나 트라우마가 아무리 심해도 잘 참고 거의 반응하지 않는 사람이 있는 반면, 종이에 손을 살짝만 베어도 난리법석인 사람도 있다. 즉 급성 통증은 대개 어떤 사건으로 인해 특정 상처가 나서 생기는 것이긴 하지만 이 급성 통증에 반응하는 개인차는 매우 크다.

급성 통증의 경험은 상황에 따라서도 달라진다. 가령 아침에 막 일어나자마자 옷장에 발가락을 찧었다면, 전쟁터에서 목숨을 걸고 뛰다가 바위에 발가락을 찧은 것보다 더 아프고 극적으로 느껴질 수 있다. 두 경우 모두 발가락을 다친 것은 같지만 전쟁터에서 발가락을 다친 것 정도는 다른 부상과 비교하면 정말 사소한 일이기 때문이다. 안전하고 포근한, 기분 좋게 나른한 아침을 망가뜨린 그 짜증스러운 발가락 통증은 실로 큰 부상과 트라우마, 죽음의 위협이 언제 닥쳐도 이상하지 않은 전쟁터에서 발가락을 찧는 것보다 훨씬 더 큰 일처럼 느껴진다. 이렇듯 급성 통증에는 객관적 측면(몸의 부상과 신체 조직의 실제 손상)과 주관적 측면(통증이 무엇이며, 주변 상황을 감안했을 때 어느 정도의 통증이 적절한가에 대한 자신의 생각)이 있다.

그 반면 만성 통증은 보통 3개월 이상 지속되는 통증으로, 부상이나 질병의 경우처럼 손쉽게 지목할 수 있는 원인이 없을 수도 있다. 급성 통증의 경우는 그 원인이 되는 사건이 뚜렷하게 존재하는 반면, 만성 통증은 그것 자체를 개인이 경험하는 하나의 사건으로 인식하기 때문에 통증이 언제 어떻게 시작했는지, 원인이 무엇인지 파악하기가 훨씬 더 어렵다.

만성 통증의 원인은 질병, 부상의 후유증, 노화로 인한 자연스러운 기능 저하, 불안감을 비롯한 여타 부정적인 감정 등 다양하다. 3장에서 말했듯이 미국인은 세계에서 가장 스트레스를 많이 받는 사람들 중 하나인데, 스트레스는 만성 통증과 고통을 유발하는 주된 원인이다. 미국인 중 매일 "많은 스트레스를 겪는다"고 응답한 사람들의 수는 전 세계 평균인 35퍼센트보다 월등히 높은 55퍼센트이며,《뉴욕타임스》는 심지어 자사 웹사이트에 '차분한 공간Calm Place'이라는 제목의 페이지를 따로 만들어 스트레스를 유발하는 뉴스가 아닌, 부드러운 산들바람에 파도처럼 물결치는 밀밭이나 바다의 파도 소리 같은 영상만 올리기도 한다. 심지어 컴퓨터 화면 안에서 마우스로 쓰다듬으면 귀엽게 반응하는 가상 강아지도 있다.

그런데 스트레스는 왜 통증과 고통을 유발하는가? 왜 컴퓨터 화면 속의 강아지를 마우스로 쓰다듬어도 스트레스가 풀리지 않는가? 그것은 스트레스의 진짜 원인이 우리가 '무엇에 주의를 기울이느냐'가 아니라 그것에 '어떻게 주의를 기울이느냐'에 있기 때문이다. 겉으로 보기에는 평화로운 사진이라 하더라도 자기도 모르게 그것을 대상화하여 초점을 좁힌 비상 모드로 주의를 기울인다면 스트레스를 받을 수 있다. 반대로 아무리 안 좋은 뉴스라도 열려 있는 유연한 모드로 주의를 기울일 수 있다면 평정을 유지하며 전혀 스트레스를 받지 않을 수도 있다.

스트레스를 받으면 뇌 속의 작은 컨트롤 타워인 시상하부는 비상 상황이라고 판단하여, 부신에는 아드레날린과 코르티솔을 분비하라고 지시하고, 간에는 글루코스(포도당)를 혈류로 더 내보내라고 명령하며, 심장에는 더 빨리 펌프질을 하라고 재촉한다. 혈액은 피부에서 멀어져 근육과 뇌, 기타 장기로 몰리게 되고, 이 모드가 장기간 지속되면 과도한 혈류로 인해 근육이 아프고 떨릴 수 있다. 안색은 창백해지고, 피부에는 여드름이나 잡티, 발진이 쉽게 올라올 수 있으며, 호흡과 심박수가 증가하면서 긴장성 두통, 눈의 피로, 편두통이 생길 수 있다. 심지어 몸의 어느 부위에서 스트레스나 통증이 느껴지는지 정확하게 짚기가 불가능할 수도 있다. 그저 전반적으로 불편하거나, 몸 전체가 뻐근하거나 아프거나 불쾌한 식으로 경험되기도 한다.

딱히 어디가 아프다고 특정하지 못하고 전반적으로 불편하다는 이 사실이 만성 통증을 더 키우기도 한다. 분명히 아픈데 원인을 찾을 수 없다는 사실에 스트레스를 받기 때문이다. 만성 통증을 치료하기 어려운 이유의 하나가 이것이다. 가령 허리처럼 평소 자주 아프던 곳에서 통증이 느껴져 어디가 아픈지 명확할 때조차도 그 원인이 뚜렷하지 않고 구체적인 부상이나 활동과도 무관하다는 사실에 스트레스를 받고, 그 스트레스가 다시 통증을 일으키는 식이다. 스트레스를 받아서 아프고, 아파서 또 스트레스를 받고, 그 스트레스가 또 다른 아픔을 유발하는 끝없는 순환의 굴레에 빠질 수 있다. 급성 통증과 마찬가지로 만성 통증 역시 신체적 요인 외에 자신의 기대나 감정, 상황 같은 해석적 측면이 관여하는데, 명확한 외부 원인이 없을 수도 있다는 이 특성이 만성 통증을 독특한 것으로, 그리고 정확히 설명하기 어려운 것으로 만든다. 버지니아 울프Virginia Woolf가 썼듯이, "사랑에 빠진 평범한 여학생에게는 자신의 마음을 대변해 줄 셰익스피어Shakespeare나 키츠Keats(영국의 낭만주의 시인―옮긴이)라도 있지만, 고통에 시달리는 사람은 머릿속 통증을 의사에게 설명하려는 순간 언어가 순식간에 말라버린다." 말로 표현하기 어렵고 그래서 더 외로움이 따르는 만성 통증의 특성 때문에 그 통증이 더 심해지는 경우도 많다. 이 장章에서는 통증을 해소하는 방법을 배우게 될 텐데, 이 방법을 배우고 나면 통증은 물론이고 통증을 겪을 때 느끼는 외로움도 어느 정도 해소될 것이다.

일레인 스캐리Elaine Scarry는 자신의 저서 《고통받는 몸 The Body in Pain》(한국어판 제목―옮긴이)에서 통증과 상상의 관계를 다루는데, 그녀에 따르면 상상이란 구체적인 어떤 내용이 없는 하나의 과정이다. 즉 상상의 내용이 무엇이든―해변에서 휴가를 보내는 것이든, 유니콘이든, 자동차 사고든―그 과정은 똑같다는 것이다. 상상하는 행위는 우리가 그 내용으로 삼는 사건이나 대상에 의존하지 않으며, 무엇을 상상할지는 우리의 의지로 바꿀 수 있다. 이와 비슷하게 만성 통증도 확실한 외부 대상 없이 벌어지는 하나의 과정이다. 통증은 단지 통증 자체로만 경험되며, 분명하게 지목할 수 있는 외부 원인이 있어서 그 통증이 생기는 게 아니다. 스캐리는 이렇게 보면 통증과 상상이 '경험'이라는 동일한 스펙트럼의 양 극단에 있는 두 양상으로 볼 수 있다고 설명한다. 만성 통증이 외부 세계와 무관한 주관적인 신체 경험이라면, 상상은 자기 몸 안에만 존재하는 외부 세계를 자기 머릿속에서 경험하는 것이다. 이 상상과 통증의 관계는 곧 살펴볼 통증 해소 메커니즘의 핵심으로, 우리는 통증이 일어나는 공간을 상상의 내용물로 삼을 것이다.

공간에 대한 이해가 통증에 대한 이해로

만성 통증은 주의 방식을 전환하고 공간에 대해 이해하기 시작하면 확연히 해소될 수 있다. 훈련을 하면 통증의 부정적인 영향을 줄이는 것은 물론이고 통증을 완전히 없앨 수도 있다. 비결은 우리의 정신과 감정이 몸과 연결되어 있음을 이해하고 상상력을 발휘해 공간 속에서 통증이 자리하고 있는 위치를 정확하게 찾아내는 것이다. 통증이 차지하고 있는 공간을 충분히 의도적으로 경험하면, 그리고 우리 몸과 주변 공간에 넓게 주의를 기울이면, 통증은 가라앉는다. 공간의 힘으로 통증을 '죽이거나' 증상을 일시적으로 가리는 것이 아니라, 아픈 감각을 그것을 느끼는 감정적·정신적·신체적 공간 속으로 통합시키는 것이다. 그러면 통증이 공간의 더 큰 영역으로 흩어지면서, 결과적으로 통증은 점점 작아지게 된다.

만성 통증은 내담자들이 우리 프린스턴 바이오피드백 센터Princeton Biofeedback Center를 찾는 큰 이유 중 하나인데, 가장 효과적인 치료 방법의 하나가 공간으로 의식을 확장시켜 공간 속에서 통증과 고통이 위치한 곳을 찾아내 이를 해소하는 것이다. 앞서 말했듯이 만성 통증은, 설령 그것이 부상의 오랜 후유증이나 질병 때문에 생긴 것이라 할지라도, 직접적인 원인이 된 신체적 문제 못지않게 우리의 상상과도 밀접한 관련이 있다. 만성 통증이 없어지지 않는 것은 우리가 그 통증에 부정적인 감정을 얽어놓고 통증을 악화시키는 방식으로 거기에 주의를 기울이기 때문이다. 인간이 통증을 어떻게 경험하는지에 대한 신경화학적 설명은 나의 다른 책《통증이 사라지다Dissolving Pain》에서 훨씬 자세하게 설명하고 있다. 하지만 지금은 한 가지 간단한 원리만 잘 새기고 있는 것으로 충분하다. 바로 만성 통증이 사라지지 않는 주된 이유는 우리가 자기 몸과 주변 환경에 잘못된 방식으로 주의를 기울이기 때문이라는 사실이다.

우리 몸이 차지하고 있는 공간으로 유연하게 주의를 확장할 때 우리는 지금 느끼고 있는 통증을 우리 몸과 주변 세상에 대한 훨씬 전체적인 경험 속으로 통합할 수 있게 되고, 그에 따라 감정적으로나 정신적으로 또 신체적으로 모두 편안해진다. 일상의 알아차림 속에 '공간'에 대한 알아차림도 포함시키면, 실제로 뇌 구조가 변하여 과거의 고통스러운 사건을 무의식적으로 상상하며 붙드는 대신, 현실에서 어떤 일이 일어나건 매순간 애씀 없이 대응할 수 있게 된다.

개념적으로 통증과 상상은 경험이라는 동일한 연속선상의 양 극단에 위치해 있다는 일레인 스캐리의 주장을 떠올려보라. 이제 우리는 그 통증과 상상을 하나로 결합할 것이고, 그렇게 상상을 통해 통증과 하나되어 통증을 온전히 느껴볼 것이다. 그것에 완전히 몰입한 뒤 해소시키면, 우리는 평정과 차분함과 균형의 자연스런 상태를 회복하게 되고, 이때 통증은 저절로 녹아 사라질 것이다.

⋮

만성 통증의 해소

먼저 주변 공간을 인식하는 것에서 시작해 보자. 책 앞부분에서 한 것과 똑같은 방식으로 지금 자신이 읽고 있는 글자들, 글자가 인쇄된 종이, 두 손에 들려 있는 책을 찬찬히 인식해 보자. 손가락에 닿는 종이의 질감을 알아차릴 수 있는가?

만약 앉아 있다면 의자를 누르는 자신의 체중을 느껴보라. 서 있다면 발에 가해지는 체중을 느껴보라. 이 느낌이 지금 이 순간 여러분이 느끼는 모든 신체 감각의 일부임을 알 수 있겠는가? 그 감각이 몸 안과 몸 주변의 모든 광경, 소리, 냄새, 느낌 중 하나라는 사실을 알아 차릴 수 있겠는가?

잠시 하던 것을 멈추고 이 순간 경험하는 모든 느낌 속에 머물러보자. 어떤 강한 감정이 느껴지는가? 초조함, 긴장, 외로움, 불안 혹은 그 밖에 이름을 붙일 수 있는 다른 어떤 감정이 느껴지는가? 이 가운데 가장 강렬한 감정은 무엇인가? 호흡이 폐 속으로 들어오고 나가는 것을 느끼면서, 또 이 책의 무게를 느끼고 책이 주는 모든 촉감을 온전히 감지하면서, 지금 이 순간 통증이나 고통이 몸의 어느 부위에서 일어나는지 알아차려 보라. 혹시 유독 더 아프거나 오래 지속되어서 알아차리기 쉬운 통증이나 고통이 있다면, 다음에 소개하는 스튜어트의 경험을 모델삼아 그 통증이나 고통을 먼저 해소해 보자.

.

요통

스튜어트가 시달리고 있는 만성 통증은 원인이 명확했다. 그것은 요통, 그중에서도 좌골신경통이었다. 좌골신경통은 한쪽 둔부의 좌 골신경에서 아래쪽으로 강한 통증이 퍼지면서 몸을 쇠약하게 하는 일종의 기능 장애이다. 통증이 타는 듯 찌르는 듯하면서 허리에서 엉덩이를 타고 허벅지, 종아리 근육으로 내려갔다가 다시 올라오는 양상을 보인다. 다른 만성 질환들처럼 좌골신경통 역시 조직 손상 때문에 생기기도 하지만 강한 스트레스가 원인이 되기도 한다. 다른 만성 질환들과 마찬가지로 좌골신경통 역시 주의의 힘을 이용해 사라지게 만들 수 있다. 지금 여러분이 만성 요통에 시달리고 있든, 심한 긴장성 두통이 있든, 어깨와 목이 뻣뻣하든, 옛날에 다친 곳이 아직도 불편하든, 스튜어트가 좌골신경통을 사라지게 만든 방법을 그대로 따라한다면 여러분 역시 그 통증을 없앨 수 있다.

그는 다음과 같이 자신의 경험을 말한다.

"나는 해변에 있는 집을 한 채 빌려 여름 내내 그곳에서 지냈어요. 그곳에서 보낸 시간은 정말이지 여유 있고 활기찼죠. 하지만 여름이 끝나면서 다시 번잡한 도시로 돌아가 매일 스트레스 속에서 지낼 생각을 하니 불안감이 밀려오기 시작하더라고요. 마지막 주에 동료인 케빈이 해변 집에 놀러 와서 집 대청소를 도와줬죠. 집을 빌려준 친구들이 집을 떠나기 전에 꼭 청소를 해달라고 부탁했거든요.

청소를 본격적으로 시작하기도 전이었는데, 빗자루질을 하려는 순간 허리가 찌릿하며 꼼짝을 못하겠더라고요. 허리에서 오른쪽다리 쪽으로 좌골신경통 특유의 타는 듯한 통증이 순식간에 번지더니 내가 어느새 부엌 한가운데 누워 있었습니다. 조금이라도 움직이려들면 극심한 통증이 몰려와서 숨을 얕게 쉬는 것조차 힘들었는데, 그 순간 오만 가지 걱정거리가 머릿속을 훑고 지나가더군요. '집을 깨끗하게 청소 못해서 친구들을 실망시키겠지. 이 어마어마한 통증을 달

89

고 도시로 돌아가 가뜩이나 스트레스받는 일을 해야 한다니. 지팡이
에 의지해 걷는 약한 노인네가 된 기분을 느껴야 할 수도 있어. 어쩌
면 수술을 받아야 할지도 몰라.……' 이 모든 일들을 상상하며 걱정
하는 동안 허리 통증은 더 심해져만 갔죠. 제대로 앉아 있기도 힘들
었어요. 케빈이 도와줬지만 별 소용이 없었죠.

그러다 얼마 전 주의를 확장하는 것과 관련한 세미나를 들은 기억
이 났습니다. 페미 박사의 안내로 공간의 힘에 연결되는 법을 그때
배웠죠. 페미 박사가 가르쳐준 방법대로 내 주변에서 일어나고 있는
일에 그저 가만히 주의를 기울였어요. 통제하려는 마음 없이요. 제일
먼저 호흡부터 시작했습니다. 조급하게 숨을 들이마시려고 애쓰거
나 헐떡이는 대신, 숨이 실제로 폐로 들어오고 나가는 모습을 가만히
지켜봤어요. 그것만으로도 조금 진정이 되더라고요. 그래서 내가 있
는 공간으로 주의를 확장하기 시작했습니다. 두 눈 사이의 공간을 상
상하자, 전에도 그렇게 했을 때 긴장성 두통이 수그러들었는데, 이번
에도 역시 즉각적으로 도움이 되더군요. 두 눈 사이의 공간을 상상하
는 것만으로 마치 망아지처럼 날뛰는 두려움이 아닌 다른 것에 초점
을 맞출 수가 있었고, 허리 통증도 비상 상황처럼 느껴지지 않았습니
다. 허리와 다리에만 온통 집중하던 상태에서 벗어난 나는 몸의 다른
부위도 상상하기 시작했어요. 우선 두 눈 사이의 공간을 머리 전체가
차지하는 공간과 연결시키고, 그 알아차림 속에 편안히 있어보려 노
력했습니다. 그러고 나서는 입 안의 공간과 뒤통수 공간을 상상하고,

턱 주변의 공간을 목 안쪽 공간과 하나로 연결시켰고요. 그런 뒤 두 눈과 머리와 목을 심장과 폐 속의 공간과 연결시키고, 어깨와 팔과 연결시키고, 상반신 전체와 연결시켰습니다.

몸속의 공간을 상상하면서 나는 상반신의 공간이 허리와 고관절로, 엉덩이와 다리로, 더 내려가 발목과 발과 발가락으로까지 쭉 확장되는 모습을 떠올렸어요. 그러자 타는 듯 고통스럽던 허리와 다리가, 몇 분 전까지만 해도 내 세상의 전부인 것 같던 그 부위가 다시 자연스럽게 느껴졌고, 허리와 다리가 원래 있어야 하는 몸의 공간으로, 그러니까 실제 자리로 되돌아간 것처럼 느껴졌지요. 몸의 전체 공간을 상상하자 통증이 줄어들었습니다. 허리 통증이 여전히 느껴지기는 했지만, 이제는 훨씬 작게, 국소적으로 느껴졌다고 할까요? 통증에 온통 사로잡히는 게 아니라, 몸 안에 있는 통증의 모양을 그릴 수 있게 된 거예요.

몸 전체의 공간을 다시 느끼게 되자 나를 겁먹게 하던 생각들, 그러니까 친구네 집 청소를 못해 사이가 어색해지면 어쩌나, 이런 상태로 어떻게 일상으로 복귀하나 같은 불안들도 사라졌어요. 나는 그냥 부엌 바닥에 누운 채로 그때까지 나를 갉아먹던 두려움과 불안이 아니라, 그 순간 그곳에서 느껴지는 모든 감각을 고스란히 느꼈습니다. 허리와 다리로 타일 바닥의 딱딱함을 느끼고, 바깥의 호랑가시나무들 사이로 부는 바람 소리에 귀 기울였어요. 케빈이 열어둔 부엌 문 너머로 파도 부서지는 소리며 바닷새 우는 소리도 들었습니다. 바닷물의 짠 내와 해조류의 비린내도 맡았는데, 목 뒤쪽으로 그 맛이 거의 느껴질 정도였죠. 그런 다음에는 바깥의 해변 산책로가 나 있는 공간을 부엌 안의 공간, 집에 있는 모든 방들 속의 공간, 그리고 내 몸 안팎의 공간, 즉 내 몸이 차지하고 있는 공간과 그 안의 모든 느낌과 두려움에까지 연결시켰습니다. 그러자 내가 해변과 바다 위의 공간과 하나로 연결된 것처럼 느껴졌어요. 내 허리와 다리가 해변과 바다, 더 나아가 세상 전체와 연결되었다고 느끼고 있자 비록 몇 분 안되는 짧은 순간이었지만 내가 나를 둘러싼 무한한 공간의 일부 같다는 느낌이 들었어요.

방금 전까지도 그렇게 크게 느껴지던 고통과 불안이 이제는 이 광대한 공간의 작디작은 조각 정도로 작아졌습니다. 몸의 감각을 통해 공간과 연결되자 나의 의식은 '지금 이 순간'으로 돌아왔고, 두려움은 나무를 흔들고 지나가는 바람과 파도 소리 속으로 사라졌어요. 그렇게 불안감이 사라지자 통증도 느껴지지 않더군요. 물론 통증이 그 자리에 여전히 있기는 했지만 훨씬 더 뒷배경으로 물러나 있는 거죠. 이 모든 게 고작 몇 분 안에 일어난 일이에요.

케빈이 방으로 돌아왔을 땐 나는 차분함을 되찾고 호흡도 정상으로 돌아온 상태였죠. 그의 도움을 받아 똑바로 앉을 수도 있었고요. 15분 후에는 다시 청소를 시작할 수 있었어요. 그날 저녁 집으로 돌아가는 페리에 탈 즈음에는 아무렇지도 않았죠. 통증은 씻은 듯이 사라지고 없었어요.

공간과 연결되자 마치 두려움이 세상의 전부인 양 움켜쥐고 있던 것을 멈출 수 있게 되었고, 그렇게 두려움을 내려놓자 그 순간 나를 둘러싼 세상과 다시 하나로 연결된 것 같은 기분이 들었어요. 허리의 지독한 통증은 더 이상 느껴지지 않았습니다. 통증이 완전히 사라진 거죠."

노화

1985년에 미국 인구 중 65세 이상 성인이 차지하는 비율은 11퍼센트였다. 2010년에 그 비율은 13퍼센트가 되었다. 이 책을 쓰고 있는 시점에 65세가 넘는 미국인은 4,800만 명(인구의 15퍼센트)이고, 마지막 베이비부머 세대가 65세가 되는 2030년이 되면 고령자는 전체 인구의 20퍼센트에 달할 것으로 예상된다. 이 시기가 지나면 고령자의 상대적 비율은 점차 완만 곡선을 그리게 되지만, 65세 이상 고령자의 절대적 수는 계속해서 늘어난다. 1900년에 85세 이상 미국인은 10만 명에 불과했지만, 오늘날 그 수는 600만 명에 달한다.

식생활 개선 및 의약품과 의료 기술의 발달에 힘입어 인간의 수명은 늘어났지만, 그만큼 사람들이 겪는 만성 통증도 늘어났다. 미국 질병통제예방센터CDC에 따르면 65세 이상 미국인의 거의 절반가량이 관절염을 앓고 있고, 관절염은 미국인의 장애 원인 1위를 차지한다. 관절염은 그 자체로 아프고 불편한 것 외에 부수적인 부작용이 있는데, 바로 그 통증 때문에 사람들이 운동이나 평소 늘 하던 활동을 못하게 되어 비만, 당뇨, 우울증 같은 질병이 동반된다는 사실이다. 게다가 미국의 65세 이상 성인의 약 30퍼센트가 혼자 살고, 85세 이상 성인은 그 절반가량이 혼자 산다. 2019년 머크Merck 사(미국의 의약품 제조 회사―옮긴이)가 의뢰한 연구에 따르면, 고령자의 60퍼센트가 외로움과 고립감을 느낄 때 만성 통증을 더 심하게 느낀다고 보고했으며, 이는 다시 알코올과 처방약 남용으로 이어진다.

젊음의 묘약 같은 것은 없지만 공간에 주의를 기울이면 회복력이 높아지게 마련이며, 우리 뇌는 가소성이 대단히 높아서 통증을 대하는 태도나 통증에 주의를 기울이는 방법을 바꾸면 뇌의 구조가 달라져 행복감은 커지는 반면 외로움은 줄어들 수 있다. 우리 몸의 치유 재생 능력은 나이를 먹어가며 점차 줄어들고 관절통 같은 증세도 노화에 따라 자연스럽게 나타나겠지만, 몸의 감각을 알아차리고 통증에 대해 생각하는 방식을 바꾸면 수년째 변하지 않던 통증까지도 완화될 수 있다.

통증을 온전히 느끼며 그것과 완전히 하나된 뒤 통증을 공간 속으로 사라지게 만들면, 만성 질환의 증상만이 아니라 경우에 따라서는 그 원인까지도 뿌리 뽑을 수 있다. 요통이나 관절통, 관절염, 오래된 부상 후유증 등은 모두 공간을 인식하는 것으로 큰 효과를 볼 수 있으며, 따라서 알아차림을 확장하는 연습을 습관화해 꾸준히 하면 통증이 줄어들면서 신체 활동이 훨씬 수월해지고 장기적으로는 건강한 상태를 계속 유지할 수 있게 된다.

오픈 포커스로 두 무릎의 관절염 통증을 해소한 주디의 이야기는 이 오픈 포커스가 노화로 인한 통증을 없애는 데 얼마나 효과적인지 보여주는 모범 사례이다.

고령자 커뮤니티 아파트에 살고 있는 주디는 무릎 통증이 너무 심해 자기 집에서 공동 주방까지 계단을 오르내리는 게 여간 힘든 게 아니었다. 나이가 일흔넷이니 무릎 연골이 닳은 것도 이상한 일은 아니었다. 나이가 들면 신체의 조직 재생 능력은 떨어지게 마련이다. 70, 80이 된 사람이 십대처럼 사방팔방 뛰어다닐 수는 없다. 하지만 통증은, 그게 아무리 노화로 인해 생긴 일상적인 고통이라 하더라도 순전히 신체 조직의 문제로만 돌릴 수는 없다. 우리가 몸을 어떻게 경험하는지, 몸에 대해 어떤 기대를 갖고 있는지도 통증에 영향을 끼친다. 즉 통증에 어떤 방식으로 주의를 기울이고, 통증의 의미를 어떻게 해석하느냐 역시 중요한 것이다.

주디의 경우, 그녀가 낙담이 되었던 것은 집에서 공동 주방까지 오가는 데 보행기를 이용하거나 엘리베이터를 타고 싶지 않았기 때문이다. 그녀는 보행기에 '굴복'해 버리면 결국 누군가의 신세를 지는 건 시간 문제라고 생각했고, 아프지만 않았어도 친구들과 식사하며 즐거운 시간을 보낼 수 있는데 통증 때문에 그러지 못한다는 데 화가 났다. 즉 그녀는 통증을 대상화하고 분리시켜 자신과는 상관없는 어떤 일이 자신에게 벌어졌다고 생각하면서 통증에 부정적인 감정을 잔뜩 얹었던 건데, 그럴수록 통증은 더 심해질 뿐이었다. 하지만 통증은 뇌에서 일어나는 과정으로, 주디가 공간과의 연결을 통해 무릎의 경험을 몸 전체로, 자기 자신 전체로 재통합하자 통증은 사라졌고, 그녀는 다시 계단을 이용해 공동 주방까지 걸어 다닐 수 있게 되었다.

주디에게는 통증의 원인이라고 생각했던 무릎을 출발점으로 삼는 것이 중요했다. 그녀는 통증이 자기 무릎에 벌어진 개별화된 어떤 일이라고 습관적으로 느껴왔기 때문에, 일단은 통증이 자기 무릎의 일부, 나아가 자기 자신의 일부라고 받아들일 필요가 있었다. 자신이 느끼는 통증과 하나가 되어야 통증을 몸 전체로, 또 주변의 공간으로 녹여 없앨 수 있기 때문이다.

주디는 거실의 안락의자에 앉아 무릎의 통증이 어떤 모양인지 떠올려보았다. 여러분도 관절이든 허리든 목이든 만성 통증에 시달리고 있다면, 몸 안의 통증이 어떤 모양을 하고 있는지 느껴보는 것으로 시작해 보라. 주디는 통증의 모양이 무릎 모양을 하고 있다고 금세 떠올릴 수 있었지만, 조금 더 자세히 느껴보니 왼쪽과 오른쪽의 모양이 약간씩 달랐다. 오른쪽 무릎의 통증이 동그란 손잡이 모양인 반면, 왼쪽 무릎의 통증은 L자 모양이었다. 오른쪽 무릎의 통증이 훨씬 강했기 때문에 그녀는 오른쪽부터 통증 해소 작업을 진행하고, 그다음에 왼쪽을 똑같이 반복했다. 이 통증 해소 기법은 몸에서 느껴지는 어떤 통증에도 적용할 수 있지만, 통증을 한 번에 하나씩만 다루는 것과, 각 느낌을 몸과 마음에 하나씩 통합시켜 가는 것이 중요하다. 각 통증에 얽혀 있는 감정들이 서로 다를 수 있기 때문에, 유사한 기법을 사용해 통증을 해소한다 하더라도 통증이 해소되는 방식이나 그 과정에서 일어나는 감정은 매번 다를 수 있다. 이것은 우리가 통증에 무의식적으로 주의를 기울이는 방식이 그때그때 약간씩 다르기 때문이다. 주디의 두 무릎 통증처럼 통증 자체는 서로 유사할지라도 말이다. 통증을 일단 재통합하고 해소한 뒤 좀 더 의도적으로 확장된 주의를 기울이기 시작하면, 통증이 일어나는 즉시 해소하기가 훨씬 쉬워지며 통증은 만성이 되지 않는다.

　주디는 오른쪽 무릎에서 느껴지는 통증이 동그란 손잡이 모양임을 떠올리고 그 손잡이 모양이 차지하는 공간을 느껴보았다. 숨을 들이쉴 때는 들어온 숨이 무릎의 손잡이 모양을 가득 채우는 모습을 상상하고, 숨을 내쉴 때는 그 손잡이 모양에서 공기가 빠져 나가고 텅 빈 공간이 무릎으로 밀려와 그 자리를 채우는 모습을 상상했다. 이렇게 몇 차례 호흡을 반복하며 공기가 통증의 모양 속을 가득 채웠다가 공기가 빠져나가면 공간이 그 자리로 들어오는 모습을 상상했다. 그러자 주디는 통증의 모양과 그 주위의 공간을 명확히 떠올릴 수 있었다. 그런 뒤 그녀는 오른쪽 무릎의 손잡이 모양과 오른쪽 발목 사이의 거리를 상상하면서, 무릎의 공간과 발목의 공간을 연결시켰다. 더 나아가 그 공간이 오른쪽 발의 뼈들을 지나 발가락 관절까지 내려갔다가 다시 다리를 타고 오른쪽 엉덩이까지 올라오는 상상을 했다. 무릎의 공간이 나머지 관절의 공간과 연결되자, 이제 그녀는 무릎의 통증이 발목으로, 발가락으로, 엉덩이로 퍼져나가는 모습을 상상했다. 무릎 통증이 점점 퍼져서 갈비뼈까지 확장되고, 다시 척추를 하나하나 타고 올라와 목과 머리, 턱에 이르렀다가, 급기야 몸 전체 공간을 차지하는 모습을 상상했다.

다음으로 그녀는 통증이 자신의 의식 안으로, 즉 통증과 그 통증이 차지하는 공간을 상상하기 위해 이용한 그 알아차림 속으로 들어오는 것을 상상했다. 자신의 통증과 알아차림이 같은 것이라고 상상하며 통증의 느낌을 온전히 받아들이자 이 모든 감각을 느끼는 그녀의 의식, 즉 그녀의 전 존재와 통증이 하나가 되었다. 그녀는 모든 방어를 내려놓은 채 가장 강렬한 통증의 느낌에 완전히 몸을 맡겼다.

통증 안으로 들어간 주디는 오른쪽 무릎으로 다시 주의를 돌렸다. 이곳은 그녀가 자신과는 별개라고 생각한 통증이 살던 곳이다. 주디는 그 통증이 이제는 몸 주변의 공간으로, 사방의 벽으로, 거실 바닥과 천장으로 퍼져나간다고 상상했다. 무릎에서 느꼈던 그 강렬한 통증이 자신의 알아차림 전체로, 집의 모든 공간으로, 나아가 아파트 단지로, 정원과 뜰로, 주차장을 가로질러 공동 주방으로 퍼져나가도록 했다. 그녀가 일상 생활을 하는 모든 공간으로 퍼져나간 통증은 그 차지하는 영역이 점점 넓어지는 동시에 점차 옅어졌다.

이제 주디는 그녀에게 익숙한 '나'에 대한 알아차림으로, 그냥 '나'

로 존재하는 느낌으로 돌아와 다시 한 번 통증의 모양을 떠올렸다. 오른쪽 무릎으로 주의를 돌리자 통증은 훨씬 작고 약하게 느껴졌다. 주디는 오른쪽 무릎의 통증을 대상으로 이 연습을 반복하면서 통증을 자기 몸과 주변 공간, 아파트 단지 전체로 점점 확산시켜 그 속으로 녹아들게 했다가 다시 자신에 대한 알아차림으로 돌아오는 연습을 반복했고, 그러자 통증은 마침내 완전히 사라졌다.

그녀는 왼쪽 무릎에도 이 방법을 똑같이 사용했다. 통증의 모양을 느껴보고, 통증을 몸 전체의 일부가 되게 하고, 통증을 확산시켜 통증과 완전히 하나가 되고, 통증이 사방의 공간 속으로 녹아들게 했다. 무릎의 통증이 점차 약해지자 더 이상 통증에 화가 나지 않았고, 통증이 자기와는 별개의 어떤 것이라는 생각도 들지 않았다. 그날 저녁 주디는 몇 년 만에 느끼는 가뿐한 기분으로 계단을 내려가 공동 주방에 가서 저녁을 먹을 수 있었고, 이제는 그런 통증이 올라올 때마다 동일한 방법을 사용해 통증을 느끼고, 통증에 묶여 있던 감정을 느낀 뒤, 통증을 공간 속으로 확산시켜 사라지게 한다.

나이가 들면 통증이 생기게 마련이다. 하지만 통증에 확장된 주의를 유연하게 기울이고 통증이 생길 때 올라오는 감정을 충분히 느껴주면, 그 순간 통증을 온전히 경험하게 되면서 아픔은 엷어지고 가벼워진다.

부상 회복

만일 만성 통증이 아니라 부상이나 사고로 인해 생긴 급성 통증이라면 어떻게 해야 할까? 미국에서 병원 치료를 받아야 할 만큼 심각한 부상을 겪는 사람은 연간 3천만 명—전체 인구의 10퍼센트—에이르고, 집에서 스스로 치료해도 되는 정도의 경미한 상처나 접질림, 찰과상, 긁힘, 타박상을 입는 사람은 셀 수 없을 정도이다. 오픈 포커스로 통증을 해소하고 관리하면 신체가 균형 잡힌 정상적인 상태로 돌아오는 속도가 훨씬 빨라지기 때문에 치유 과정이 그만큼 가속화된다. 자연히 진통제에 의존하는 일도 줄어든다.

분명히 말하지만 오픈 포커스 기법으로 부상 자체를 치료하거나 전문 치료를 대체할 수는 없다. 오픈 포커스를 한다고 해서 꼭 진통제의 필요성이 없어지는 것도 아니다. 하지만 오픈 포커스는 우리 몸과의 연결감을 더 깊게 만들어주는 기법이기 때문에 통증 관리에 도움이 '될 수 있으며', 그만큼 건강하고 편안한 기분을 빨리 되찾을 수 있다.

오픈 포커스를 하면 교감신경계와 부교감신경계가 균형을 이루면서 심박수나 혈압 같은 자율 기능이 조절되고, 부상을 입은 근육이 이완되면서 혈액 순환이 개선된다. 오픈 포커스는 이 자연스러운 균형 상태를 유도하기 때문에 스트레스 관련 호르몬 역시 덜 분비된다.

결국 이 모든 효과에 힘입어 신체의 혈관계, 근육계, 내분비계가 정상화되며 치유와 회복이 촉진된다.

급성 통증을 겪을 때나 통증이 올 것에 대비할 때 우리는 부상 주위의 근육에 힘을 바짝 주게 마련이다. 이것은 부상을 겪을 때, 특히 트라우마의 순간에 자연스럽게 일어나는 감정적·심리적 반응이다. 가령 차가 기둥에 부딪치기 일보 직전일 때 우리는 충격에 대비해 몸을 움츠리게 된다. 하지만 때로는 그런 위험한 순간이 한참 지났는데도 이 통증 대비 모드를 계속 유지할 때가 있다. 그렇게 근육에 힘을 주고 있으면 치유 과정은 더뎌진다. 또한 부상을 입은 후 계속해서 통증에 대비하는 자세를 취하면 사고 당시 느꼈던 부정적 감정을 거듭 느낄 수 있고, 그러면 이 대비 모드에서 비롯되는 통증이 만성화되어 그 당시의 부정적 감정도 계속해서 경험하게 될 수 있다.

부상으로 인한 통증을 오픈 포커스로 해소하려면 약간의 연습이 필요하다. 그것은 우리가 다친 곳에 주의를 기울일 때 무의식적으로 그 부위를 대상화하며 극도로 좁게 주의를 기울이기 때문이다. 하지만 좀 더 확장된 방식으로 다친 곳에 주의를 기울이는 것이 자연스러워지면, 물리적 외상—테이블 모서리에 실수로 손을 부딪치는 것 같은 일상의 사소한 일부터 뼈가 부러지는 훨씬 큰 부상까지—을 겪게 될 때 재빨리 주의 방식을 바꾸고, 통증을 해소하고, 원래의 평온한 상태로 돌아갈 수 있다.

샬라의 사례가 그것을 아주 잘 보여준다. 심리학자로 나의 동료이기도 한 살라는 상담 환자들에게 오픈 포커스 기법을 알려주고, 본인도 매일 오픈 포커스 연습을 하는 사람이다. 그러니만큼 집 앞 계단에서 넘어졌을 때 오픈 포커스를 사용한 것은 그녀에게 아주 자연스러운 선택이었다. 그녀의 얘기를 직접 들어보자.

"사무실에서 돌아와 외투랑 가방을 제자리에 두고 우편물을 확인하러 밖으로 나갔어요. 매일 똑같이 하는 일들이죠. 그런데 이날 저녁, 코요테 한 마리가 마당을 가로질러 가는 게 아니겠어요. 코요테라니! 뉴저지에서요! 전 그만 계단을 헛디뎌 넘어지고 말았어요. 비명이 절로 나왔죠. 코요테는 도망가고, 남편이 무슨 일이냐며 뛰쳐나왔어요. 그러곤 응급실로 갔죠.

오른쪽 발목 바깥쪽의 외측인대가 파열됐더군요. 정말 아프고, 너무 짜증나더라고요. 게다가 남편은 코요테를 보지도 못했다는데 이게 더 짜증을 돋웠죠. 병원에서는 나한테 발목 보호대와 목발, 그리고 굉장히 많은 진통제를 줬습니다.

집에 돌아와서는 의자에 발을 올리고 남편과 TV를 보며 남은 저녁 시간을 보냈어요. 그때까지만 해도 아픈 걸 잘 모르고 있다가 진통제 효과가 떨어지자 통증이 너무 심하게 느껴졌는데, 원래 평소에도 자기 전에 오픈 포커스를 하는 습관이 있었기 때문에 그 방법으로 통증을 해소해야겠다고 생각했죠.

평소 오픈 포커스로 몸을 스캔하면, 한동안 몸을 느껴야지만 그날 긴장을 해서 아픈 부위를 찾을 수 있었는데, 그날은 발목이 이미 크게 소리를 지르고 있었으니 통증이 어디에 있는지 바로 알 수 있었죠. 하지만 잘 느껴보니 다리 위로 관련통(실제 손상된 부위가 아닌 다른 곳에서 느껴지는 통증—옮긴이) 역시 심하게 느껴졌어요. 내가 근육 안에 정말 많은 통증을 붙들고 있더라고요.

오픈 포커스를 통한 통증 해소의 핵심은 통증을 제대로 느낀 뒤, 통증을 몸 전체로 확산시키고, 나아가 몸 주변의 공간으로까지 퍼트리는 거예요. 방금 말한 것처럼 나는 이미 통증이 다리까지 올라와 있었고, 두통과 눈 뒤의 통증도 있었기 때문에, 통증을 피부 세포 하나하나에서까지 느낄 수 있을 정도로 몸 전체로 확산시키는 것이 어렵지는 않았습니다. 하지만 다친 부위의 통증은 여전히 말도 못하게 강해서 그 느낌을 도저히 어떻게 할 수가 없었어요. 그래서 그날은 그냥 진통제를 먹고 잤습니다.

오픈 포커스를 수년째 하고 있는데, 어떤 때는 단 한 번에 통증이 허공으로 녹아 사라질 정도로 효과가 탁월할 때도 있지만, 어떤 때는 하다가 집중력이 흐트러지기도 하고, 어떤 통증은 내가 도저히 어떻게 할 수 없을 정도로 마음을 움켜쥐고 놔주지 않아 계속 아플 때도 있습니다. 그래서 한 번 해보고 별 반응이 없다고 해도 조금 있다가 다시 해보고 또다시 해보는 게 중요하다는 걸 알게 되었습니다.

다음날 아침 나는 다시 통증 해소에 나섰어요. 정말이지 진통제를 먹고 싶지는 않았습니다. 해야 할 일은 너무 많은데 진통제를 먹으면 맥을 못 추게 되거든요. 이번에는 발목의 통증으로 바로 들어가 거기에 온전히 주의를 기울이면서 평소 하던 순서대로 오픈 포커스를 다시 했어요. 내 경험상, 그리고 오픈 포커스를 사용하는 환자들에게 조언하는 것이기도 한데, 맨 처음에는 통증을 내 현실의 전부인 것처럼 느끼는 게 핵심입니다. 세상에 통증 말고는 아무것도 없는 것처럼 최대한 강렬하게 통증을 느끼는 거죠. 그런 뒤 상상력을 동원해 통증이 몸 어디에 있든 그것을 몸 전체로 퍼트리고, 더 나아가서 방으로, 집으로, 주변 세상으로 확산시키는 겁니다. 그렇게 통증을 공간을 통해 확장시켜 세상 속으로 퍼트리면 통증은 사라져요.

이번에는 정말 효과가 있었어요. 통증은 사라졌고, 발목은 보호대를 차고 있었는데도 거의 정상처럼 느껴졌어요. 발목에 힘을 실어도 아무렇지 않았죠. 목발도 없이 발목 보호대만 찬 채로 걸어봤는데 전혀 문제가 없었어요. 사무실에도 출근했습니다. 환자 진료를 하거나 서류 작업 같은 걸 하느라 바빴는데 그럴 때 통증이 다시 올라오면 나는 다시 통증을 없앴죠. 나는 이게 참 굉장하다고 생각했어요. 하지만 그 다음 주에 병원에 가서 만난 의사는 생각이 달랐습니다.

세상에, 정말 화가 났더라고요! 목발 없이 진료실에 들어간 나를 본 의사 얼굴이 얼마나 붉으락푸르락하던지. 의사는 발목을 만져보더니 그렇게 발을 딛고 걷다가 상태가 더 나빠졌으면 어쩔 뻔했냐고 그러더군요.

난 오픈 포커스 연습에 대해 설명을 했어요. 의사는 실제로 큰 관심을 보였고, 내가 진통제를 많이 먹지 않아도 되겠다며 좋아해 주었죠. 하지만 인대 파열은 통증이 느껴지지 않는다고 해서 하루아침에 낫는 건 아니라며 엄중히 경고했죠. 그래서 난 다시 목발을 짚기 시작했습니다.

완전히 낫기까지는 약 한 달이 걸렸고, 첫 2주 정도는 통증 해소가 잘 안 될 때 가끔씩 진통제를 먹었습니다. 하지만 그럭저럭 평소의 루틴으로 돌아갈 수 있었고, 매일같이 마냥 의자에 앉아 아파하며 힘들어하지 않아도 된다는 게 무척 다행이라고 생각했어요.

그 후로 마당에서 다시 코요테를 본 적은 없습니다. 만약 코요테가 나타나더라도 이젠 자빠지지 않을 준비가 되어 있답니다!"

.
.

통증의 경험

국제통증연구협회The International Association for the Study of Pain는 통증을 "실제적인 혹은 잠재적인 조직 손상 혹은 그에 준하는 손상과 관련된 불쾌한 감각적·감정적 경험"이라고 정의한다. 다시 말해 통증은 감각적 경험과 감정적 경험을 '모두' 포함하며, 실제적인 '혹은' 잠재적인 조직 손상으로 인해 발생하는 것이다. 즉 통증을 신체적 외상이라는 좀 더 뚜렷한 요소 외에도 우리의 감정과 신념, 두려움이 모두 긴밀하게 작용하는 과정으로 보는 것이다.

다음 장에서 통증의 감정적 측면에 대해 더 자세히 다루겠지만, 어떤 통증이든 통증은 우리의 경험과 관점이 모두 관여하는 다중감각적 사건이라는 사실을 꼭 기억하길 바란다. 통증의 공간을 깊이 느끼고 오픈 포커스를 활용해 통증과 완전히 하나가 되면 통증과 관련된 감각과 느낌, 신념, 감정을 모두 통합할 수 있다. 그리고 그중 일부는 오픈 포커스 연습을 하는 과정에서 예상치 못하게 처음으로 튀어나온 것일 수도 있다. 머릿속에서 통증을 대상화하며 나오는 별개의 것이라고 거리를 두는 것이 아니라, 통증을 자신의 일부로 온전히 받아들이는 것이야말로 이 불쾌한 경험을 해소하고 신체적·감정적 평형의 상태로 되돌아가는 핵심 단계이다.

5

감정적 고통
해소하기

The Open-Focus LIFE

5

감정적 고통 해소하기

신체적 통증과 마찬가지로 감정적 고통 역시 우리가 실제로 겪은 상실이나 불운한 사건만큼이나 고통에 대한 우리의 생각 및 거기에 주의를 기울이는 방식과 크게 관련이 있다.

대다수 사람은 감정적 고통을 회피하거나 그것에 무감각해지려 든다. 미국 심리학회American Psychological Association의 보고에 따르면 미국인이 감정적 스트레스를 해소하기 위해 쓰는 가장 보편적인 방법은 음주로, 약 4,900만 명의 미국인이 힘들면 술을 찾는다고 한다.《미국의사협회저널Journal of the American Medical Association》은 항우울제 처방을 받는 미국인의 비율이 1999년에서 2012년 사이 6.8퍼센트에서 13퍼센트로 두 배가 뛰었다고 보고했으며,《뉴욕타임스》는 2018 년 보도에서 최소 2년간 항우울제 처방을 받아 복용한 미국인이 그 전 10년 대비 60퍼센트 증가한 2,500만 명에 달한다고 밝혔다. 우울 과 감정적 고통을 약에 기대어 해소하려는 사람들은 계속 늘어나지 만, 이런 식으로 고통을 덮거나 마비시키거나 회피하는 것은 그저 겉 으로 드러나는 증상만 해결할 뿐이다.

그에 반해 이 책에서 제시하는 방법—감정에 주의를 기울이는 방 식을 바꾸는 것—은 괴로움의 근본 원인을 해결한다. 만성 통증과 마찬가지로 감정적 고통도 해소하려면 그 고통을 찾아낸 뒤 그것과 하나되어 온전히 경험함으로써 그것을 자신의 전체 경험 속으로 통 합시켜야 한다. 감정은 몸 안에서 일어나는 신체적 과정이다. 감정 적 고통을 몸으로 온전히 경험하고 나면 그것을 공간으로 확산시켜 사라지게 만들 수 있다. 이 기법을 사용하면 바로 고통스러운 감정 이 사라지고 새로운 통찰이 떠오르면서 자신의 기억과 경험을 다른 눈으로 바라보게 되기도 한다. 설령 고통이 즉시 사라지지 않는다고 해도 감정적 고통이 몸속 어디에 있는지 찾아낸 뒤 공간의 힘을 통 해서 그것을 해소하는 것은 장기적으로 건강에 도움이 된다고 입증 된 효과적인 방법이다.

감정을 처리하는 이런 방식이 이상해 보일지도 모르겠다. 하지만 생각해 보자. 우리는 긍정적인 감정을 경험할 때는 언제나 이렇게 한 다. 기분 좋은 감정을 느끼면 주의를 활짝 열고 즐거이 받아들이며,

기쁜 마음으로 그 감정과 하나가 되고 '그 안에 푹 빠진다.' 이런 긍정적인 감정과 합일이 되면 그 감정은 더 이상 떨어져서 바라볼 수 있는 대상이 아니며 그것을 계속 붙들고 있을 수도 없다. 이렇게 우리는 행복을 느끼게 하는 경험과는 하나가 되며, 행복 또는 기쁨을 우리의 알아차림에 통합함으로써 그 행복을 온전히 경험하게 된다. 그리고 시간이 지나면서 그 감정은 애쓰지 않아도 자연스럽게 사그라진다. 이것은 모든 감정이 경험에 대한 자연스러운 반응으로 일어나기 때문인데, 우리가 삶의 사건들을 유연하게 경험하여 상황이 변할 때마다 적절하고 자연스럽게 주의를 바꿀 줄 알게 되면 감정(모든 감정) 속으로 훨씬 더 쉽게 들어갈 수 있다. 인간은 본디 긍정적인 감정은 덜 붙잡으려 든다. 우리는 행복을 느끼면 그 감정을 대상화해서 나와는 별개의 것으로 분리하기보다는 그것과 합일되고 싶어 한다. 그래서 가령 기쁨을 아주 강렬하게 느낄 때 우리는 오직 기쁨밖에는 알아차리지 못하다가 주변 상황이 변함에 따라서 천천히 그리고 쉽게 그 기쁨의 감정에서 놓여나게 된다.

하지만 부정적인 감정을 대할 때 우리의 태도는 전혀 다르다. 우리는 슬픔 속으로는 완전히 들어가지 않는다. 또 우리는 고통에 좁게 초점을 맞추며 그것을 대상화함으로써 고통을 자신과 동떨어진 어떤 것으로 경험한다. 혹은 어떻게든 고통을 느끼지 않으려고 자신을 고통과 완전히 분리시킨다. 항우울제를 먹어도 부정적인 감정의 고통이 여전히 남는 건 바로 이 때문이다. 감정은 우리가 그것을 완전히 느끼기 전까지는 어떤 형태로든 우리 곁에 남아 있다. 고통은 우리와 분리된 별개의 것이 아니기 때문에 고통을 경험하지 않고 떼어내려 애써봤자 오히려 고통만 더 강해지며 거기에만 더 집중하게 할 뿐이다. 긍정적인 감정과 완전히 하나가 되듯, 상실이나 헤어짐의 고통에도 마음을 열고 그 속으로 깊이 들어가야 그 감정을 온전히 느낄 수 있고, 그때 고통은 사라지며 우리는 평정 상태를 되찾을 수 있다.

:

사랑하는 사람과의 이별

'고통과 하나되자 고통이 사라지는' 바로 그런 일이 최근 마사에게도 일어났다. 그녀는 수년 전에 헤어진 사람에 대한 미련과 이별의 고통으로 또다시 힘들어하고 있던 참이었다. 그녀는 그 느낌이 들 때면 언제나 밀어내려고만 했기 때문에 그 사람과 헤어졌을 당시로부터 한 발짝도 나아가지 못하고 스스로에게 계속 그 이야기를 반복하며 마음속으로 당시 상황을 고스란히 재현하고 있었다. 그렇게 이별의 고통을 대상화해 붙들고 있음으로 해서 그녀는 그때 일을 되새길 때마다 가슴이 미어지는 고통을 매번 다시 겪어야 했다. 하지만 주의의 힘을 이용해 고통의 한가운데로 들어가게 됨으로써 그녀는 고통과 하나가 되어 그것에 자신을 맡기고, 그렇게 자신의 고통을 온전히 느꼈다. 그러자 하나가 되어 충분히 느낀 모든 감정이 그러하듯, 그녀의 고통 역시 점차 누그러지고 해소되었으며 그녀는 평정 상태를 회복했다. 마사의 이야기는 물론 그녀만의 사례이긴 하지만, 누구든 상실이나 감정적 고통이 올라올 때는 언제나 이를 해소하는 데 적용할 수 있는 보편적 모델이기도 하다.

마사가 토마스와 헤어진 것은 10년 전이었다. 크론병을 앓던 토마스는 수시로 병원을 들락거리느라 생활에 지장이 있었고, 그와 그의 가족은 수십만 달러의 의료비를 지출해야 했다. 그때는 건강보험개혁법Affordable Care Act(미국에서 저소득층까지 의료 보장을 확대하는 법안. 일명 오바마 케어—옮긴이)이 시행되기 전이라 보험 적용을 받을 수 없었던 데다, 수술이 필요한 정도의 증상 악화나 발작이 일어날 때마다 결근을 하게 되고 급기야는 직장까지 잃고 만 그로서는 감당 못할 병원비만 쌓여갔다.

두 사람이 만났을 때 토마스는 병에 차도가 있어 약으로 조절이 가능하던 시기였다. 하지만 증세는 다시 심해지기 시작했고, 토마스는 좀 더 저렴하게 치료를 받기 위해 포틀랜드에서 캐나다의 밴쿠버까지 오가기 시작했다. 밴쿠버에서 그는 한 간호사를 만났는데, 토마스를 사랑하게 된 그녀는 자신과 결혼하면 상대적으로 훨씬 많은 치료를 거의 무상으로 제공하는 캐나다 의료 시스템의 혜택을 받을 수 있다며 토마스에게 결혼하자고 청했다. 이는 마사와 토마스 모두에게 괴롭고 극단적인 해결책이긴 했으나, 마사는 둘이 같이 길거리로 나앉거나 제대로 치료받지 못해 토마스가 죽는 것보다는 나은 선택지라는 데 동의했다. 그렇게 마사는 토마스를 보내주었고, 그는 캐나다로 가서 다른 여자와 결혼했다.

그런데 그 직후 건강보험개혁법이 통과되었고, 그냥 있었더라면 토마스가 보험 적용을 받았을 것이라는 사실에 그녀에게는 헤어짐의 고통이 더욱 크게 다가왔다. 하지만 결정을 되돌리기에는 이미 너무 늦은 상태였다. 마사는 토마스가 떠나기까지의 일들을 하나하나 짚고 또 짚으며 계속해서 '만약에'라는 질문을 던졌다. 머릿속으로 어떻게 하면 토마스와 헤어지지 않았을지 끊임없이 시나리오를 써나간 것이다. 그러다 보니 마사는 자신의 슬픔을 한 번도 온전히 느껴볼 수가 없었다. 어쩌면 일이 다르게 전개될 수도 있었을 거라는, 토마스를 그렇게 떠나보내지 않아도 되었을 거라는 생각을 끝끝내 놓지 못했다. 하지만 다른 사람들은 모두 잊어버린 그 이야기를 혼자 머릿속으로 계속 떠올리는 것은 그녀를 자기 감정에서 한 발짝도 벗어나지 못하게 얽맬 뿐이었다. 그리고 그녀의 감정을 거리를 좁힐 수 없는 저 먼 곳에 머물러 있게 할 뿐이었다. 그녀는 자신을 슬픔에 온전히 내맡겨도 괜찮다고 스스로를 믿어줄 필요가 있었다.

그러기 위한 첫 번째 단계는 그녀가 느끼는 고통이 몸속 어디에 있는지를 찾는 것이었다. 혹시 여러분 중에도 큰 상실을 겪고 있는 사람이 있다면 조용한 곳에 가만히 앉아 있어보라. 그러면 몸속 어딘가에서 그 감정이 떠오를 것이다. 마사의 경우, 조용히 앉아서 또다시 자신의 감정에 대한 어떤 이야기를 써나가는 대신 그저 몸을 스캔해 나아가자 자기 목에 엄청난 긴장이 고여 있다는 사실을 알게 되었다. 하지 못한 말들이 목에 걸려 있었던 것이다. 그녀는 그 긴장이 어떤 모양인지 느껴보고, 그것을 더 친밀하게도 느껴보았으며, 자기가 슬픔의 에너지를 가두고 있던 그 주변 공간도 느껴보았다. 또 다른 버전의 이야기를 스스로에게 말하고 싶은 유혹을 느꼈지만, 이번에는 그 대신 목에서 느껴지는 느낌과 함께 머물면서 목에 걸려 있는 그 긴장과 온몸의 피부 표면 사이의 거리를 상상했다.

자신의 고통이나 슬픔을 몸이 차지하고 있는 공간 전체로 확산시키는 게 그 고통을 느끼고 해소하는 방법의 핵심이기 때문에, 마사는 목에 있는 긴장을 계속해서 느끼는 동시에 자신의 의식을 바깥으로 확장해 자기 몸이 차지하고 있는 공간과 몸을 둘러싼 사방의 공간을 느꼈다. 마사는 지금 느껴지는 긴장과 자신이 앉아 있는 방의 벽, 천장, 방바닥 사이의 공간을 상상했고, 그 공간을 자신의 고통과 슬픔으로 꽉 채웠다. 그 고통스러운 감정과 함께 앉아 있으면서 그녀는 자기 몸이 자신이 있는 포틀랜드 시 전체로 확장되는 모습을 상상했다. 자신의 슬픔이 사방으로 퍼져나가 도시와 그 안의 모든 사람, 모든 사물이 차지하는 공간까지 가득 채우는 상상을 한 것이다. 그녀는 자신을 짓누르는 이 익숙한 고통의 감정이 북미 대륙 공간 전체로 퍼져나가, 토마스에게로, 밴쿠버 전역으로, 캐나다 전 지역으로 가닿는 모습을 떠올렸고, 의식을 태양계 전체로, 우리 은하로, 우주 전체로 끝없이 확장시켜, 존재하는 모든 것을 구성하는 원자들 속의 모든 입자와 공간을 자신의 슬픔으로 채웠다.

이 고통과 공간을 느끼는 경험 한가운데에서 쉬면서 그녀는 본래의 자기 의식으로 돌아왔고, 지금껏 거리를 두어왔던 바로 그 슬픔의 감정, 하지만 이제는 자신의 우주를 가득 채우고 있는 그 감정과 온전히 하나가 되었다. 그녀는 더 이상 상실의 이야기를 스스로에게 되뇌지 않았다. 그 대신 상실을 곧 그녀 자신으로 느꼈다. 그러자 울컥 울음이 터지더니, 평생 처음이다 싶을 만큼 많은 눈물이 쏟아졌다. 그녀는 상실의 감정 속으로 녹아 들어가 슬픔과 하나가 되었다.

울음이 진정된 후 평소의 의식으로 돌아온 그녀는 몸을 스캔하며 목에 있던 고통을 자세히 느껴보려고 했다. 하지만 그것은 이미 사라진 상태였다. 상실의 감각을 온몸 가득히 채운 뒤 거기에 저항하려는 마음을 내려놓고 그 아픔을 온전히 느끼자 고통은 자기 자신을 온전히 표출하고 공간 속으로 녹아 사라진 것이다. 그 결과 그녀는 자신의 온전함을 다시 느낄 수 있었다.

과거를 떠올리면 행복과 만족감이 다시 느껴지듯 이런 고통과 상실감 역시 다시 느껴질 것이다. 하지만 그런 감정이 떠오를 때마다 그것을 온전히 다시 느끼면 고통은 주변 공간 속으로 퍼져 사라질 것이고, 시간이 지날수록 아픔은 덜해질 것이다.

감정이 떠오를 때 몸이 차지하고 있는 공간 속 어느 곳에서 느껴지는지 찾아보고 충분히 그 감정을 느끼면 그것은 우리의 일부로 완전히 통합되고, 우리를 통해 흘러나가 결국 사라진다.

섭식 장애

섭식 장애는 사람의 식이 행동에 큰 장애를 일으키는, 심각하고 때로는 치명적일 수 있는 정신적·신체적 질병이다. 음식이나 체중, 체형에 대한 집착은 섭식 장애의 신호로 볼 수 있다. 일반적인 섭식 장애로는 폭식증, 신경성 폭식증, 그리고 흔하지는 않지만 매우 심각한 거식증 등이 있다. 경우에 따라 이런 장애는 생명에 지장이 갈 정도로 위험할 수 있다. 자신에게 또는 아는 사람에게 섭식 장애가 있는 것 같다면 반드시 의사에게 연락해 도움을 청해야 한다.

섭식 장애의 정확한 원인은 완전히 밝혀지지 않았지만, 연구에 따르면 유전적·생물학적·행동적·심리적·사회적 요인이 모두 복합적으로 작용하는 것으로 나타났다. 오픈 포커스를 통해 공간으로 주의를 확장하면 이 질병과 관련된 행동적·심리적·사회적 요인은 어느 정도 해결이 가능하지만, 이 질병은 환자의 식이와 영양에도 큰 영향을 미치므로 혹시 몸에 문제가 있다면 절대 가볍게 생각하지 말고 반드시 의사와 상의해 치료를 받아야 한다.

의사들은 섭식 장애 치료시 약물 치료와 심리 치료, 그리고 감정과 행동을 다루는 새로운 방법 등 여러 가지를 조합한 접근을 권고할 때가 많은데, 그 새로운 방법 중 하나가 주의 방식을 재훈련하는 오픈 포커스이다. 공간으로 주의를 확장하는 것은 섭식 장애 치료에 대단히 효과가 크다. 이것은 우리 클리닉의 내담자들을 통해 거듭 확인하는 사실이다. 또한 우리에게는 오픈 포커스가 섭식 장애 치료에 효과적이라고 확신하는 개인적인 이유도 있다. 바로 이 책의 공저자 중한 명인 수잔 쇼어 페미Susan Shor Fehmi가 이 방법으로 자신의 섭식 장애를 치료했기 때문이다.

수잔은 종종 자신이 어떻게 폭식증을 극복했는지 내담자들에게 들려준다. 수잔이 직접 전하는 이야기를 들어보자.

"주의를 확장한다는 개념, 공간과 연결한다는 개념을 처음으로 접한 건 뉴욕에서 심리 치료사로 개업해 활동하던 때였어요. 그때 나는 음식을 강박적으로 먹는 사람이었죠.

나 스스로가 성공한 심리 치료사였고, 내 문제로 직접 치료사에게 상담을 받았음에도, 그리고 수많은 다이어트를 하고 수많은 책을 읽고 여러 치료 그룹에 참여했음에도, 나는 여전히 내가 먹고 있는 것이나 먹지 않는 것, 과거에 먹었던 것 또는 앞으로 먹을 것에 대한 생각에서 헤어 나올 수가 없었어요. 사람들이 눈치 채지 못하게 체중을 관리하는 방법을 수없이 알고 있는 덕분에 겉으로 보면 평범한 사람처럼 보였지만, 속으로는 늘 고통받고 있었습니다. 건강하지 못한 식습관이 제 인생을 쥐고 흔들고 있었던 거죠.

나는 내 행동을 유발하는 감정들이 무엇인지 어느 정도 알고 있었고, 음식과 건강하지 못한 관계를 맺게 만든 경험이 뭔지도 충분히 이해하고 있었습니다. 하지만 심리 치료사로서 나는, 설령 심리학적으로 내 문제를 다 이해하고 작업했다 하더라도 여전히 어떤 감정들은 남을 수밖에 없고, 따라서 이 감정들을 수용하고 더 건강한 방법으로 자기 삶에 통합시켜야 한다는 사실도 아주 잘 알고 있었죠. 나에게는 그 방법이 주의 기울이는 방법을 훈련하고, 공간으로 알아차림의 영역을 넓히며, 오픈 포커스 기법들을 연습하는 것이었습니다.

예전에는 사람들과 만나는 자리에서 천천히 식사를 한다거나 혼자 먹을 때 폭식을 하지 않는 것이 거의 고문처럼 느껴질 정도였어요. 하지만 이제는 침착하게 식사를 할 수 있고, 실제로 사람들과 어울리며 음식을 즐길 수도 있어요. 내 몫이 모자랄지도 모른다는 두려움 없이 사람들과 음식을 나눌 수도 있고, 이제 음식을 남길 수도 있지요. 배부르다고 느낄 수 있으니까요.

보통 내가 강박적으로 음식을 씹어 삼킬 때는 통제력을 잃었다는 느낌이 들 때였어요. 계획이 바뀐다든지, 약속 시간에 사람이 늦거나 아예 약속을 펑크 낸다든지, 아니면 내가 원하는 대로 행동하지 않는 사람을 보기만 해도 난 통제력을 잃은 느낌이 들었죠. 때로는 단순한 분노나 슬픔만으로도 폭식을 하곤 했고요. 구체적인 이유가 무엇이건 그 느낌을 피하려고 먹은 거죠. 지금도 가끔은 그때랑 똑같이 불쾌한 감정이 올라올 때가 있는데, 그럴 때 오픈 포커스 기법을 사용해 주의를 확장하고 그 감정을 충분히 느끼면, 그 감정을 억누르기 위해 음식을 밀어 넣을 필요가 없어져요.

섭식 장애가 있는 분이라면 당시 내가 느꼈던 기분, 내 몸과 감정에 무감각해지는 느낌이 무엇인지 잘 아실 겁니다. 음식은 감정을 느끼지 않기 위한 회피 도구로서 아주 탁월하죠. 오픈 포커스 훈련은 몸에서 감정이 일어날 때 그것을 충분히 느끼도록 유도하기 때문에, 이 기법을 삶에 적용하는 건 쉽지 않을 수 있습니다. 기를 쓰고 피하려고 했던 감정을 온전히 느끼기란 어려울 수 있으니까요. 나 역시 처음엔 너무 어려웠는데 다른 사람들은 이 치유 과정을 쉽게 따라하는 것 같아 정말 놀랐어요. 하지만 나도 결국 방법을 알게 되었죠. 이 책이 제시하는 방법을 믿고 따르기가 쉽지 않았다는 얘기를 하는 건 바로 이런 이유에섭니다. 하지만 내가 할 수 있다면 누구나 할 수 있다는 뜻이기도 합니다.

처음엔 섭식과 관련해 공간으로 주의를 확장하는 시간이 딱 몇 분밖에 안 되었어요. 내 삶의 이런 지극히 사적인 영역을 자세히 들여다보는 것에 강한 저항을 느낀 거죠. 그냥 하는 말이 아니라 진심으로 나는 내 강박적인 식습관을 포기하고 싶지 않았어요. 그게 나란 사람의 '본질'처럼 느껴졌고, 그런 나 자신을 포기하고 싶지 않았기 때문이죠. 하지만 정말 꾸준히 연습했고, 점점 그 과정이 쉽게 느껴지더군요. 내 몸 안과 주변 공간들을 점점 더 잘 느낄 수 있게 된 거죠.

그러다가 터닝 포인트가 된 사건이 하나 있었어요. 도로시라는 친구와 점심을 먹을 때였죠. 나는 매주 화, 수, 목요일에 각기 다른 친구와 점심을 먹습니다. 수년째 같이 점심을 먹어온 친구들이라 다들 저와 매우 친하고, 내가 굉장히 빨리 먹는다는 걸 모두 알고 있어서 그 친구들 앞에서는 굳이 안 그런 척할 필요가 없었죠. 그런데 왜 도로시와 점심을 먹는 바로 그 화요일에, 눈앞에 놓인 음식을 게걸스럽게 삼키게 하는 감정이 뭔지 알아차리게 된 건지는 저도 잘 모르겠어요. 아마 오픈 포커스 연습을 하면서 공간에 주의를 기울이는 습관이 들고 이 습관 덕에 감정이 차지하는 몸속 공간을 알아차릴 수 있었기 때문이 아닌가 싶어요. 그날 도로시와 이야기하며 식사를 하는데 갑자기 턱에서 어떤 느낌이 느껴졌어요. 뻣뻣한 긴장감이었는데, 거기엔 그 이상으로 훨씬 깊은 의미가 있다는 것을 알아차릴 수 있었죠. 알고 보니 나는 '완전히 통제 불능'이라는 감정을 턱으로 꽉 물고 있었던 거예요. 무의식적으로 내 삶은 통제 불능이라는 결론을 내려놓고, 내게 없는 통제권을 나에게 주려고 턱을 그렇게 앙 물고서 눈에 보이는 음식을 최대한 빨리 먹어치웠던 겁니다.

나는 도로시와 계속 대화를 나누며 식사를 하면서도 머릿속으로는 주의를 확장해 턱에 있는 그 느낌을 깊숙이 느꼈습니다. 턱의 존재를 느끼고, 그 턱이 차지하고 있는 공간 내부를 느끼자, 불현듯 내가 씹는 걸 통제하고 있다는 자각이 들었어요. 그게 뭐 별거냐고 할 수도 있겠지만, 사실 그건 대단한 발견이었어요. 씹는 것을 통제하는 건 바로 나였던 겁니다. 씹는 게 나를 통제하는 게 아니라요.

그러자 나도 모르게 속도가 점점 느려지더군요. 혀가 갑자기 훨씬 선명하게 느껴지고, 혀에 닿는 음식의 질감과, 음식이 이와 잇몸에 눌려 으깨지는 것이 느껴졌습니다. 실제로 턱과 입의 모든 근육이 느껴지더군요. 심지어 음식을 씹을 때 나오는 침도 느낄 수가 있었죠. 마음이 열리고 편안해지는데 한 순간 내가 주변의 것들을 통제하겠다는 마음 없이 그냥 순수하게 음식을 씹고 있다는 걸 깨달았어요. 식사 중이라 그 깨달음의 순간에 온전히 머물 수는 없었지만, 내가 턱에 가두고 있던 감정들과 긴밀히 연결되었다는 느낌만으로도 내가 제대로 가고 있다는 확신이 들더군요.

감정이 몸속 어디에 있는지를 찾아내면 그 감정은 없앨 수 있습니다. 폭식을 하거나 빨리 먹고 싶은 마음, 감정을 회피하려는 마음, 먹는 것으로 통제력을 발휘하고 싶어 하는 마음, 심지어 통제할 수 없다는 느낌마저도 여러분이 공간에 주의를 기울이고 공간 속으로까지 알아차림 영역을 넓혀서 밑에 깔려 있는 감정을 온전히 느끼면 모두 사라지게 할 수 있어요. 너무 끔찍하거나 고통스러운 감정이라면 온전히 느끼기가 어렵겠지만, 공간을 통해 몸과 연결되면 그것을 느끼기가 훨씬 쉬워질 겁니다. 일단 감정을 충분히 느끼면 먹는 걸로 모든 문제를 해결하고 싶다는 충동은 사라질 거예요.

내 경우에는 주의의 초점을 폭식 욕구, 음식에 대한 욕구로 좁혔기 때문에, 이 욕구가 내 주의의 100퍼센트를 차지할 때가 많았어요. 하지만 공간으로 주의를 확장해 그곳에서 순간순간 경험되는 다른 모든 감각과 느낌을 받아들이자 폭식에 대한 욕구는 점차 작아졌습니다. 그것은 그저 내가 경험하고 있는 수많은 감정과 감각 중 하나에 지나지 않게 되어버렸으니까요.

물론 오늘도 그 폭식 욕구는 올라올 수 있어요. 그게 내 몸속을 돌아다닐 수도 있고요. 언제나 한곳에 머물러 있는 건 아니거든요. 여러분은 그 감정이 몸 어디에 있나요? 위치를 찾기가 어려울 수 있겠지만 다음번에 폭식하고 싶은 욕구가 느껴지면 잠시 몸을 쭉 스캔해보세요. 긴장감이나 에너지, 뻣뻣함이 많이 느껴지는 곳이 어디인지 찾아보세요. 최선을 다해서 찾아보세요. 한 번 하고, 두 번 하고, 세 번 했는데도 그 욕구가 자리한 몸속 위치를 정확히 찾지 못할 수 있어요. 그렇더라도 점차 그 자리가 명확히 드러날 거라고 믿고 계속해보세요. 몸과 마음으로 느껴지는 폭식의 감정들 속으로 점점 들어가다 보면 결국 알게 될 겁니다. 서서히 알게 될 수도 있고, 조금밖에 연습 안 했는데 깨달음이 오듯 갑작스럽게 알게 될 수도 있어요. 내가 친구와 점심을 먹으며 알게 된 게 바로 그런 거죠.

다시 한 번 말씀드리지만 한 번에 정확한 위치를 찾지 못해도 괜찮습니다. '이 감정이 대충 어디 즈음에 있는 것 같다' 정도만 파악한 뒤 상상력을 동원해 그것을 느껴보는 것도 좋아요. 내 경우 처음에는 턱에 불안이 많이 뭉쳐 있었는데요, 그래서 일단 턱에 집중하면서 턱 내부 공간과 그 주변 공간을 느끼고, 턱 근육들이 서로 연결되어 있는 모습을 상상하고, 또 그 근육들이 목과 목구멍, 혀의 근육에까지 연결되는 모습을 떠올리고, 침을 삼킬 때 근육들이 수축하는 것도 느꼈습니다. 이렇게 공간이 서로 연결되는 모습을 상상하자 몸이 더 잘 느껴지는 것은 물론이고 내가 이 부위들에 무의식적으로 얽어놓은 감정들과도 접촉할 수 있었습니다. 계속 해나가다 보면 내가 그랬듯이 이 감정이 훨씬 뚜렷해질 거예요.

이런 식으로 주의를 확산시켜 부정적인 감정을 해소하려면 일단 힘을 빼야 합니다. 지나치게 애를 쓰는 건 몸속 공간과 감정에 연결되는 걸 방해해요. 특히 나처럼 완벽주의자인 경우 노력하지 않는 게 더 답답할 수도 있지만, 신체 부위와 그 부위가 차지하는 공간을 상상하면서 감정과 느낌이 저절로 올라오도록 가만히 기다려보세요. 바로 알아차려지지 않는다고, 느낌이 달라지지 않는다고 조급해하지 말고, 여기다 싶은 신체 부위에 초점을 맞추고 있다 보면 감정이 떠오를 겁니다. 그럼 그때 그 감정을 공간으로 확산시키면 됩니다.

나의 경우 긴장이 쌓여 있던 곳을 찾아 긴장을 풀어주고 나자 마음이 차분해지고, 불안이 사라지니까 모든 걸 내가 완전히 통제해야 한다는 욕구도 더 이상 느껴지지 않더군요. 내가 통제 욕구를 푸는 방법인 폭식의 필요성도 느끼지 않게 되었고요.

몸의 부위나 각각의 공간을 원하는 만큼 잘 느낄 수 없다면 느끼려는 노력을 잠시 내려놓으세요. 주의가 산만하고 자신이 지금 공상에 빠져 있었다는 걸 알아차리더라도 주의를 억지로 돌리려고 하지 말고, 그냥 그 산만한 생각들과 함께 있어봅니다. 그러다가 다시 가벼운 마음으로 의식을 확장시켜서 처음에 초점을 맞추고자 한 몸속의 공간을 떠올려보세요. 자신의 모든 감정과 생각과 감각과 그저 함께 있는 겁니다. 그 모든 것을 그냥 알아차리면서요.

마지막으로 초조함도 마찬가지입니다. 나 역시 도로시와의 점심 식사에서 큰 깨달음을 얻었음에도 밥을 먹을 때면 여전히 불안하고 통제 불능의 기분에도 자주 빠지곤 했어요. 가끔은 폭식의 욕구에 지기도 했고요. 하지만 새롭게 발견한 알아차림의 힘을 활용해 내 몸과 몸 안팎의 공간에 더 편하게 주의를 기울이게 되면서 그 욕구는 점점 줄어들었어요. 공간과의 연결이 깊어지고 자신의 감정을 더 잘 느끼게 되면 통제할 수 없다는 절망적인 기분은 사라질 겁니다. 그러면 진짜로 먹는 걸 다시 즐길 수 있게 돼요. 음식의 맛도 느끼고, 좋아하는 사람들과 함께 식사하는 즐거움도 알게 되죠. 생각이 온통 음식에만 꽂혀 있지 않을 거예요! 나한테는 이 방법이 통했습니다. 물론 처음에는 정말 저항했지만요. 여러분에게도 분명 통할 겁니다."

가족의 죽음

대다수의 미국인은 죽음이나 임종에 대한 경험이 거의 없다. 이동도 잦고 문화적으로도 뿌리에 대한 의식이 깊지 않은 탓에 젊은 세대들은 윗세대와 멀리 떨어져 사는 경우가 많고, 그래서 건강이 나빠진 부모나 조부모가 얼마나 힘들게 살아가는지 구체적으로 볼 기회가 없다. 더욱이 우리의 의료 체계에서는 죽음의 과정이 이제 가족이 아닌 의료진의 감독하에 진행되는 제도적 절차로 바뀌어가고 있다.

하지만 언제나 그랬던 것은 아니다. 지난 세기에 주된 사망 원인은 꽤 어릴 때에도 걸릴 수 있는 인플루엔자나 디프테리아, 결핵 같은 전염성 질병이었다. 하지만 요즘은 출산 중 사망이나 유아기 사망이 흔치 않고, 현재 미국의 3대 사망 원인인 심장 질환과 암, 뇌졸중은 대개 인생 후반기에 발생하는 질병이다. 현대인들은 수명도 늘어난 데다 병에 걸려 죽더라도 그 과정이 수년 혹은 수십 년에 걸쳐 천천히 진행되다 보니 병원에 대한 의존도는 점점 더 커지는 실정이다.

그러나 본인이 다른 가족들보다 먼저 세상을 뜨지 않는 한, 우리는 사는 동안 여러 번 상喪을 치르고 슬픔과 아픔을 겪게 되어 있다. 사랑하는 사람의 죽음을 준비하는 건 설령 죽음을 예상하고 있더라도 힘들 수 있으며, 실제로 누군가의 임종을 지키고 나면 세상을 바라보는 시선과 감정에 지각 변동이 일어날 수도 있다. 죽은 사람의 몸이 차지하는 공간은 살아생전 그의 몸이 차지하던 공간과 하나도 다를 게 없건만, 생명력이 빠져나간 것만으로 그 몸이 완전히 다르게 보이는 것을 경험하면서 자기 몸에 대한 이해도 크게 달라지는 것이다.

삶과 죽음은 이 책의 범위를 넘어선 신비의 영역이다. 다만 임종시 매우 중요하지만 자주 간과되는 측면 중 하나가 사랑하는 사람에게 주의를 기울이는 방식이라는 점은 얘기하고 싶다. 어떻게 주의를 기울이느냐에 따라 죽음을 앞두고 있는 사랑하는 사람은 물론이고 다른 가족이나 본인의 감정을 대하는 것이 달라질 수 있다. 확장된 주의를 유연하게 기울일 수 있다면 사랑하는 사람을 떠나보내고 애도

하는 과정이 좀 더 수월할 수 있다.

해리엇은 자신의 경험을 이렇게 설명한다.

"도널드 삼촌은 만성 폐쇄성 폐질환과 폐기종을 앓고 계셨어요. 40년 동안 하루에 담배를 두 갑씩 피우셨으니 크게 놀랄 일도 아니었죠. 도널드 삼촌과 메리 숙모는 은퇴 후에 산악 지대인 애디론댁에서 살았는데, 고도가 높아 삼촌이 호흡하는 걸 힘들어해서 삼촌이 돌아가시기 5년 전쯤에는 해수면에 가까운 아래쪽으로 이사를 가야 했어요. 이후에는 꽤 주기적으로 병원에 드나들기 시작하셨고, 집에서도 산소통을 끼고 계셔야 했죠. 더 이상 제대로 걷지도 못하셨어요.

삼촌은 늘 블랙 유머를 구사하고 감정 표현은 잘 하지 않는 분이었는데, 그런 분이 힘들어할 때면 메리 숙모는 저에게 전화해 하소연을 하며 우시곤 했죠. 삼촌이 쓰러지실 때도 있었어요. 한번은 부엌 바닥에 얼굴이 퍼렇게 질린 모습으로 쓰러져 있는 삼촌을 숙모가 발견한 적도 있었죠. 삼촌은 막판에 구급차로 응급실에 몇 번 왔다 갔다 하셨는데, 마지막으로 병원에 입원한 날 숙모는 직감을 했대요. 당시 삼촌의 폐 기능은 30퍼센트 정도였는데, 그런 수치와 별개로 숙모는 삼촌이 다시는 집으로 돌아가지 못하리라는 걸 그냥 아셨답니다. 숙모는 저와 저희 엄마 그리고 자기 딸인 케이트에게 전화를 했고, 우리는 두 분과 함께 있어드리려고 위해 병원으로 갔어요.

메리 숙모는 좀 특이한 구석이 있으세요. 숙모는 타로와 점성학의 신봉자인 데 반해 삼촌은 눈에 보이는 것만 믿는 분이셨죠. 삼촌은 무신론자였는데, 어떤 면에선 삼촌이 죽는다는 사실을 두려워하지 않으시니 다행이라는 생각이 들었어요. 한편 메리 숙모를 생각하면 죽음이나 영성, 사후 세계에 대해 터놓고 이야기 나눌 사람이 하나도 없다는 게 안타깝기도 했습니다. 마지막에 두 분 사이에는 그런 단절이 있었어요. 삼촌은 자기 감정에 대해 일절 얘기하고 싶어 하지 않았고, 숙모는 그 모든 감정을 혼자 짊어진 채 어떻게 다뤄야 할지 혼란스러워하셨죠.

엄마와 제가 도착했을 때 삼촌은 이미 인공호흡기를 달고 계셨어요. 인공호흡기를 달려면 목구멍으로 튜브를 집어넣어야 해 말도 못 하셨고, 약에 거의 취해 계셨어요. 예, 아니요 정도는 물을 수 있었어요. 사랑한다고 말하면 삼촌은 우리 손을 꽉 쥐어주곤 하셨죠. 한번은 저한테 윙크를 하신 것도 같았는데, 정말 그런 것인지는 잘 모르겠습니다. 이미 정신이 꽤 흐릿하셨거든요.

우리가 함께 있던 일주일 동안 예후는 점점 더 나빠져, 의사는 삼촌이 다시는 자기 힘으로 호흡을 하지 못할 거라고 하더군요. 그러다가 삼촌의 인공호흡기를 뗄 것이냐 말 것이냐 하는 얘기가 나왔어요. 어쩌다 그 얘기가 나온 건지 기억은 안 나는데, 아마 의사들이 메리 숙모에게 이 문제를 물어봤던 것 같아요. 하지만 숙모는 차마 삼촌에게 어떻게 해주길 원하느냐고 묻지 못했어요. 그때 삼촌이 말을 이해할 수 있는 상태였는지는 잘 모르겠지만, 어쨌든 숙모는 삼촌이 기계로 생명을 연장하느니 죽기를 원할 거라고 확신하셨어요.

마음이 아팠습니다. 엄마도 너무 힘들어했어요. 형제 중 막내였던 엄마한테 삼촌은 아버지 같은 존재였거든요. 할아버지가 돌아가신 뒤로는 더 그랬던 것 같습니다. 딸 케이트는 모종의 이유로 두 분에게 화가 나 있는 것 같았는데 왜 그런지 얘기하려 들지 않았어요. 그런 면에서 케이트는 삼촌을 닮았죠. 분위기는 매우 경직되었어요. 그러다 어느 순간 메리 숙모가 삼촌의 인공호흡기를 뗄 거라는 사실이 확실시되었어요. 삼촌은 우리가 불러도 더 이상 반응이 없었고, 정신이 잠깐 드셨을 때도 삼촌이 지금 상황을 인지하고 계신지 알 수가 없었어요. 우리는 가족으로서 삼촌에게 마지막 작별 인사를 하고 싶었습니다. 최대한 삼촌과 함께할 수 있는 방법을 찾고 싶었죠.

우리는 삼촌 침대 옆에서 몇 가지 방법을 시도해 봤어요. 메리 숙모는 기도를 인도했지만 케이트가 아버지와 똑같이 무신론자라 흐지부지됐죠. 엄마는 우리가 다 같이 있을 때 시를 읽었는데, 기도보다는 나았지만 그래도 뭔가 공허했죠. 어떤 것도 의견이 하나로 모아지지 않았어요. 엄밀히 말해 반대를 하는 사람이 있었던 건 아니지만, 무슨 일을 하든 누군가는 소외가 되었죠.

오픈 포커스를 제안한 건 저였어요. 숙모는 당연히 동의할 거라고 생각했고, 엄마는 제가 이 연습을 한다는 걸 알고 있었지만, 케이트한테는 이게 뭔지 따로 설명을 해줘야 했죠. 케이트와 메리 숙모 사이에 제일 큰 걸림돌이 숙모가 갖고 있는 비주류적인 믿음이었는데, 제가 설명을 안 했더라면 케이트는 오픈 포커스 역시 숙모의 그런 관심사랑 비슷한 것이라고 싸잡아 무시했을 겁니다. 저는 케이트가 동의한 게 이것이 종교나 기도하고는 아무 관련이 없어서였다고 생각해요. 제가 케이트한테 이렇게 설명했어요.

'오픈 포커스의 핵심은 주의를 확장시켜 자신이 모든 것과 연결되어 있음을 느끼고, 그래서 자신의 감정을 느끼고, 그 감정이 다른 사람들과 어떻게 연결되어 있는지를 느끼는 것이다. 이것은 뜬구름 잡는 신비주의가 아니라 물리학이 실제로 얘기하는 것이다. 삶과 죽음, 의식, 영혼, 그 밖에 메리 숙모가 이야기하기 좋아하는 것들에 대해 나는 아는 게 없지만, 물질의 본질적인 측면에서 볼 때 우리 모두가 같은 것의 일부라는 사실은 알고 있다.'

저는 오픈 포커스가 바로 그 본질적인 측면으로 우리의 주의를 확장시켜 우리와 삼촌이 서로 더 가까워질 수 있게 도와주는 방법이 될 수 있다고 설명했습니다. 저는 케이트가 이 방법의 과학적 측면을 존중해서 동의한 거라고 생각해요.

모두가 삼촌 주변에 모인 상태에서 제가 주의를 확장하는 과정을 이끌었죠. 저는 숙모와 케이트가 삼촌의 손을 잡는 게 중요하다고 생각해서 두 사람이 삼촌 손을 잡게 하고, 저와 엄마는 한 손으로는 숙모와 케이트의 손을 잡고 다른 손으로는 시트 속 삼촌의 발을 잡아 서로 연결되어 있음을 직접적으로 느낄 수 있게 했습니다. 다른 사람들과 신체 접촉을 한 상태에서 내 몸 안팎과 그 주변의 공간을 상상하면 그들과의 연결이 훨씬 강력하게 느껴져요. 저는 먼저 모두가 자기 몸을 느껴보고 그런 다음 서로 붙잡고 있는 손과 발을 느껴보도록 했습니다. 이렇게 요청을 하면서요. '자신의 온몸을 느껴보세요. 몸 안에 있는 느낌과 감정도 모두 느껴보고요. 그러니까 자신의 느낌과 감정과 몸 전체가 차지하고 있는 3차원 공간을 동시에 느껴보는 거예요.'

모두가 삼촌의 손이나 발을 붙잡고 있는 상태였기 때문에 각자 자기 몸의 공간을 느끼다 보면 당연히 삼촌의 몸이 차지하고 있는 공간 역시 느낄 수밖에 없었는데, 그러고 있자니 이내 커다란 슬픔과 고통이 우리 모두를 휩쓸더군요. 메리 숙모와 저희 엄마는 울기 시작했어요. 공간 전체가 슬픔에 흠뻑 젖어 있는 것 같았죠. 이 슬픔을 우리가 있는 병실로 확장시키자 우리 한 사람 한 사람과 삼촌이 슬픔 속에서 모두 하나로 연결되었어요. 무척 슬펐습니다.

우리 모두 각자만의 방식으로 슬퍼하긴 했지만, 저는 그때서야 비로소 우리가 슬픔을 제대로 공유하고 또 제대로 표출하고 있다고 느꼈습니다. 그 신체적 연결 덕에 우리는 서로의 감정을 판단하지도 않고 자기 감정을 숨기지도 않으면서 서로에게 마음을 열 수 있었어요.

이때는 모두가 다 울고 있었는데, 저는 그 다음 단계로 무엇을 해야 할지 잘 모르겠더라고요. 그래서 잠시 아무 말도 하지 않고 침묵을 지켰어요. 모두가 침묵 속에 있었죠. 삼촌이 눈을 떴는데 지금이 무슨 상황인지 전혀 이해하지 못하는 표정이셨어요. 근데 나중에 케이트와 메리 숙모 말이 삼촌이 두 사람 손을 꽉 쥐었다고 하더군요.

저는 저대로 그 짧은 침묵의 순간에 정말 심오한 경험을 했어요. 모두가 자기 감정 속에 머물고 있으면서도 하나로 연결되는 경험을요. 말하자면 우리 모두가 한 생명체의 일부라는 걸 진짜로 느꼈다고나 할까요? 물론 우리는 가족이지만 그보다 훨씬 깊은 차원에서 '우리 모두가 하나'라는 일체감을 느낀 겁니다. 같은 물리적 공간에서, 함께 그 공간을 채우고 있던 감정들을 그보다 더 친밀하게 느낄 수는 없었으니까요. 그 공간에서 서로가 하나로 연결되었던 그때가 제가 삼촌의 존재를 느낀 마지막 순간이었습니다.

메리 숙모는 그날 저녁 인공호흡기를 떼기로 결정했고, 삼촌은 그날 밤 돌아가셨어요. 모두가 삼촌의 임종을 지켰습니다. 고통스러웠죠. 제 일부가 죽은 것 같은 느낌이었는데, 그러면서도 동시에 삼촌의 일부가 여전히 제 안에, 제 몸과 마음에, 제 가슴에 살아계신 것 같기도 했어요. 저는 삼촌이 가시는 길에 우리가 가족으로서 그렇게 하나로 연결되었다는 사실이 기뻤습니다."

．

외상 후 스트레스 장애

외상 후 스트레스 장애post-traumatic stress disorder(PTSD)는 고통을 해소하는 오픈 포커스 방법으로 큰 효과를 볼 수 있다. 그것의 원인과 함께, 감정적 트리거trigger(촉발 요인)가 자리하고 있는 몸속 위치까지 의식의 전경前景으로 끌어낼 수 있기 때문이다. PTSD가 사람을 크게 뒤흔드는 것은 그 원인 혹은 트리거가 무의식 상태로 있는 경우가 많기 때문이다. 그런데 주의를 기울이는 방식을 바꾸어 무의식적 트리거를 의식의 전경으로 끌어내면 트리거의 몸속 위치를 찾아 그것을 없앨 수가 있다.

물론 트라우마와 PTSD는 전문가의 도움이 반드시 필요한 경우가 있으며, 주의 방식을 순간적으로 바꾸는 것으로 전문 치료를 대체할 수는 없다. 하지만 우리 클리닉 센터의 내담자들은 오픈 포커스 연습을 통해 주의 방식을 바꿈으로써 배경에 머물러 있는 트라우마를 전경으로 끌어내 이런 종류의 스트레스로부터 벗어난 사례가 많다.

어딘가를 다치면 우리 몸은 즉시 스스로를 치료하기 시작한다. 앞서 예로 든 못을 밟은 상황을 다시 살펴보자. 우리 몸은 출혈을 멈추기 위해 즉시 혈액 응고를 시작하고, 상처에 딱지를 만들어 세균 침투를 막으며, 콜라겐과 육아肉芽 조직을 만들어 상처 부위를 아물게 한다. 하지만 가끔 상처 자체는 다 나았는데도 발이 계속 아픈 경우가 있다. 이는 다친 곳에 감정적 상처가 더해졌거나, 치유를 방해하는 방식으로 그곳에 주의를 기울이고 있음을 뜻한다.

못을 밟은 건 비교적 단순하고 사소한 예이지만, PTSD는 전쟁 경험이나 전투 중에 입은 부상, 성적 학대나 가정 폭력, 자동차 충돌 같은 충격적인 사건으로 인해 발생하는 경우가 많다. 그런데 PTSD는 그 사건에 대한 심리적·감정적 반응이기 때문에 공간을 상상하는 오픈 포커스 방식이 효과가 있다.

PTSD의 감정적·신체적 메커니즘을 살펴본 뒤, 이를 바탕으로 그 고통 속으로 완전히 들어가서 그것을 녹여 없애는 방법을 알아보자.

트라우마적 사건traumatic event을 겪는 사람의 3분의 1가량이 PTSD를 경험한다. 하지만 왜 누구는 PTSD를 겪고 누구는 겪지 않는지에 대해서는 완전히 밝혀지지 않았다. 과학자들은 여기에 유전적 요인이 작용하는지 계속 연구 중이지만, 분명한 건 트라우마를 겪기 전 중증의 우울이나 불안이 있던 사람들이 PTSD에 더 취약하다는 것이다. 하지만 트라우마를 겪은 사람이라면 누구나 PTSD를 경험할 수 있다. 외상 후 스트레스는 우리 뇌가 불쾌한 기억에 대처하고 또 다른 트라우마가 일어날 가능성에 대비하기 위해 동원하는 무의식적 과정이기 때문이다. 이렇듯 PTSD는 일종의 대처 메커니즘이지만, 트라우마의 경험을 몸과 마음에 통합하는 게 아니라 그로부터 거리를 두게 만든다는 점에서 그다지 효과적이라고 볼 수는 없다. PTSD는 트라우마가 '나'라는 감각의 일부가 되지 못하도록 막는 '투쟁, 도피 혹은 경직' 모드의 스트레스 반응이다. 트라우마의 경험을 내 안으로, 즉 나의 알아차림 영역 안으로 통합할 때 우리는 비로소 유연하고 확장된 주의 상태로, 자연스러운 평정 상태로 돌아갈 수 있고, 그 경험을 본래 그 사건이 일어났던 과거로 돌려보낼 수 있다.

PTSD를 앓고 있는 사람이라면 과경계hypervigilance 증상과 그로 인해 생기는 주의 모드, 즉 좁게 대상화하는 주의 모드가 어떤 것인지 알 것이다. 큰 충격을 준 트라우마적 사건에 대한 기억이 생생히 떠오르며 때로는 그때의 사건을 고스란히 다시 겪는 것 같은 플래시백 현상을 겪기도 한다. 큰소리나 특유의 냄새, 심지어 누군가가 특정 단어나 구절을 말하는 방식조차도 트리거가 되어 과경계 상태를 촉발할 수 있다. 이때 우리 몸은 유사한 사건이 다시 일어날 가능성에 대비해 준비 모드로 들어가기 때문에 신경이 예민해지는 것이다. 이유도 모른 채 '항상' 스트레스 상태에 있으면서 힘들어할 수도 있다. PTSD를 앓고 있는 사람은 아드레날린 같은 스트레스 호르몬의 수치가 비정상적으로 높기 쉽다. 이런 호르몬은 비상 상황에, 심지어는 전혀 위험하지 않은 때에도 효과적으로 반응하도록 돕기 위해 몸의 감각을 둔하게 만들고 심박수를 증가시키며 당장의 신체 통증을 무디게 한다. 또한 일부 PTSD 환자들은 뇌에서 기억 형성을 담당하는 해마 부위가 변하기도 하는데, 그렇게 됨으로써 지금 이 순간 실제로 일어나고 있는 경험이 과거에 일어난 트라우마적 사건보다 훨씬 흐릿하고 모호하게 느껴지도록 만든다. 어떤 경우든 PTSD는 격렬한 감정 상태로 경험된다. 하지만 몸에서 PTSD가 일어나는 과정은 지극히 신체적이다. 어떤 종류의 감정이든 몸 안에서 그 위치를 찾아낼 수 있는 것처럼, PTSD 경험 역시 우리 몸속의 공간 안에서 그 위치를 찾아낼 수 있으며, 그러면 그 PTSD 경험을 몸 전체로, 나아가 내 몸 주변의 공간으로 확산시켜 마침내 사라지게 만들 수 있다.

외상 후 스트레스 장애의 증상은 대부분 내 뜻대로 할 수 없는 불수의적 주의involuntary attention 때문에 생긴다. 즉 자신이 의식적으로 선택한 방식이 아니라 과거에 받은 훈련이나 트라우마에 기반해 환경에 반응하는 것이다. 예를 들어 어떤 사람이 고등학교 축구장에서 성폭행을 당한 경험이 있다면, 그 사람은 다른 축구장에 갈 때에도 과경계 상태가 되거나, 심하면 공황 상태에 빠질 수 있다. 축구장이라는 환경에 자기도 모르게 반응하는 것으로, 이는 이전 트라우마에 대한 반응이다. 마찬가지로 참전 군인이 제대 후 고향으로 돌아와 자기 집에 있는데도 쾅 하는 소리가 들릴 때마다 공황 상태에 빠진다면, 이것은 그가 과거에 폭발과 총격에 반응하던 것과 똑같이 현재의 주변 환경에 자기도 모르게 반응하기 때문이다. 이럴 때 자기 몸과 그 순간 자신이 있는 공간으로 주의를 돌리는 것이 하나의 대처법이 될 수 있다. 불수의적 주의를 그 순간 우리가 선택한 주의 방식으로 바꾼 뒤, 주변 공간으로 주의를 확장해 그 공간과 연결하면 된다.

팻의 경험은 그가 이 방법으로 어떻게 PTSD를 완화시켰는지 잘 보여준다. 그의 트라우마는 전투 지역으로 두 차례나 파견 근무를 나간 일과 이후 군에서 기밀을 다루는 직책을 수행하며 생긴 것이지만, 그가 사용한 방법은 트라우마의 원인이 무엇이든 보편적으로 적용할 수 있다. 우리 프린스턴 바이오피드백 센터는 자동차 사고, 성폭행, 강력 범죄, 전투 관련 스트레스로 PTSD에 시달리는 내담자들에게 공간으로 주의를 확장하는 이 방법을 동일하게 쓰고 있다.

팻의 문제는 사람들이 많은 곳에 가지 못한다는 것이었다. 제대하고 집에 돌아온 지가 1년이 넘었는데도 여전히 사람 많은 곳에만 가면 불안하고 화가 나서 스포츠 경기나 영화관, 쇼핑몰에 가는 건 아예 불가능했다. 길을 걷는 것조차 힘들었는데, 언제든 많은 인파와 마주칠 가능성이 있었고, 그럴 때면 과거 군사 훈련을 받던 경험이 자기도 모르게 튀어나왔기 때문이다.

팻은 저격수, 민병대, 사제 폭발물의 공격을 받는 전장에서 복무한 까닭에, 인파 속에서 고도로 경계하도록 훈련을 받았다. 경계 태세를 늦추었다가는 자기 목숨은 물론이고 주변에 있는 수십 명의 목숨까지 위태로워질 수 있었다. 제대 후 그는 덴버에 있는 집으로 돌아왔지만, 군대에 있을 때와 똑같은 과경계, 긴장감, 그리고 높은 경각심을 떨칠 수가 없었다. 해결책은 자기 주변의 공간과 그 순간의 자기 감정에 초점을 맞추고 불수의적이던 주의를 의도적인 주의로 바꾸는 것이었다. 이 모든 것은 자기도 모르게 어떤 것에 주의를 기울이고 있다는 걸 알아차렸을 때 누구나 할 수 있는 일이다.

어느 날 저녁 팻은 덴버의 로워 다운타운Lower Downtown 지역에 갔다. 로도LoDo라고도 불리는 이곳은 쇼핑과 이벤트로 유명한 지구로, 부티크와 박물관이 많고 덴버 너기츠Denber Nuggets 농구팀의 홈구장이 있는 곳이다. 또한 덴버에서 가장 큰 기차역이 있는 교통의 중심지이기도 하다. 보통 팻은 평일 아침이나 사람이 없을 시간을 골라 로도에 갔지만 친한 친구의 생일 선물을 사기 위해 토요일 저녁임에도 갈 수밖에 없었다. 로도의 한 가게에서 선물로 딱 좋은 물건을 봐

났는데 아직 사지 못했기 때문이었다. 친구의 생일 파티까지 몇 시간 밖에 남지 않은 지금, 사람들로 북적댈 거라는 불안감 때문에 친구가 좋아할 게 분명한 선물조차 사지 못하는 상황은 만들고 싶지 않았기에, 팻은 다운타운까지 차를 몰고 가 주차를 했다.

그런데 하필 그날 저녁은 너기츠의 홈경기가 있는 날이었고, 다운타운 아쿠아리움이 새 전시를 오픈한 지 얼마 안 된 시점이었다. 팻이 가게를 향해 걸어가는데 연한 파랑과 금색의 덴버 너기츠 유니폼을 입은 농구 팬들, 아이들과 함께 아쿠아리움에 갔다 돌아오는 가족들, 데이트를 하러 나온 커플 등 마주치는 인파는 점점 더 불어났다. 사람들을 요리조리 피하며 걷던 팻은 불안해지기 시작했다. 식은땀이 흐르고, 두 눈은 자기도 모르게 사방을 살피며 어디 위험 요소가 없는지 찾고 있었다. 턱에도 힘이 절로 들어갔다. 그는, 여기는 미국 덴버의 다운타운이고 사람들은 토요일 저녁을 즐기고 있을 뿐이라고 스스로를 다독였지만, 그런다고 불안이 사라지지는 않았다. 그는 걸음을 멈추고 주변 건물의 회색 슬레이트 벽에 기대선 채 잠시 자기 몸속 공간을 느껴보기 시작했다.

두 손이 떨리는 게 보였다. 하지만 그는 떨리는 것을 억지로 멈추려 하지 않고 그저 손을 가만히 느껴보았다. 떨리는 손을 지켜보던 그는 손가락 관절들 내부의 공간을 떠올리며 그곳을 느껴보았다. 엄지손가락을 시작으로 각 손가락 마디마디의 내부 공간을 떠올리며 느꼈다. 이 촉각에 집중하자 자기 몸이 아닌 외부의 물체처럼 보이던 두 손이 단 몇 분 만에 다시 제 손처럼 느껴졌다. 이번에는 쿵쾅거리며 뛰는 심장에 주의를 기울이고 심장과 두 손 사이의 공간, 즉 갈비뼈 안 흉부에서 시작해 어깨와 어깨 관절, 팔꿈치, 손목과 손가락으로 이어지는 몸의 공간을 상상하자 심장과 두 손이 연결되는 느낌이 들었다. 그러자 불현듯 두 발과 다리로 몸의 무게가 느껴졌다. 손과 심장에 다시 연결되니 그야말로 자신을 단단히 받쳐주고 있던 두 발이 자각된 것이다. 이제 그는 두 발과 두 손, 심장 사이를 잇는 공간을 상상했다.

그는 지나가는 사람들을 바라보았다. 그리고 의식을 확장시켜 사람들과 자신 사이의 공간을 느꼈다. 그러자 지나가는 남자와 여자, 아이들이 '인파'가 아니라 자신과 동일한 공간, 자신이 연결되어 있는 바로 그 공간을 똑같이 점유하고 있는 사람들로 느껴졌다. 자동차가 빵빵대는 소리에 고개를 들자 어떤 사람이 거리 한복판을 무단횡단하며 뛰어가는 게 보였다. 그는 이 상황에서 자기가 어떻게든 나서야 할 것 같은 충동을 느꼈지만, 잠시 멈추고 자신과 차, 그리고 보행자 사이의 공간을 떠올렸다. 이 상황과 관련해서 뭐든 해야 한다는 의무감 없이 그저 공간을 느끼기만 한 것이다. 보행자는 무사히 도로 반대편에 도착했고, 운전자는 가운뎃손가락을 한 번 들어 올리고는 지나갔다. 사람들은 그들이 함께 나눠 쓰는 공간에서 움직이고 있었고, 그가 그 공간에 연결되어 있듯이 그들 역시 똑같이 그 공간과 연결되어 있었다. 그 공간을 책임져야 한다는 의무감 없이 공간을 느낄 수 있게 되자 그곳에서 위험한 일이 생길 수 있다는 불안감도 잦아졌다. 그는 두 손을 내려다보았다. 손은 더 이상 떨리지 않았다.

팻은 친구 선물을 사려고 했던 가게 쪽으로 천천히 걸어가며 주변에서 들리는 사람들 소리, 차 지나가는 소리를 들었다. 인형을 꺼안고 아쿠아리움에서 나오는 어린아이들, 길거리 카페에 앉아 있는 사람들, 그들이 먹고 있는 음식의 냄새 등 그 순간 지각되는 모든 감각이 더 생생하게 경험되었고, 그는 아무런 의무감 없이 그것들을 그저 있는 그대로 느꼈다. 가끔 불안감이 다시 올라오기는 했지만, 그때마다 두 손과 심장, 발을 느끼며 몸에 주의를 기울였다.

팻은 그날 저녁 가게에 가서 선물을 사고 차로 돌아올 수 있었다. 여전히 긴장되는 순간도 있었으나 그는 주변의 공간을 느낌으로써 불수의적 주의의 흐름을 끊어냈고, 자신이 선택한 방식으로 주의를 기울이며 외출의 목적을 달성할 수 있었다.

.
.

중독과 회복

1911년 미국 정부는 코카콜라에 들어 있는 카페인이 '중독적'이고 사람들 건강에 해롭다며 음료에서 카페인을 제거하라는 소송을 걸었다. 하지만 카페인은 여전히 그대로 남았다. 미국은 1919년 알코올을 금지하는 헌법 수정안을 통과시켰지만 1933년에는 금주禁酒를 금지시키기 위해 다시 헌법 수정안을 통과시켰다. 1937년에는 대마초가 헤로인 중독으로 이어진다는 논리로 불법화되면서 1940~50년대 내내 대마초가 사람을 망친다는 공포가 미국 사회 전역에 만연했으며, 그와 동시에 전국의 주부들은 메프로바메이트meprobamate라고 알려진 중독성 있는 항불안제에 빠져들었다. 이 항불안제는 대표적인 브랜드 이름인 밀타운Miltown으로 불리기도 했는데, 1956년 밀타운을 복용하는 미국인이 850만 명(미국인 전체의 5퍼센트)에 달하면서 '엄마의 작은 도우미Mother's Little Helper'라는 별명을 얻기도 했다.(이것은 롤링 스톤스의 히트곡 주제이기도 하다.) 리처드 닉슨 대통령은 1971년 마약과의 '전쟁'을 선포해 놓고 정작 본인은 처방약인 딜란틴Dilantin을 단 한 번의 처방전도 없이 남용했다. 로널드 레이건 대통령은 1980년대에 "Just Say No"(그냥 아니라고 말하세요)라는 마약 방지캠페인을 실시했지만, 당시 CIA는 중앙아메리카에서 수행한 비밀 공작의 자금을 코카인 밀수로 충당했다.

이런 상황에 대해 "미국이 약물을 대하는 태도에 있어 내부적으로 충돌하는 지점이 있다"고 표현하는 것은 한참 돌려 말하는 것일 테다. 오늘날 오피오이드opioid(마약성 진통제로, 이 책 4장에서 언급한 바 있다—옮긴이) 위기는 미국의 모순성을 보여주는 핵심 사례가 되었다. 미국 보건복지부는 2017년 오피오이드 남용을 공중 보건 비상 사태로 선포했으며, 미국에서 오피오이드를 오남용하는 사람이 연간 1천만 명에 달하는 것으로 추산했다. 이러한 약물의 광범위한 사용과 오남용은 그것이 통증 치료에 탁월한 효과가 있어서가 아니라 옥시콘틴OxyContin(마약성 진통제—옮긴이) 제조업체인 퍼듀 파마Purdue Pharma의 공격적인 마케팅 때문이었다. 퍼듀 파마는 영업 실적이 높은 직원들에게 많은 보너스를 지급하면서 의사들에게는 옥시콘틴의 중독성을 제대로 알리지 않았다. 만연한 오피오이드 남용은 우리가 통증 완화 수단을 간절히 필요로 한다는 점과 함께, 때로는 우리가 겪고 있는 고통을 스스로 야기하기도 한다는 점을 보여주는 하나의 상징적 현상이다. 이는 또한 우리가 신체적·감정적 고통을 모두 해결하고 신체 및 심리적인 균형을 이루는 데 오픈 포커스가 자연스럽고 효과적인 방법임을 알리고 싶은 여러 이유 중 하나이기도 하다.(신체적 통증을 다루는 오픈 포커스 기법은 4장을 참고하기 바란다.) 약물 중독은 몸의 문제인 것만큼이나 심리적 문제이기도 하다. 사람들은 신체적 통증과 감정적 고통 모두를 감추려고 약물을 사용할 때가 많다.

중독을 일으키는 요인은 크게 육체적 측면과 행동적 측면으로 나눌 수 있는데, 육체적 요인은 몸이 약물에 화학적으로 의존하게 되는 것이고, 행동적 요인은 불쾌하고 부정적인 감정은 피한 채 감정적 문제를 해결하려는 욕구이다. 그런 만큼 중독 치료를 위해서는 이 두 요인을 모두 다루는 게 필수이다. 본인이나 사랑하는 어떤 사람이 중독자라면 병원 치료를 반드시 받아야 하고(경우에 따라서 갑작스레 단약을 했다가 극도로 위험한 부작용을 겪을 수도 있다), 이와 함께 중독을 둘러싼 부정적 감정 역시 꼭 다루어야 한다. 중독을 극복하는 과정에서 오픈 포커스를 연습하면 몸과 마음의 균형을 잡는 데 도움이 될 수 있으며, 오픈 포커스 연습이 습관이 되면 파괴적인 습관이 설 자리는 없을 것이다.

우리 클리닉의 내담자였던 브라이언은 오픈 포커스로 중독적 행동을 어떻게 극복했는지 생생하게 보여준다.

브라이언은 교외 지역의 중산층 출신으로 고등학교를 졸업한 뒤 파티 학교party school(학생들이 공부에는 별 관심 없고 술이나 파티 등을 많이 하는 대학—옮긴이)로 유명한 한 주립 대학에 입학해서, 역시 파티하는 것으로 유명한 남학생 사교 클럽에 가입했다. 고등학생 때도 가끔씩 대마초를 피우기는 했으나, 사교 클럽 친구들과 어울리다 보니 어느새 대마초와 담배를 매일같이 피우게 되었다.

처음에는 자유를 만끽하며 느슨하게 풀어진 분위기를 즐겼지만, 가을 학기가 지나면서부터는 아침에 제일 먼저 찾는 게 담배가 되었고, 잦은 대마초 흡연으로 인한 공황발작까지 나타나기 시작했다. 크리스마스 즈음이 되자 그는 하루에 담배 한 갑을 피우기에 이르렀고, 대마초로 인한 공황발작을 잊어보려고 더 많은 술을 들이키는 등 악순환에 빠졌다. 대마초는 피우고 싶지 않아도 사교 클럽 친구들과 있으면 왠지 피워야 할 것 같은 압박감에 끊을 수가 없었다. 그렇게 겨울 방학을 맞아 부모님 집으로 돌아온 그는 삶에 대한 통제권을 잃은 듯한 기분에 시달렸고, 그런 그를 부모님이 우리 클리닉으로 데려왔다. 브라이언의 말을 직접 들어보자.

"지난 경험들을 돌이켜보면, 그러지 말았어야 했는데, 다르게 선택했어야 했는데 하고 후회되는 지점이 너무 많아요. 어딘가에 속하고 싶다는 마음 때문에 대학 첫 학기를 그냥 날려버린 거죠.

실은 고등학교 때도 대마초를 피웠어요. 피우는 친구들이 많아서 애들과 어울리기에 좋은 방법이었죠. '의존'했다고 말할 정도는 아니었지만, 어쨌든 대마초는 친구를 사귀는 주된 방법이었어요. 담배를 배우기 전만 해도 나 스스로를 '중독자'라고 부를 일은 없을 줄 알았어요. 하지만 담배를 입에 대기 시작하면서 담배를 손에서 뗄 수가 없었고 대마초에 늘 취해 있었던 걸 보면 제게 중독적인 성향이 있었던 것 같기도 해요. 그게 제가 대학에서 사람들을 사귀는 유일한 방법이었기 때문에, 그걸 다 끊는다는 건 사람들과 어울리는 방법을 새로 찾아야 한다는 걸 의미했죠.

부모님은 제가 담배 피우는 걸 정말 싫어하셨어요. 그런 상황에서 대마초 피운다는 얘기를 솔직하게 털어놓을 수가 없었죠. 들키면 큰일 나는 상황이었는데, 집에서 고등학교 때 친구들이랑 대마초를 피우다 완전히 피해망상 상태가 되고, 이걸 누르려고 술을 마시곤 한 적이 몇 번 있었어요. 결국 보다 못한 부모님이 저를 오픈 포커스를 하라고 데려오신 거죠.

어려웠어요. 저도 담배를 끊고 싶었고, 당연히 공황발작이 일어나는 것도 싫었죠. 하지만 친구들과 어울리려면 어쩔 수가 없었어요. 걔들은 계속 피우고 싶어 했거든요. 솔직히 말하면 저는 대마초를 피우거나 술을 마시지 않고는 친구들과 어떻게 어울릴지 모르는 애였고, 담배는 끊고 싶어도 끊을 수가 없었어요. 끊어보려고는 했지만 흡연은 어느새 진짜 욕구, 몸이 원하는 욕구가 되어버렸거든요.

오픈 포커스에서 말하는 그 '공간'이란 거, 솔직히 처음엔 이해를 못했어요. '엄지손가락이 차지하는 공간을 떠올려보세요'라고 하는데 속으로 생각했죠. '그걸 뭘 떠올려? 여기 내 눈앞에 엄지손가락이 버젓이 있는데. 그리고 문제는 폐라고! 담배가 당길 때 폐에서 느껴지는 그 근질거림. 그게 엄지랑 무슨 상관이냐고?' 하지만 실제로 엄지손가락은 폐와 연결되어 있죠! 그땐 그 생각을 못했던 거예요!

내 몸 전체를 느끼는 과정에서 많은 걸 깨달았어요. 일단 폐의 그 근질거림을 '깊숙이 느끼고' 그것을 몸 전체로 확산시키니까 그 강도가 훨씬 약해지더군요. 그리고 가슴의 그 느낌과 연결되면서 저와 제 친구들에 대해서도 몇 가지 새로운 이해가 생겼고요. 그 전까지는 한 번도 생각해 보지 못한 부분이었죠.

제 문제 중 하나가 늘 외로움을 느낀다는 거였어요. 대마초를 피울 때도 외로웠던 건 똑같은데, 대마에 절어서 정신이 멍해지면 그 외로움을 느끼지 않아도 됐죠. 제가 공황발작을 일으키고 극심한 피해망상에 시달리기 시작한 건 대마초를 피워도 더 이상 외로움이 눌러지지 않는다고 느낀 때부터인 것 같아요. 당시 저는 제가 주변 모든 사람들 눈에 어디에도 끼지 못하는 애, 어디에도 속하지 못하는 애로 보인다고 생각했어요. 악순환이었죠. 속하고 싶어서 대마초를 피웠는데, 정작 대마초를 피우면 그들과 어울리지 못하고 나만 겉도는 것 같다는 피해망상이 이어지고, 그렇다고 주변 사람들 모두 대마초를 피우는데 나만 안 피우면 나 혼자 겉돈다는 소리니까 더 피우게 되고요. 어떻게 해도 이길 수 없는 싸움이었죠. 피우든 안 피우든 저는 부적응자였어요. 그 전까지는 대마초가 문제라고 생각했는데 사실은 제가 문제였어요. 대마초나 담배는 문제를 덮을 뿐이었고요.

담배는 대마초보다 중독성이 훨씬 강하지만 끊는 건 어떤 면에서 사실 더 쉬웠습니다. 폐로 숨이 들어오고 나가는 것을 지켜보는 간단한 연습이 큰 도움이 됐어요. 들이쉬고 내쉬는 숨을 느끼면 폐의 공간이 확실히 느껴지니까 폐 속의 숨에 집중하는 간단한 기법이 의미가 있었던 거죠. 이건 몸의 일이에요. 그리고 흡연 욕구 역시 몸의 일이고요. 오픈 포커스를 하기 전에는 담배 생각을 하지 않으려고 애를 썼지만 실제로는 담배 생각이 머리에서 떠난 적이 없었어요, 한시도요. 하지만 오픈 포커스를 하면서는 흡연 욕구가 제 몸 전체를 장악하도록 그냥 내버려둡니다. 담배가 당길 때마다 몸 전체가 하나의 거대한 근질거림이 되도록 내버려두는 거죠. 가끔은 만화에 나오는 것처럼 제가 한 개비의 담배가 되었다고 상상하기도 해요.

이때 엄지손가락과 나머지 손가락도 동원을 해요. 담배를 잡는 손가락들 사이의 공간을 상상해서 근질거림이 그곳까지 퍼지게 만드는 거죠. 그리고 입술도요. 사실상 담배 피우는 것과 관련된 내 몸의 모든 부위가 흡연 욕구로 근질거리도록 내버려둡니다. 그 욕구를 억

누르려 하지 않고요. 그렇게 계속 하다 보니 결국 흡연 욕구를 마치 담배를 피울 때 내뿜는 연기 자체인 것처럼, 그러니까 실제 연기인 양 상상할 수 있게 되었어요. 저는 이 '욕구의 연기'가 폐에서, 피부에서, 내 몸 전체에서 뿜어져 나와 공중으로 퍼지는 모습을 상상했습니다. 제가 마치 담배 연기 구름 속의 지니genie(아랍의 신화에 나오는 램프 속의 요정─옮긴이)가 된 것처럼요. 실제 담배 연기가 그렇듯 그 연기가 허공으로 사라지는 모습을 떠올렸어요. 제 육체적 욕구가 담배 연기처럼 제 머리 위로 흩어져 사라지는 모습을 떠올렸는데 그게 정말 큰 도움이 되었어요.

몇 주 지나자 폐에서 근질거리는 느낌이 사라졌습니다. 대마초와 관련해서도 똑같은 작업을 반복했어요. 대마초를 끊을 때 진짜 어려운 건 친구들과 어울리는 방법을 다시 찾아야 한다는 거였지만요. 여전히 가슴에 구멍이 뚫린 것 같은 느낌이 들 때가 있는데, 그걸 느끼면서도 아무것도 안 하고 가만히 느끼고만 있는 건 어렵습니다. 하지만 여기서 또 오픈 포커스가 효력을 발휘해요. 이 외로움 역시 온몸으로 느끼면서 주변으로 뿜어져 나가 공중으로 흩어져 사라지는 모습을 떠올리면 되니까요. 친구네 집에 가면 그냥 대마초 한 대 빨면서 함께 어울리는 척하고 싶은 유혹이 강하게 들기도 하지만, 제가 더 이상 예전 같은 방식으로 그들과 어울릴 수 없다는 걸 이젠 알고 있죠. 이럴 때도 동일한 기법이 도움이 됩니다. 숨이 폐로 들어오는 걸 느끼며 그 외로움도 함께 느낀 다음 내가 외롭다는 걸 인정하고 그것을 제대로 끝까지 느끼는 거죠. 저도 아직 알아가는 과정이기는 하지만, 내가 어디서는 편안하게 느끼고 어디서는 불편하게 느끼는지, 결과적으로 어떤 상황에서 내가 더 외로움을 느끼는지 그걸 아는 게 좋아요. 진짜 감정을 충분히 느끼고 그 감정에 따라 행동하면 그런 상황을 피하기가 훨씬 쉬워지죠. 아직은 내게 잘 맞는 곳이 어디인지 확실히는 모르겠지만, 이제는 숨거나 하루 종일 대마에 취하지 않고 그걸 알아낼 수 있을 것 같아요.

여전히 가끔은 욕구가 올라와요. 하지만 그럴 때면 오픈 포커스를 하거나 달리기를 하러 나가요. 그런 욕구에 지지 않습니다. 예전처럼 친구들과 어울리며 놀던 게 그립기는 하지만, 그렇게 하는 게 더 이상 가능하지도 않고 도움도 되지 않는다는 걸 잘 압니다. 이제는 적어도 그 욕구 앞에서 차분해질 수 있어요."

.

감정적 고통 수용하기

감정적 고통이나 슬픔은 살면서 누구나 자연스럽게 겪는 감정이다. 죽음, 이별, 괴로움은 피할 수 없는 일인데도 사람들은 이런 일들을 겪을 때 약에 의존하거나 파괴적인 행동을 하면서 더 큰 괴로움을 자초하는 경우가 많다. 불쾌한 경험에서 오는 가슴 아픔과 슬픔을 받아들이기가 쉽지는 않지만, 이런 불가피한 일을 겪을 때 느끼는 고통이 필요 이상으로 커질 필요는 없다.

　감정적 고통은 우리 몸이 트라우마적 사건의 괴로움에서 벗어나기 위해 작동시키는 자연스러운 신체 과정이다. 불쾌한 느낌과 하나가 되어 스스로를 믿고 그 느낌을 완전히 허용하면 우리는 그 느낌을 훨씬 강렬하게 느끼게 될 것이다. 슬픔에 자신을 온전히 맡기면 처음에는 몹시 괴롭겠지만 그렇게 하면 고통은 훨씬 빨리 사라진다. 좀 더 확장된 방식으로 고통에 주의를 기울일 때 우리 몸은 그 고통을 처리하게 되고 그 고통스러운 감정으로부터 벗어나게 된다.

6

일상 생활

The Open-Focus LIFE

일상 생활

무언가에 "주의를 기울이기로 동의한다"는 것은 과연 어떤 의미일까? 1890년대에 윌리엄 제임스(실용주의 철학을 확립한 미국의 철학자—옮긴이)가 '주의의 힘'에 관해 글을 썼을 때 그는 주로 '사람의 관심사'에 대해 말하고 있었다. 제임스의 말을 빌리자면 사람은 어떤 이유로든 관심이 없는 것은 절대 알아차리지 못한다. 관심의 대상이 돈이든, 사랑하는 사람에 대한 염려든, 단순한 호기심이든, 위험이든 뭐든 말이다. 가령 새를 좋아하는 사람이라면 공원을 산책하는 짧은 길에서도 열 종이 넘는 다양한 새들을 알아차리겠지만, 새에 관심이 없는 사람이라면 본 게 아무것도 없다고 얘기할 것이다. 제임스는 우리의 관심에 따라 무엇에 "주의를 기울이기로 동의"하는지가 결정되며, 주의를 기울이기로 의식적으로 동의한 것만이 우리에게 인식되고 영향을 끼칠 수 있다고 여겼다.

하지만 이제 우리는 제임스가 말하는 주의가 좁은 객관형 주의라는 한 가지 주의 방식일 뿐이며 그 외에도 다양한 주의 방식이 있고, 실제로 우리는 '주의를 기울이기'로 의도적으로 '동의'하지 않고도 무의식적으로 끊임없이 주의를 기울이고 있다는 것을 알고 있다. 우리는 눈에 익은 주변 환경이나 일상의 물건들은 평소에 인지하지 못하거나 아예 잊고 살 때가 많다. 매일 듣는 소리나 늘 맡는 냄새 역시 너무나 익숙해서 인식의 배경으로 사라져버린다. 하지만 이렇게 무의식적으로 감지되는 감각들 또한 우리의 경험과 태도, 기분에 여전히 깊은 영향을 끼친다.

지금 내가 있는 방의 맞은편 벽에는 완만하게 굽이쳐 흐르는 숲 속의 강 풍경을 그린 그림이 한 점 걸려 있는데, 이 그림은 우리 사무실에 아주 오래 걸려 있던 거라 더 이상 사람들 눈에 잘 띄지 않는다. 하지만 그림을 의식하든 하지 않든 그림 속 풍경의 패턴과 모양, 그림을 둘러싼 액자는 우리가 사무실에 들어설 때마다 시야에 들어온다. 자동차 지나가는 소리, 냉장고의 전기 모터 돌아가는 소리, 근처 인도 음식 전문점에서 흘러나오는 냄새 역시 금세 익숙해져서 이내 이 소리와 냄새를 의식적으로 알아차리지 않게 되지만, 그럼에도 점심 시간에는 컬리플라워 탄두리(인도 음식의 하나—옮긴이)가 갑자기 먹고 싶어지기도 하고, 바깥의 공사장 인부들이 모두 들어간 저녁 시간에는 두통이 살짝 느껴지기도 한다. 우리가 주변의 일상적인 감각에 "주의를 기울이기로 동의"하지 않을 때조차 그 감각은 계속 그 자리에 있으면서 우리에게 영향을 끼친다.

이제 우리는 제임스가 말하는 '초점을 단 하나의 대상으로 좁혀 집중하는' 주의 방식이 전부가 아니란 걸 알지만, 그럼에도 심리학에서 주의를 별도의 요인으로 분리해서 강조한 그의 통찰은 꽤 큰 의미가 있다. 이에 우리는 그가 한 말에 중요한 내용을 하나 덧붙여 현대 버전으로 업데이트하고자 한다. 우리의 버전은 이렇다. "내가 주의를 기울이기로 동의한 그것과, 그것에 주의를 기울이는 방식이 내 경험을 구성한다."

대부분의 사람들은 주의 기울이는 법을 별 생각 없이 무의식적으로 배웠기 때문에, 제임스가 주의에 관한 이야기를 하면서 굳이 '동의agreeing'를 강조한 점이 여러 모로 의아할 것이다. 도대체 주의를 기울이기로 동의한다는 게 무슨 말일까?

이 책의 목적 중 하나는 무의식적으로 주의를 보내던 평소 습관에서 벗어나 좀 더 의식적으로 주의 방식을 선택하는 법을 알려주는 것이다. 이때 우리가 감정이나 대상, 사람 또는 상황에 주의를 기울이기로 동의한다는 것은 우리를 더 행복하게 하고 주변 환경과 자신의 감정을 더 잘 알아차릴 수 있는 방식으로 의도를 갖고 주의를 기울이겠다고 하는 말과 같다. 의식적으로 주의를 기울일 수 있게 되고, 자유자재로 주의를 기울이는 습관이 들며, 상황에 적합한 주의 방식을 선택할 줄 알게 되면, 만족감과 행복은 점점 더 커질 것이다.

일이 뜻대로 되지 않아 힘들어하고 있다면 공간을 인식하고 '어떻게 주의를 기울일 것인지 의식적으로 선택'해 보라. 경험이 달라질 것이다. 이것이 운수 나쁜 날을 운수 좋은 날로 바꿔주는 마법의 공식은 아니지만, 운수 나쁜 날을 좀 더 감당하기 쉬운 날로, 기분이 나락으로 빠지지 않는 날로, 혈압이나 심박수, 장기적인 건강을 악화시키지는 않는 날로 바꿔주기는 할 것이다.

출퇴근길의 오픈 포커스 연습

미국 인구조사국United States Census Bureau에 따르면 미국인의 80퍼센트가 혼자 운전해서 출근을 하며 출근 시간은 평균 26분 걸린다고 한다. 주의력은 어떤 교통 수단을 이용하든 상관없이 발휘되겠지만, 여기서는 운전대를 직접 잡고 고속도로에서 시속 100킬로미터로 쌩쌩 달리고 있는 동안에도 어떻게 공간과 연결된 상태를 유지할 수 있는지에 대해 설명하겠다.

부엌이나 화장실 같은 공간과 연결된 상태를 유지하는 것은 모든 것이 거의 정지되어 있고 물건들이 어디 놓여 있는지 예측할 수 있다는 점에서 상대적으로 쉬운 편이다. 하지만 운전하면서 공간을 인식하는 것은 그렇지 않다. 차의 내부는 변하는 게 거의 없지만, 차 바깥의 상황은 계속해서 변한다. 다른 차나 사람, 동물을 피해 지나가야 하고, 가끔은 궂은 날씨에도 대처해야 하며, 이 모든 걸 빠른 속도로 달리며 처리해야 할 때도 많다. 그렇다면 이렇게 도로를 달리는 와중에 주변과 단절된 것 같아 보이는 닫힌 차 안에 앉아 주변 공간과 물리적으로 연결된다는 것은 어떤 의미일까?

엄밀히 말해서 우리 몸은 우주 전체와 물리적으로 항상 맞닿아 있는 상태이다. 우주의 모든 것은 서로, 언제나 연결되어 있기 때문이다. 하지만 황금빛 밀밭을 차를 타고 쌩하니 지나갈 때와 그 똑같은 밀밭의 한가운데에 서 있을 때 우리가 경험하는 주변 공간은 완전히 다르다. 또한 많은 사람들이 출퇴근 시간에 라디오, 팟캐스트, 오디오북 등을 듣기 때문에 차에서 하는 경험은 각자 다를 수 있다. 그런가 하면 카풀을 한다거나, 출근길에 아이들을 학교에 데려다준다거나, 통화를 한다거나 등등 여기저기 주의를 기울일 데들도 많다. 하지만 일단은 통근하는 사람들 대부분에게 두루 통용될 수 있는 가장 일반적인 공간 개념들을 설명하고, 그 다음에 어떻게 하면 운전을 하면서 공간과 연결될 수 있는지 알아보자. 이때의 공간은 차 내부 공간은 물론이고 차창 밖의 먼 공간까지 모두 포함한다.

1장에서 설명했듯이 차를 운전하려면 넓은 주의, 합일형 주의, 객관형 주의 모두를 잘 조합해서 써야 한다. 그래야 넓은 시야로 다양한 자극을 받아들이고, 그러면서도 도로를 달릴 때 일어나는 수많은 일들을 거리를 두고 판단할 수 있으며, 운전도 어떻게 할지 생각하면서 하는 게 아니라 손에 익은 대로 자연스럽게 할 수 있다. 출퇴근길이 도시 지역을 지난다면 창밖으로 보이는 풍경이 시골길에 비해 훨씬 다채로울 것이다. 하지만 어디를 지나든 안전하게 운전하려면 상황을 유연하게 알아차리는 게 중요하다. 주의력이야말로 운전에서 가장 중요한 것이다.

지금부터 설명할 출퇴근길의 오픈 포커스 연습은 어느 정도 이 연습이 된 사람을 위한 것이다. 오픈 포커스 훈련 가이드(유튜브 '샨티 TV'에서 '오픈 포커스'를 검색하면 만날 수 있다—편집자)를 보면 운전 중에는 이 연습을 따라하지 말라고 언급하고 있는데, 그것은 이 오픈 포커스 연습이 어딘가에 주의를 쏟게 만들뿐더러 간혹 처음에 할 때는 졸릴 수도 있기 때문이다. 이 출퇴근길의 주의 연습도 마찬가지여서 운전 중에 정식으로 하는 것은 추천하지 않는다. 다만 연습을 충분히 해서 쉽고 자연스럽게 주의를 확장할 수 있다면 이를 운전할 때 적용해 보는 건 얼마든지 좋다. 우리가 제시하는 이 시나리오를 예로 삼아 운전을 시작하기 전이나 목적지에 도착해 주차한 차 안에서 연습해 보기 바란다. 머릿속으로 연습해도 마음이 차분해지는 등 효과가 좋을 것이며, 이미 말했듯이 물리적 공간과 연결하는 것이 곧 새로운 주의 습관으로 자리 잡게 될 것이다. 어느 순간이 되면 굳이 의도를 세우지 않고도 운전 중에 자연스럽게 공간과 연결하고 있는 자신을 발견하게 될 것이다. 하지만 의식적으로 의지를 발휘해야 주의를 바꿀 수 있는 초보라면 이 연습은 차를 세워둔 상태에서 하는 게 좋다.

운전 경력이 몇 년 된다면, 특히 같은 경로를 계속 반복해서 오가는 경우라면, 운전할 때 어떻게 주의를 기울이느냐는 사실상 습관의 문제이다. 또한 주의를 기울이는 과정에는 우리가 통제할 수 없는 몇 가지 중요한 신체적 측면이 관여한다. 이 신체적 측면에 대해 잠시 살펴보자.

먼저, 눈! 사물을 볼 때 가장 중요한 것은 당연히 눈이므로, 우리가 통제할 수 있는 것과 없는 것, 그리고 그 둘의 접점을 설명하기 위해서는 잠시 본론에서 벗어나더라도 눈이 어떤 원리로 작동하는지 짚고 넘어갈 필요가 있다. 운전을 할 때 우리는 앞 유리창 밖의 사물들이 어디에 있는지 어떻게 아는 걸까? 운전하며 지나가는 그 광활한 공간이 우리와 계속 연결되어 있음을 우리는 어떻게 지각하는가?

망막은 사물이 어디에 있는지를 뇌에 알려주는 역할을 한다. 우리의 두 눈이 시간당 100킬로미터의 속도로 움직이면서 동시에 주변을 달리는 다른 차들의 위치와 그 간격을 판단해야 한다면 당연히 그 알려주는 과정은 복잡할 수밖에 없다. 안구는 다른 모든 것들과의 관계에서 내가 어디쯤 위치해 있는지 파악하기 위해 무의식적으로 미세한 움직임을 계속한다. 이런 무의식적인 안구 운동은 한 번 움직이는 데 10분의 1초도 걸리지 않으며, 우리 뇌는 눈이 움직이는 그 순간에 받아들인 시각 정보를 아주 효과적으로 억제하여 풍경이 마치 물 흐르듯 흘러가는 하나의 통일된 연속체로 보이게 한다. 우리 마음은 우리가 풍경 전체를 한 번에 다 보고 있다고 생각하지만, 사실은 안구가 끊임없이 움직이면서 아주 조금씩 다른 각도와 영역에서 정보를 계속 받아들이고 있기 때문에 저 바깥의 세상을 정확하게 읽을 수 있는 것이다. 눈과 뇌가 제대로 기능하고 있다면 우리는 이러한 안구의 움직임을 절대 알아차리지 못한다.

우리의 안구와 뇌가 하루 종일 수행하는 이런 종류의 무의식적 조정은 훨씬 더 많다. 우리 몸이 풍경을 어떻게 지각하는지 그 생물학적 내용을 시시콜콜 다 알 필요는 없지만, 짧게나마 이렇게 시각의 한 측면에 대해 설명한 것은 뇌가 우리에게 필요한 정보를 주기 위해 우리가 받아들인 지각을 의식이 자각할 수 없는 수준에서 미세하게 계속 조정하고 있다는 걸 알려주기 위해서이다. 이 부분에 대해서는 잠시 후 다시 다룰 것인데, 일단은 주변 공간으로 주의를 기울이는 방식 중에는 우리가 통제할 수 없는, 무의식적으로 이루어지는 방식이 많이 있다는 정도만 알아두자. 하지만 우리가 통제할 수 있는 주의 방식, 즉 공간과 연결하는 방식에 대한 해석과 상상의 측면은 우리의 선택에 엄청 큰 영향을 끼친다.

차를 운전할 때 어떤 요인이 우리의 주의 방식에 영향을 끼칠까? 또한 그 주의 방식이 운전 중인 나의 선택과 감정에는 어떤 영향을 끼칠까?

주의력이 운전에 미치는 영향을 확실하게 알아보기 위해 몇 가지 극단적인 예를 들어보자. 술이나 마약을 한 상태에서 운전을 하는 것은 명백한 이유로 법에 저촉된다. 술과 마약은 주변에 대한 정보를 수집하는 신체 과정은 물론이고 의사 결정의 우선 순위와 감정까지 바꿔놓기 때문이다. 마약에 취해 있으면 주의를 기울이는 대상도 달라지고 주의를 기울이는 방법도 달라진다. 운전 중에 문자를 보내는 행위도 도로에서 눈을 떼게 할 뿐 아니라 적어도 한 손을 운전대에서 떼게 만들므로 불법이다. 핸즈프리 기기 없이 운전하며 통화하는 것도 운전대에서 한 손을 뗄 수밖에 없기 때문에 미국 대부분의 주에서는 불법이다. 게다가 연구에 따르면 운전 중 통화는 사고의 위험을 급격하게 증가시키며, 설령 핸즈프리로 통화한다 하더라도 사고 위험이 네 배는 높아진다고 한다. 이는 수화기 반대편에 있는 사람에게 주의를 기울이는 방식이 차에 탄 동승자나 라디오에 주의를 기울이는 방식과 다를 수밖에 없기 때문이다. 동승자는 도로 상황에 따라 여러분과 하는 대화를 조절할 수 있고, 라디오나 팟캐스트, 오디오북은 일방향 커뮤니케이션이다. 소리가 계속 나오게 하려고 반응할 필요도 없으며, 필요에 따라 언제든 꺼도 아무런 여파가 없다. 하지만 카네기 멜론 대학교Carnegie Mellon University의 연구에 따르면, 운전을 하며 전화 통화를 할 경우에는 차 상황을 잘 알지 못하는 누군가에게 실시간으로 신경을 써야 하고, 그러자면 주의 방식을 계속 바꿔야 한다. 이 연구 결과, 피실험자가 핸즈프리로 통화하며 운전할 때는 두정엽(공간 해석과 관련된 뇌 부위)의 활동이 37퍼센트 '감소하는' 것으로 나타났다. 우리가 운전 중 통화하는 상대의 말투와 정보를 해석하려고 할 때 공간 해석을 담당하는 뇌 부위는 그 활동성이나 적극성이 예전만 못해지는 것이다.

미국 질병통제예방센터CDC는 운전 외에 차에서 할 수 있는 다른 모든 일을 위험 요인으로 분류한다. 어떤 일이든 운전이라는 당면 과제로부터 정신을 분산시키는 건 똑같기 때문인데, 사실 많은 사람들이 운전 중에 통화를 못하거나 음악이나 뉴스를 못 듣는 건 있을 수 없는 일이라고 생각한다. 그렇더라도 운전을 하면서 의식을 공간과 연결하는 건 주의를 분산시키는 요인이 없을 때 가장 잘 될 수 있으므로, 특히 불안을 많이 느낀 날 아침이라면 가능한 한 조용한 곳에서 이 연습을 하는 게 좋다. 그리고 운전을 시작하기 전에 차 안에서 이 연습을 꾸준히 한다면 이는 곧 습관이 될 것이다.

하지만 흔히들 보내는 보통의 아침, 예컨대 일어나기 힘들어 꾸물대다가 정신없이 식사하고 출근 준비하는 그런 아침을 보내고 운전대를 잡았다고 해보자. 주변 공간과 연결하면서 의식이 현실에 확실히 접지된 것 같은 기분이 들었다 해도, 여전히 지각할까봐 불안감이 몰려올 수 있다. 깐깐한 상사나 동료(혹은 둘 다) 때문에 긴장될 수도 있고, 오늘은 특히나 꼭 끝내야 하는 프로젝트가, 발표를 맡은 프레젠테이션이, 예정된 일의 어떤 부분이 걱정될 수도 있다. 오늘 아침의 모든 신체적·감정적 에너지가 여러분이 두려워하는 그 일로 몰리기 때문에 여러분은 그 두려움을 차 안까지 끌고 간다.

공간을 인식하는 것은 언제나 내 몸의 감각을 알아차리는 것에서 시작하므로, 차에 탈 때도 아침 루틴에서와 똑같은 알아차림 과정을 반복한다. 즉 운전석 문을 열 때 닿는 손잡이의 감촉과 허벅지와 엉덩이에 닿는 시트의 감촉을 느끼고, 몸을 단단히 잡아주는 안전벨트의 압박감을 느끼며, 키를 돌려 시동을 걸 때 엔진이 돌아가는 소리를 듣고, 손에 잡히는 운전대의 감촉을 느낀다. 두려움이 몸속 어디에서 느껴지는지 그 위치를 찾을 수 있겠는가? 여러분이 느끼는 그 불안감은 어깨의 긴장감인가, 가슴에서 느껴지는 울렁거림인가, 두통인가? 배가 아픈가? 불안감이 느껴지는 몸의 부위를 가만히 알아차려 보자.

이제 차를 움직여 도로로 나가면 의식은 자연스레 확장되어 거리, 다른 차들, 신호등, 보행자 등이 시야에 들어온다. 이 모든 것은 평소와 별다를 게 없어서 여러분은 아무 생각 없이 이들을 지나쳐 운전하게 되고, 이내 불안감 속에 차를 몰며 일터에서 기다리고 있을 일들에 대한 생각에 빠지기 쉽다. 하지만 이번에는 좀 다르게 해보자.

방금 몸속 어디에 있는지 찾아낸 불안이 몸의 그 부위나 마음에만 있는 게 아니라 지금 타고 있는 차 안을 가득 채우고 있다고 생각해 보자. 그 불안감이 넓게 퍼져나간다고 상상해 보자. 여러분이 불안이 있는 위치라고 짚어낸 그 부위—머리나 어깨나 위장—에서 불안이 나와서 몸 전체로 확산되는 모습을 떠올려보자. 불안을 온몸으로 경험할 수 있겠는가? 긴장하거나 아픈 부위에서만 불안을 느끼는 게 아니라 온몸으로 그 느낌이 퍼진다고 상상해 보자. 처음에는 겁이 날 수도 있지만, 몸 전체로 그 두려움을 경험하는 것은, 즉 몸 구석구석의 모든 근육과 관절에서 그 두려움을 느끼는 것은 감정을 공간으로 확산시켜 떠나보내기 위한 첫 번째 단계이다.

차에 타고 있는데 누군가 감정이 유독 뾰족해진 상태로 옆자리에 탄 적이 있는가? 방금 친구와 싸우고 화가 나 있는 사람일 수도 있고, 연인과 헤어져 울고 있는 사람일 수도 있다. 혹은 감정이 격앙되면 주변 사람들에게 그 감정이 모두 전달되는 사람일 수도 있다. 우리의 감정은 무엇보다도 '움직인다'는 특성이 있다. 뇌파에 주파수가 있듯이 감정에도 주파수가 있으며, 이러한 감정의 에너지적 속성 때문에 우리가 다른 사람의 감정을 느낄 수 있는 것이다. 즉 감정은 그것을 경험하는 사람 몸 안에서만 움직이는 것이 아니라 그 사람 '밖으로도 표출되기' 때문에 우리가 다른 사람의 감정을 감지할 수 있는 것이다.(감정 변화는 심박 변이도와 상관 관계가 있는 동맥 혈압의 패턴 변화를 보여주는 메이어 파동의 움직임으로 알 수 있다.) '여러분'의 감정 역시 늘 혈류를 타고 몸속을 돌아다니는 동시에 몸 바깥으로 나오기도 하며, 감정의 강도가 셀수록 메이어 파동 역시 커져 다른 사람들도 그 감정을 더 잘 느끼게 된다. 우리가 감정을 '느낌feeling'이라고도 부르는 것은 그것을 내 몸과 타인의 몸 모두에서 물리적으로 느낄 수 있기 때문이다.

안구가 우리의 의식으로는 감지하지 못할 만큼 빠른 속도로 움직이며 망막이 뇌와 정확히 의사소통할 수 있게 하는 것처럼, 심박수와 혈압도 감정에 따라 미세하게 달라지며 혈압과 심박수의 에너지 사이클을 바꿈으로써 우리가 의식하지 못하는 사이에 감정이 몸 밖으로 발산되도록 하고 있다. 그러나 우리는 주의와 상상력을 이용해서 시지각이든 감정이든 신체 과정의 여러 측면에 영향을 끼칠 수 있다.

방금 운전을 하면서 일에 대한 강한 불안감이 몸 전체로 퍼져가는 것을 떠올려보았으니, 이제 그 불안감이 몸에서 방출되어 차 안의 공간 속으로 퍼져나가는 상상을 해보자. 차 내부가 여러분의 두려움으로 무거워지는 것을, 그 두려움의 에너지가 여러분 주위로 퍼져나가는 것을 상상할 수 있는가? 걱정이 몸과 마음 밖으로 퍼져나와 여러분과 앞 유리창 사이의 공간으로 확산되는 모습을 상상할 수 있는가? 여러분과 옆좌석 유리창 사이의 공간을 채우는 것 또한 상상할 수 있는가? 굳이 옆으로 고개를 돌려 그 공간을 확인할 필요는 없다. 도로에서 눈을 뗄 필요도 없고, 앞 유리 너머로 보이는 도로 상황에 주의 기울이던 것을 멈출 필요도 없다. 걱정이 뒷좌석 역시 가득 채우는 모습을 상상해 보자. 평소 운전할 때처럼 교통 상황을 하나의 대상으로 바라보되 넓게 주의를 기울인 채로 운전하면서, 불안이 차 내부를 물리적으로 가득 채우고 있다고 떠올려보는 것이다. 친한 친구가 함께 차에 타고 있다면 여러분이 아무리 두려움을 내색하지 않으려고 해도 그 친구는 여러분이 두려워하고 있는 것을 느낄 것이다. 두려움은 물질적인 것이기 때문이다. 그러니 옆좌석에 타고 있는 친구가 여러분 몸에서 파동의 형태로 퍼져나오는 감정을 느끼는 것처럼, 지금 있는 공간 안에 가득한 그 감정을 온전히, 의도적으로, 의식적으로 느껴보라. 몸의 모든 근육과 관절에서 그 불안감을 느껴보라. 더 나아가 차 시트의 쿠션과 운전대에서도 느껴보라.

운전을 하면서 교통 상황과 바뀌는 신호등 불빛, 주변의 차 소리 등 도로 상황을 하나의 대상으로 바라보면서 넓게 주의를 기울이는 동시에 자신의 불안이 차 '바깥'의 공간으로까지 확장되는 것을 느껴보라. 그 불안은 여전히 몸속에도 있고 차 안의 공간에도 있지만, 이제는 불안이 차체를 이루고 있는 금속과 플라스틱 구석구석으로, 더 나아가 차 바깥 공간으로까지 확산되는 모습을 상상해 보는 것이다. 몸에서 원자들의 구름(몸을 구성하는 원자들이 마치 끝없이 펼쳐진 공간 위에 떠 있는 구름처럼 보여서 저자는 이 책에서는 물론《오픈 포커스 브레인》에서도 이 표현을 즐겨 쓰고 있다—옮긴이)이 퍼져나가듯 불안이 퍼져나가는 모습을 떠올리면 된다. 감정 역시 본질적으로는 몸과 마음에 원자들의 구름으로 존재한다. 몸 안에 있는 불안과 두려움의 감정이 사방으로 퍼지면서 훨씬 옅어진 것을 느낄 수 있겠는가? 이 감정들이 넓게 퍼져 옅어지다 못해 창문으로 스쳐 지나가는 풍경 속으로 녹아 사라지는 것을 느낄 수 있겠는가?

불안을 몸이나 마음 안에 담아두고 있는 것은 일종의 상상이요 감정에 주의를 기울이는 하나의 방식일 뿐 실제 현실을 제대로 반영하는 게 아니다. 풍경이 하나로 이어진 장면처럼 보이는 것이 실제 눈이 바라보는 현실과는 다른 것처럼 말이다. 앞서 말했듯이 우리 눈은 장면이 이어지는 것처럼 보이게 만들려고 끊임없이 조절하고 있다. 우리는 공간 속에 있는 그 사물들을 '상상력을 이용해' 해석하고 있는 것이다. 마찬가지로 감정 역시 몸이나 마음 안에서만 일어나는 것이 아니라 주변 공간에도 영향을 미치기 때문에, 우리가 텅 빈 공간을 인식하고 상상력을 발휘해 감정을 공간과 연결시키면, 감정은 현실에서 실제로 모습을 취하고 주변 공간으로 퍼져나갈 수 있게 된다. 감정이 몸 안에만 있다는 생각은 착각이다. 감정의 에너지는 끊임없이 공간으로 방출되고 있다. 감정의 에너지가 지금 운전해서 가고 있는 거리로, 보도로, 길가를 따라 서 있는 나무들로 널리 퍼져 확산되다가 결국 풍경 속으로 사라지는 모습을 상상해 보자.

직장에 도착하면 지금 느끼고 있는 불안감이 여러분이 보고 듣고 느끼는 공간 전체를 가득 채우는 모습을 상상해 보라. 물론 아직도 지각인 상태라면 서둘러 직장으로 가야 한다! 하지만 그렇게 서둘러 걸을 때에도 체중이 한 발 한 발 번갈아 실리는 것을 느껴보고, 얼굴 피부에 와 닿는 공기도 느껴보라. 두려움이 공중으로, 주변 공간으로 확산되어 사라지는 것을 느껴보라.

물론 두려움과 불안, 걱정을 이렇게 처리한다고 해서 두려움의 원인이 별안간 없어지지는 않는다. 주의 기울이는 방식을 바꾼다고 해서 짜증나는 상사가 사라지거나, 돈이 어디서 뚝 떨어지거나, 일을 완수해야 하는 책임에서 자유로워지는 것은 아니다. 하지만 이렇게 하고 나면 '분명히' 스트레스 상황에서도 차분한 태도를 유지할 수 있게 되고, 이 같은 힘든 일들에 더욱 현명하게 대처할 수 있게 될 것이다. 그날 해야 할 중요한 업무를 하기 전, 출근하며 걱정했던 그 마음이 이제는 여러분의 몸속보다는 방금 전 출근하면서 지나온 공간에 더 많이 남아 있다고, 그 모든 거리에 다 퍼져서 결국 흩어져 사라졌다고 상상해 보라. 일과 관련해 꽉 붙들고 있던 걱정을 모두 내려놓고 지금 이 순간 눈앞에 있는 일만 하고 있는 모습을 상상해 보라.

할 말 하기

주의가 확장되어 일상적으로 알아차리는 신체 감각이 더 많아지면 자신의 감정 변화에 대응하는 것도 달라지는 걸 알 수 있다. 주변 공간에 대한 알아차림이 깊어질수록 자기 감정에 대한 알아차림 역시 커지는데, 이는 감정이 내가 있는 공간 안에서 일어나는 신체적 과정이기 때문이다. 주변 공간과 내면에 주의를 기울인다는 것은 긍정적인 감정이든, 부정적인 감정이든 또는 그 사이 어디쯤에 있는 감정이든, 모든 감정을 있는 그대로 느낀다는 뜻이다.

우리의 일상적인 삶을 이야기할 때 절대 빼놓을 수 없는 것이 직장 생활의 가장 어려운 부분, 바로 사람들 간의 크고 작은 갈등과 그로 인해 일어나는 감정의 문제이다. 직장 상사, 동료, 고객은 우리가 선택할 수 없는 존재들이고, 각기 의사소통하는 스타일은 물론 상황에 대한 감정이나 반응 방식도 다르게 마련이다. 아무리 일을 좋아하는 사람이라도 갈등이나 의견 충돌은 종종 생길 수 있다.

직장에서 평정심을 유지하려면 수시로 변하는 감정을 잘 다스려야 하는데 이것이 말처럼 쉽지도 않거니와 동료와의 갈등은 며칠씩, 몇 주씩 계속되는 경우가 많다. 하지만 일하는 곳의 물리적 공간으로 의식을 넓게 확장한다면 이러한 갈등에 대처하기가 훨씬 쉬워지고 그 해결까지도 가능해진다. 이 공간은 나는 물론이고 동료와 고객, 그리고 우리 '모두'가 느끼는 온갖 감정이 다 섞여 있는 곳이기 때문에 신경 쓸 게 많을 수 있다. 하지만 공간에 주의를 기울이고, 다양한 배경의 사람들과 교류할 때 필요에 따라 유연하게 주의 방식을 바꿀 수 있다면, 갈등과 스트레스를 겪을 때조차 평정심을 유지할 수 있다.

잠시 이 장의 첫 부분에서 주의와 관련해 윌리엄 제임스가 한 말과, 그에 대해 "내가 주의를 기울이기로 동의한 그것과, 그것에 주의를 기울이는 방식이 내 경험을 구성한다"고 한 우리식 버전을 다시 떠올려보자.

가장 일반적인 차원에서 말하자면, 직장에 다닌다는 것은 결국 고용주가 원하는 업무에 (돈을 받고) 주의를 기울이겠다고 동의한 것이나 다름없다. 일은 그럭저럭 재미있을 수도 있고, 받는 돈은 적을 수도 많을 수도 있으며, 몸이 힘들거나 마음이 힘들거나 혹은 그 둘 다일 수 있지만, 무슨 일이든 그 일에 주의를 기울이겠다고 동의한 것만은 변함없다. 하지만 그 일에 '어떻게' 주의를 기울이겠다고 동의한 적은 없을 것이다.(이 문제가 부각되는 경우는 거의 없기 때문이다.)

　다시 한 번 가장 일반적인 차원에서 말하자면, 직장별로 행동 규칙이 있을 수 있고 여러분도 몇 가지 일반적인 원칙에 동의했겠지만, 물리적 공간과 연결된 상태에서 일을 하면 일에 대한 경험이 180도 바뀌고, 갈등 해결 능력이 높아지며, 업무 환경이 훨씬 여유롭고 편안해질 수 있다. 공간을 인식하면 업무나 주위 사람들과 교류하는 방식이 달라지면서 일 자체가 훨씬 재미있어지기도 한다.

　일이나 동료, 고객에게 주의 기울이는 방식을 바꾸면 괴롭던 일도 견딜 만해지고, 원래 좋아하던 일이라면 훨씬 더 보람을 느끼며 할 수 있다. 평소에 주변 공간을 자각하는 게 습관이 되면 스트레스받는 일이나 까다로운 사람과 마주했을 때 올라오는 감정을 잘 처리할 수 있어 장기적으로 건강에 나쁜 영향이 가는 것도 막을 수 있다.

　예를 들어 상사나 동료와 갈등을 겪고 있다고 해보자. 일반적으로 강한 감정을 느낄 때는 그 순간 그 감정을 불러일으키는 사람이나 상황에 모든 초점이 맞춰지게 마련이다. 이러면 대개 감정을 너무 깊이 느끼는 게 싫어서 갈등을 대상화해 거리를 두거나, 부정적인 감정에 완전히 빠져서 의식 전체가 그 감정에 먹혀버리거나 둘 중 하나로 되기 일쑤다. 하지만 갈등이 일어나는 공간으로 유연하게 의식을 확장하면 주의 방식을 훨씬 균형 있게 조합해 쓸 수 있게 되면서 상황을 좀 더 차분하게 해결할 수 있게 된다. 부정적인 감정을 인정하고 또 온전히 느끼면서도 감정 전환을 자유롭게 하고 해결책을 찾을 수 있는 여유가 생기는 것이다.

쇼핑 매장에서 일하는 킴Kim의 이야기를 통해 이것을 실생활에 어떻게 적용할 수 있는지 알아보자.

"저는 쇼핑 센터에 있는 큰 매장에서 10년째 일하고 있습니다. 시급제 아르바이트로 시작해 여러 직책을 거쳐 부매니저가 됐죠. 매니저 자리가 공석이 되었을 때 그 자리에 지원을 했는데 회사에서는 외부 사람을 고용하더군요. 그때부터 출근하는 게 고역이 됐죠.

새로 온 매니저는 저와는 스타일이 완전히 다른데다, 그 사람 밑에서 일해야 한다는 사실 자체가 너무 화가 났어요. 그 자리는 원래 내 거라는 생각 때문에요. 그 사람과 마주하는 거의 모든 순간이 스트레스였어요. 그에 대한 분노와 실망으로 가득한데, 그 사람은 거기에 더해 제가 몇 년씩이나 해온 일의 방식에 딴지까지 걸더군요. 저는 물론 그 사람 방식에 동의할 수 없었죠.

온갖 곳에서 이런 식의 갈등이 터져 나왔지만, 특히 결정적인 사건이 있었어요. 돌이켜보면 사실 별일 아닌데 그 당시에는 감정적으로 타격이 커서 진짜 힘들었죠. 그 일 때문에 그만두네 마네 했던 게 지금은 잘 믿기지가 않네요. 오픈 포커스를 하기 시작한 뒤로는 그때의 갈등이 정말 사소한 일로 보이거든요. 사실 오픈 포커스로 해결한 일 중에는 훨씬 더 크고 어려운 일도 많았는데 굳이 이 문제를 고른 건 이 일이 업무에 대한 제 태도를 완전히 바꿔놓았기 때문이에요.

저희 팀은 상품을 선반에 진열하고 엔드 매대endcaps(진열대의 양쪽

끝 매대—옮긴이)에 특별 디스플레이를 하는 일을 맡고 있었어요. 엔드 매대는 고객들이 이동하는 주요 통로에 접해 있어 주로 세일 상품이나 프로모션 상품을 진열하게 되죠. 물건을 어떻게 진열할지는 당연히 회사 가이드라인에 따르지만 보통은 코너 관리자들이 약간의 창의력을 발휘하는 게 허용이 되었어요. 저는 직원 여덟 명을 관리하고 있었기 때문에 엔드 매대 디스플레이 같은 일은 사실상 다른 사람을 시켜도 되지만 늘 즐거운 마음으로 제가 직접 했죠. 신경 써야 할 다른 매장 일에 비해 아무 생각 없이 할 수 있는 작은 휴식 같은 일이었거든요. 그런데 새 매니저인 토마스는 모든 코너의 엔드 매대 디스플레이를 한 치의 오차도 없이 똑같게 해야 한다는 방침을 세웠어요. 이게 제가 치를 떠는 그의 업무 스타일의 상징이 되었죠.

토마스는 융통성이라고는 전혀 없고 효율성만이 최고라고 여기는 사람이었어요. 저는 예전부터 제 코너 직원들과 잡담도 나누고 업무 외의 사적인 일로 이야기하는 것도 좋아했어요. 이렇게 하면 분위기가 훨씬 부드러워져서 직원과 고객 모두에게 좋다고 생각했거든요. 하지만 토마스는 직원들 간에 사적인 대화는 '절대' 해서는 안 되고, 고객을 대하는 태도 역시 제가 하는 것보다 더 격식을 갖춰야 한다고 생각하는 사람이었습니다.

처음 몇 주 동안 토마스는 제가 사람들과 소통하는 방식을 가지고 몇 번이나 지적을 했어요. 그 외에도 제가 어떤 물건을 어떤 순서로 선반에 진열할지 팀원들에게 맡겨두는 것도 탐탁지 않아했죠. 그 사람은 언제나 코너의 한쪽 끝에서 다른 쪽 끝까지 순서에 맞춰 물건들을 채워 넣길 바랐는데, 저는 일만 제대로 한다면 순서가 뭐가 중요하냐는 생각이었죠. 그런 식으로 자잘하게 안 맞는 일이 부지기수였고, 그렇게 쌓이다 보니 이 사람 때문에 숨통이 죄어오는 것 같더라고요. 내가 나로 있을 수 없는 기분이랄까요? 그렇게 점점 화가 쌓여 갔지만 이걸 그 사람한테 어떻게 얘기해야 할지 막막했어요. 제가 이런 문제들을 꺼낼 때마다 매니저는 단지 지금은 새로운 방식을 시도하고 있는 거라고 말하는 게 다였거든요. 마치 그걸 제가 모르기라도 하는 것처럼요.

점점 출근하기가 싫어졌고, 일을 하는 동안에도 무력감에 시달렸습니다. 토마스가 제 쪽으로 오는 것을 보기만 해도 화가 머리끝까지 솟았는데, 화를 제대로 표현하지 못하니까 그 화가 저를 갉아먹더라고요. 팀원들과도 자잘한 일로 충돌하기 시작했고, 분명 고객 응대도 그다지 좋지 않았을 겁니다. 내 맘이 내 맘 같지 않았으니까요.

어느 날 한 엔드 매대 디스플레이가 눈에 띄었는데 너무 보기가 싫어서 내가 다시 해야겠다고 생각했어요. 그래서 원래 내가 하던 대로, 제품 배열도 내 입맛에 맞게 바꿔버렸어요. 상품을 선반 앞쪽 가장자리로 빼기도 하고, 고객들이 인테리어 아이디어를 얻을 수 있도록 여러 상품을 모아서 배치하기도 했죠. 토마스가 요구한 질서정연한 디스플레이와는 완전히 다르게요. 당연히 그걸 본 토마스는 어이없다는 듯이 눈을 굴리고는 자기 식대로 상품을 원상복귀시키더라고요. 그러더니 "엔드 매대는 자고로 이래야 하는 거죠"라고 한마디 하고 가더군요.

작은 일일 수도 있지만, 저는 완전히 무시당한 기분이 들었어요. 코너 관리자로서만이 아니라 한 인간으로서도요. 그 자리에서는 아무 얘기도 못하고 집에 와서 울었어요. 다행히 친구 하나가 오픈 포커스 방식으로 이 문제를 한번 다뤄보면 어떻겠냐고 권하더군요.

저에게 가장 중요한 것은 부정적인 감정에만 온통 초점을 맞추던 것을 멈추고 그 감정들을 놓아주는 일이었어요. 해결하거나 표현하지 못한 부정적 감정에 초점을 맞추고 거기에 계속 집중하다 보니 그일이 일어나고 한참이 지났는데도 여전히 그 감정들을 붙들고 있더라고요. 토마스가 어떤 지시를 내렸고 저는 그것 때문에 화가 났는데, 그 일을 거기서 끝내는 게 아니라 고객을 응대할 때도 제가 계속 그 화에 초점을 맞추고 있었던 거죠. 거기서부터 화는 더 퍼져가고요. 팀원들에게는 계속 불평불만을 늘어놓고, 남편도 들들 볶았습니다. 사실상 제 모든 주의가 그 부정적인 감정 속으로 빨려 들어가 거기에만 머물러 있던 탓에 저를 둘러싼 매장 전체와 매장 안의 다른 사람들은 다 놓치고 있었던 거예요. 그래서 매장의 물리적 공간으로 주의를 기울여서 제가 다시 그 공간의 일부가 되는 게 매우 중요했던 겁니다.

주변 공간과 연결할 수 있는 방법은 다양한데 저한테 제일 잘 맞은 방법은 호흡을 지켜보는 거였어요. 숨이 폐로 들어왔다 나가는 것을 찬찬히 느껴보는 겁니다. 저는 제 가슴으로 들어오는 공기가 저를 둘러싼 매장 전체의 공기와 하나로 연결된다고 상상했습니다. 공기가 몸으로 들어오는 것을 섬세하게 느끼면서 내가 지금 들이쉬고 있는 이 공기가 내 주변의 모든 물건들을 둘러싸던 그 공기이고 모든 고객들, 동료들이 들이쉬고 내쉬던 바로 그 공기라고, 그러니 이 매장의 모든 사람과 사물은 사실상 내가 지금 들이쉬는 공기 속의 일부나 마찬가지라고 의식적으로 생각했죠. 조금 이상하게 들릴지 모르겠지만 어느 순간 공기를 마치 물인 것처럼 상상해 봤는데, 그랬더니 우리가 모두 완벽하게 연결되어 있다는 사실이 더 생생하게 느껴지더라고요. 연못을 보면 그 안의 모든 물고기가 같은 물 속의 일부임이 쉽게 보이는 것처럼요. 제가 모든 것과 연결되어 있다는 게 정말로 체감되었습니다. 게다가 그저 깊게 호흡하며 산소가 몸에 들어왔다 나갔다 하는 것을 느끼는 것만으로 좀 더 차분해지고 침착해졌어요.

토마스를 다시 보게 되었을 때 저는 공간 속의 모든 것들이 서로 연결되어 있다는 사실을 의식적으로 떠올렸고, 그러자 화가 자동 반사로 튀어나오던 전과 달리 그 역시 나와 똑같은 방식으로 그 공간 속의 모든 것들과 연결되어 있는 게 보이더라고요. 이건 어떤 면에서 좀 아이러니했어요. 그 사람한테 화가 나 있는 건 여전했는데, 그럼에도 우리가 공간을 통해 서로 연결되어 있다는 것 역시 잘 느껴졌거든요. 저는 또 내 화가 그 공간에 속한 일부라는 걸 느낄 수 있었는데, 이번에는 그 분노에 잡아먹히는 대신 분노를 그저 공간 속에 있는 또 하나의 사물처럼 바라보며 함께 있을 수 있었어요. 토마스가 몸에 뿌린 향수(그 사람은 향수를 정말 많이 뿌렸어요!) 역시 똑같이 공간의 일부로 바라봤고요. 또 하나 재미있던 것은, 내 분노가 그 공간 안에 있는 수많은 것 중 하나에 불과하다는 사실을 깨닫고 나니까 토마스의 감정 역시 내 분노와 똑같이 그 공간 안에 있다는 걸 깨달았다는 겁니다. 평소 그 사람은 감정이 없는 사람처럼 굴거나 감정을 나눌 생각이 전혀 없어 보였기 때문에 이건 좀 예상치 못한 자각이었어요. 하지만 내 감정이 실제 물리적 공간을 차지하고 있다는 사실을 개념적으로 이해하는 순간, 그 사람의 감정 역시 나와 마찬가지로 자기 몸의 어딘가에서 실제 공간을 차지하고 있을 거란 생각이 들었습니다. 게다가 우리 두 사람의 감정은 우리를 하나로 연결시키고 있는 그 공간 안에 같이 있으니까 당연히 서로 마주칠 테고요!

재미있게도 그런 식으로 공간 속에 있는 우리의 감정을 알아차리기 시작하자 갑작스레 내 어깨가 느껴졌어요. 토마스와 얘기하고 있을 때 어깨가 귀에 달라붙을 정도로 경직된 걸 알아차렸는데, 그전까지는 제가 그러고 있다는 걸 몰랐거든요. 하지만 어깨가 딱딱하게 굳은 걸 알아차리는 것만으로 저는 바로 어깨를 이완할 수 있었고, 그렇게 하자 마음의 긴장 역시 많이 풀렸습니다. 호흡은 더 깊어졌고, 이게 말이 되는지 모르겠는데 불현듯 제 화가 훨씬 선명하게 느껴졌어요. 화가 제 마음뿐 아니라 제 어깨에도 있었기 때문이었죠. 게다가 어깨가 내려가자 제가 좀 더 바른 자세로 설 수 있게 되고, 원래의 제 자신으로 더 돌아온 것 같은 기분이 들었어요. 분노 속에 빠져 나를 잃는 대신, 주변 매대 위에 보이는 모든 물건들로, 스피커에서 흘러나오는 음악 소리로, 토마스의 끔찍한 향수 냄새로 주의를 활짝 열자 제 의식은 토마스와 제가 실제로 있던 그 물리적 공간 안에 머물렀고, 그에게 가졌던 분노는 그 순간 배경 속으로 사라졌습니다. 제가 알아챈 건 토마스에 대한 내 분노만이 아니었어요. 물리적 공간에 초점을 맞추고 있다 보니 내가 대면하고 있던 문제는 그저 엔드 매대 디스플레이 하나뿐이고, 나머지는 혼자 머릿속으로 시나리오를 쓰며 덧붙인 문제들이라는 걸 알게 된 거죠.

어쨌든 제가 막 작업을 끝낸 엔드 매대를 보고 토마스가 이제 일을 시작하는 거냐고 묻더군요. 그 말의 속뜻은 '이거 내가 말한 대로 고칠 거죠?'였죠. 그래서 저는 (저 스스로도 내심 놀랄 만큼) 아주 차분하게 말했어요. '나는 여기서 10년을 일했다. 당신이 내 상사라는 사실은 잘 알고 있으나 내가 이 일에서 가장 중요하게 생각하는 건 고객과의 연결감이다. 가끔씩 나는 나만의 뭔가가 담긴 디스플레이를 하는 걸 중요하게 생각한다.' 그렇게요. 저는 또 '고객들 역시 이곳저곳에서 사람 손길을 느끼면 나에게는 물론이고 매장 전반에도 연결감을 느낄 것이다. 여기가 비록 체인점이기는 하지만 바로 그 사람의 손길을 좋아해서 나를 찾는 단골 고객들이 있다'고도 설명했습니다. 토마스와 나눈 대화를 시시콜콜 다 늘어놓을 순 없지만, 어쨌든 제가 의식을 확장시켜 우리가 있던 공간과 연결되면서 분명히 알게 된 게 하나 있어요. 바로 제가 그동안 이 엔드 매대 디스플레이를 하면서 '공간'을 특정 방식으로 배열해 고객과 '연결'되고자 했다는 거였어요. 그 전에는 한 번도 이렇게 생각해 본 적이 없는데 토마스에게 말하는 순간 깨달은 거죠.

토마스는 제 말투에서 갑자기 제가 자기한테 마음을 연 것이 느껴진 모양인지(저도 제 마음이 훨씬 더 열리고 명료해지는 걸 느꼈지요) 코너 한 구역에 있는 엔드 매대들을 제 방식으로 디스플레이하는 데 동의해 줬어요. 어쩌면 더 이상 저와 실랑이하고 싶지 않아 포기한 것일 수도 있지만, 저는 그가 긍정적인 대답을 준 게 제가 그전과는 다른 방식으로 부탁을 하고, 우리가 한갓 의견 충돌이 아니라 제대로 된 대화를 나누었기 때문이라고 생각해요. 그와 내가 같은 공간에 있으며 모든 게 연결되어 있음을 알아차리자 제 생각이 달라졌고, 그렇게 달라진 생각이 다른 결과를 가져온 거죠.

남편은 이걸 그저 사소한 승리 정도로 생각할 뿐 이 사건이 제게 왜 그토록 중요한지 잘 이해를 못하더라고요. 하지만 공간을 알아차리고 호흡을 통해 공간과 연결되자 토마스에게 말할 때의 마음가짐이 달라졌고, 사실 이제는 엔드 매대가 저에게 그렇게 중요한 문제도 아니에요. 애초에 저는 저를 놔두고 토마스를 고용한 관리자에게 직접 화를 내지 못하고 그 대신에 이 엔드 매대에 화풀이를 한 것이었는데, 제가 붙들고 있던 그 모든 감정은 제가 원하는 자리를 얻는 데 도움이 되기는커녕 실제 제 업무에 방해만 되었습니다.

저는 여전히 토마스가 내리는 여러 가지 결정과 그의 업무 스타일에 동의하지도 않고, 제가 매니저가 아니라는 사실에도 똑같이 실망하고 있어요. 하지만 생각하는 방식이 달라지니까 정말 많은 게 바뀌더군요. 일하는 게 덜 싫어졌어요. 매장의 공간과 연결되는 경험을 하고 나니까 제가 애초에 원했던 건 바로 그 연결감, 그러니까 내 일과의 연결감, 함께 일하는 사람들과의 연결감이란 걸 확실히 알게 되었고, 이제는 우리 모두가 같은 공간에 진짜로 연결되어 있음을 알아차리면서 그와 같은 연결감을 실제로 맛보고 있습니다. 이제는 온갖 종류의 일들에 대해, 설령 제가 싫어하는 얘기일지라도 토마스와 훨씬 거리낌 없이 대화합니다. 대화할 때 서로 이기려 드는 것도 훨씬 덜해졌고요.

이게 큰 변화처럼 보이지 않을 수도 있어요. 여전히 이 매장은 대형 체인점이라서 제가 마음대로 할 수 있는 일이 많지도 않아요. 하지만 제가 일을 하는 실제 공간으로 주의를 확장하자 모든 게 훨씬 쉽게 느껴졌습니다."

놀이와 파티

친구 몇 명을 불러 피자 시켜놓고 영화를 보는 것과 파티를 주최하는 건 완전히 다른 문제이다. 그 파티가 밤새 게임하는 자리이든, 종교 단체에서 만난 사람들 모임이든, 정치 단체 사람들이 모이는 것이든, 직장 동료나 잠재 고객들과 함께하는 훨씬 공식적인 느낌의 디너 파티든, 종류를 불문하고 파티는 더 신경이 쓰이게 마련이다. 남이 차려놓은 모임에 '가는 것'조차 스트레스를 받을 때가 있는데 모임을 주최하는 당사자라면 그 스트레스는 말할 것도 없을 것이다.

게다가 요즘은 텔레비전 프로그램이나 라이프 스타일 웹사이트, 소셜미디어 등에서 소개하는, 말도 안 되게 화려한 세팅, 테마별 인테리어, '홈메이드' 요리 등이 흔해지면서 주최자는 그 기대에 부응해야 한다는 부담감에 시달릴 때가 많고, 손님들도 이미 머릿속에 그런 이미지가 있어 기대치가 생기기도 한다. 음식 역사가 줄리아 스키너Julia Skinner는 문화적 의례로서의 공식적인 디너 파티는 사실상 사라졌다고 말하지만, 친한 친구가 아닌 사람들을 초대해 파티를 여는 건 아무리 작은 파티라도 신경 쓰이는 일이 아닐 수 없다.

네슬레Nestlé(스위스의 식품 회사—옮긴이)의 설문조사에 따르면 파티를 주최하는 게 일하러 가는 것보다 훨씬 더 스트레스라고 생각하는 사람이 전체 응답자의 절반 이상이었다고 한다. 먹을 것과 마실 것부터 집이 파티를 열기에 적합한지, 손님들 합이 괜찮을지까지 모든 게 걱정거리다. 게다가 파티를 준비할 시간도 촉박한데 예산마저 빠듯하다면, 그리고 좋은 인상을 남기는 게 정말 중요한 자리라면, 그 부담감은 더욱 커질 것이다. 재미있자고 하는 파티이건만 파티를 계획하고 노심초사하고 뒷정리할 것까지 생각하면, 주최자 입장에서는 가끔 벌을 받는 게 아닌가 싶을 정도일 것이다.

영어 단어 'party'의 어원은 라틴어 'pars'로 '더 큰 전체의 한 조각 혹은 일부'라는 뜻이다. 파티에 간 사람은 누구나 '일원'으로 참여하는 것이지만, 동시에 다 같이 모였을 때만 형성되는 어떤 새로운 전체의 일부가 되기도 한다. 파티를 주최할 때 공간에 주의를 기울인다는 것은 플래닝, 먹을 것과 마실 것, 파티가 열리는 물리적 공간, 손님 개개인 등 개별 요소 하나하나뿐 아니라 그 모임이 자아내는 전체 분위기까지에도 의식을 확장한다는 의미이다. 다시 말해 '파티'는 '일부'의 합 그 이상이다.

공간에 주의를 기울이는 것이 어떻게 스트레스 가득한 이벤트를 그럭저럭 괜찮은 이벤트로, 나아가 즐길 수 있는 파티로 바꿔놓는지 다음의 예를 통해 살펴보자!

릴리는 애리조나 투싼에 본부를 둔 전국 규모의 비영리 단체에서 일한다. 매년 이 단체는 정장을 드레스코드로 하는 기금 마련 갈라 행사를 주최하는데, 여기에는 이 행사를 위해 특별 초청된 저명 인사들을 비롯해 수십 명의 게스트가 참석한다. 릴리는 그 갈라를 기획하는 일과는 상관이 없지만, 갈라가 끝난 후 자기 집에서 직원들과 유명 게스트만이 참여하는 작은 개인 파티를 여는 역할을 맡고 있다. 이것은 릴리 본인이 제안해 수년간 자원해서 해온 일인데도 이 애프터 파티는 자주 그녀를 불안하게 했다.

릴리의 파티는 메인 행사가 끝난 후 고생한 사람들끼리 긴장을 풀고 가벼운 마음으로 놀자고 만든 자리임에도 릴리는 뭔가를 더 해야 한다는 압박감을 느꼈다. 어쨌든 사람들은 방금까지 화려한 리조트에서 열린, 테이블마다 꽃장식이 되어 있고 고급 정찬이 도자기 그릇에 담겨 서빙되는 대형 자선 행사에 있다가 온 사람들 아닌가. 그녀의 집이 좋기는 해도 소박한 것 역시 사실이었다. 릴리는 아주 특별한 파티를 열어야 할 것 같은 부담감을 느꼈다. 특별 게스트를 생각하면 더더욱 그랬다. 릴리는 갈라에서 막 연설을 하거나 공연을 한 특별 게스트가 그녀의 파티에 오는 건 오로지 의무감 때문일 수도 있다는 걸 아주 잘 알고 있었기 때문에, 좋은 인상을 심어주고자 초대한 주인공이 얼른 자리를 뜨고만 싶어 하면 어쩌나 하는 노파심이 들었고, 그래서 더더욱 자기 집에서 열리는 파티를 해치워버려야 하는 스케줄이 아닌 정말 오고 싶어서 오는 자리로 만들고 싶었다. 게스트 눈에 자기 집이 어떻게 보일 것인지도 그녀가 걱정하는 부분이었다. 많은 경우 영화 스타이거나 자기 분야의 전문가인 게스트들에게 자기 집은 좁고 칙칙해 보일 거라고 릴리는 확신했다.

이런 생각이 유독 두드러진 해가 있었으니 바로 그녀가 거의 평생을 동경해 온 세계적 가수가 초빙되었을 때였다. 하지만 릴리는 파티가 열리는 물리적 공간으로 주의를 확장하면 이러한 불안감이 많이 완화된다는 것을 알게 되었다. 여러분 역시 집이든 다른 어디서든 파티를 여는데 불안한 마음이 올라온다면 이 방법을 써보기 바란다.

릴리의 경우, 제일 먼저 한 일은 손님들이 도착하기 전에 자기 집의 실제 공간으로 의식을 확장시켜 보는 것이었다. 사실 그 상황에서 그렇게 하기는 감정적으로 쉽지가 않았다. 스페셜 게스트의 눈으로 자기 집을 상상해 보니 모든 게 놀라우리만치 평범해 보였고, 그 가수와 행사장에서 아주 친근하게 대화를 나눈 후였음에도 릴리는 여전히 세계적 스타랑 만났다는 사실에 약간 넋이 나간 상태였기 때문이었다. 그녀는 벽에 걸린 유명 인상파 화가의 풍경화 모작模作들을 다 숨기고 싶었다. 그 가수가 원작 중 하나를 실제로 갖고 있을지도 모른다는 생각이 들어서였다. 하지만 다른 사람의 집이 멋질 거라고 상상하는 건 자기 집에 대한 불안을 더 키울 뿐이었다. '더 좋은' 집을 마법처럼 순식간에 가질 수는 없으니 말이다.

직장 동료들이 집 근처에 거의 도착할 즈음, 그녀는 하루 전날 미친 듯이 쓸고 닦았던 거실 안을 천천히 돌아보면서 그곳을 있는 그대로 그냥 바라보았다. 곧 들어올 특별 게스트의 눈을 통해서 보는 것이 아니라 마치 자신이 모든 걸 처음 보듯이 바라본 것이다. 거실을 이러니저러니 평가하거나 판단하지도 않고, 물건이나 사진을 볼 때 떠오르는 기억들을 곱씹지도 않고, 그저 그림의 프레임, 보조 테이블의 테두리, 노란색 불빛이 비치는 전등갓의 원뿔형 모양 등 물건들의 형태와 윤곽에만 주목했다. 이렇게 물건의 윤곽에만 초점을 맞추니 방이 일련의 형태들로만 보일 뿐, 자기가 거실을 어떻게 장식해 왔는지 그 선택의 집합체로 보이지 않았다. 또한 그녀는 각 형태들 사이의 공간에도 주목했다. 물건의 가장자리와 자기 몸의 앞면 사이에 얼마만큼의 공간이 존재하는지도 알아차렸다.

그녀는 갈라 행사장에서 가져온 꽃들이 담긴 화병을 집어 들어 화병이 자신의 손가락들과 얼마나 밀접하게 연결되어 있는지 알아차렸다. 손에 들린 그것은 차갑고 매끈하고 무겁게 느껴졌으며, 핑크색과 흰색 장미의 달콤하고도 짙은 향기는 후각을 파고들었다. 그녀는 숨을 크게 들이쉬면서 장미 향기가 공기를 타고 콧속으로 들어와 눈 뒤쪽까지 퍼져가는 모습을 상상했다.

화병을 커피 테이블 위에 다시 내려놓자 유리와 유리가 부딪치며 달그락거리는 소리가 났다. 이번에는 환풍구로 히터의 바람이 들어오는 소리가 들렸다.(이때는 아주 추운 11월이었다.) 혹시 히터에 문제가 생긴 건 아닌가 순간적으로 걱정이 된 그녀는 그 소리에 좀 더 집중했다. 하지만 히터는 원래부터 그 정도 소음이 났던 것 같고 지금은 그녀의 주의가 확장된 상태라 유독 크게 들린 듯했다. 그녀는 복도로 걸어가 환풍구 아래 서서 머리와 얼굴과 목으로 불어 내려오는 따뜻한 바람을 느꼈다.

밖에서 차 멈추는 소리가 들렸다. 이제 그녀는 차 문을 닫고 웃으면서 집 쪽으로 걸어오는 사람들과 자신 사이의 거리를 상상했다. 초인종 소리가 울렸다. 이 집에 여러 번 온 적 있는 사무실 동료 미셸과 미셸의 남편이었다. 안으로 들어온 두 사람은 릴리가 가게에서 사온 음료수와 핑거 푸드를 몇 개 집어먹었다. 갈라 이후라 진짜 배가 고픈 사람은 아무도 없을 것이기 때문에, 미셸은 핑거 푸드가 아닌 술을 더 사는 데 돈을 썼어야 했다고 농담을 했다.

곧 릴리의 동료들과 그들의 파트너들이 스무 명 넘게 몰려왔다. 친한 사람도 있고, 얼굴만 아는 사람도 있었다. 마실 것을 따라주고 처음 온 사람들에게 집을 소개하는 동안, 그녀는 사람들이 도착하기 전에 '혼자서' 했던 거실 투어를 간간이 떠올리며, 그림으로, 보조 테이블로, 노란색 불빛이 비치는 진갈색 전등갓으로 가끔씩 주의를 돌렸다. 히터 소리에도 주의를 기울이고, 대화를 나누는 중간중간 그 히터 소리를 의식했으며, 돌아다닐 때는 잊지 않고 피부에 와 닿는 공기를 느꼈다. 파티오(위쪽이 트인 건물 내의 뜰이라는 뜻으로 테라스나 안마당을 가리킴—옮긴이)로 나갔을 때는 차가운 밤공기를, 다시 안으로 들어왔을 때는 얼굴과 손과 팔을 부드럽게 감싸는 온기를 느꼈다.

집을 돌아다니며 사람들과 대화를 나누던 그녀는 자신이 이야기를 하고 있는 중에도 이러한 신체 감각에 주의를 기울일 수 있다는 사실을 알게 되었으며, 아직 도착하지 않은 주인공 게스트에 대한 걱정과 불안이 느껴질 때면 거실을 둘러보며 테이블이나 원목 의자에 주의를 기울이고 그것과 자신 사이의 거리를 떠올렸다. 그럴 때마다 공간과 바로 다시 연결되었고, 그러고 나면 그녀는 긴장을 풀고 갈라나 일에 대해 사람들이 나누는 소소한 이야기들을 즐길 수 있었다.

유명 가수와 단체의 이사장이 마지막으로 초인종을 눌렀다. 릴리는 미셸에게 문을 열어달라고 부탁하고 자신은 문에서 조금 뒤로 물러나 자기와 현관문 사이의 공간에 초점을 맞췄다. 가수는 화려하게 등장했다. 릴리는 가슴이 뛰었다. 이 여성을 자기 집에서 보고 있다는 게 믿기지 않았다. 릴리는 의식적으로 크게 심호흡을 해야 했다.

릴리의 눈이 그 가수가 가슴에 달고 있던 반짝이는 브로치에 닿았다. 그녀는 그 브로치에 초점을 맞추고 그것과 자신이 하고 있던 목걸이 사이의 거리를 떠올렸다. 가슴뼈에 닿는 목걸이의 가벼운 무게를 느끼며 릴리는 자신의 목걸이와 가수 사이의 공간을 인식했다. 자신과 이 스페셜 게스트 사이에 있는 모든 물체의 윤곽이 하나하나 다 보이는 것 같았다. 사람들 옷에 달린 술 장식과 소매단, 유리잔과 병의 테두리, 사람들 뒤에 있는 평평한 벽―이 모든 것을 그녀는 하나의 그림인 양 바라보았다. 모든 공간이 하나의 풍경으로 포착되고, 그 순간 모든 것이 하나로 연결된 한 폭의 그림같이 보였다.

그 가수는 성큼성큼 다가오더니 릴리를 와락 안아주었고, 릴리는 스스로도 놀랄 정도로 그 순간을 온전히 느낄 수 있었다. 릴리가 가수에게 음료 한 잔을 건네주었다. 하지만 여전히 공연 모드에서 벗어나지 못한 가수는 온 거실을 우아하게 돌아다니며 거기 모인 사람들을 위한 작은 공연을 선보였다. 손님들이 도착하기 전, 자기 집 공간을 의식을 활짝 열고 느껴본 상태였기 때문에, 릴리는 가수가 불러일으키는 흥분(릴리 자신의 흥분을 포함해)을 그 공간 안에서 훨씬 자연스럽게 느낄 수 있었다. 다시 불안감이 느껴지면 그때마다 잊지 않고 그림으로, 보조 테이블로, 노란색 불빛이 비치는 전등갓으로, 그리고 그것들과 자신 사이의 공간에 주의를 기울였다.

릴리는 소파 팔걸이에 걸터앉았다. 그 파티 전체가 꽤 일상적으로 해오던 것처럼, 유명 가수도 늘 찾아오곤 했던 것처럼 평범하게 느껴졌다. 나중에서야 그녀는 그 유명 가수가 이 집을 보고 어떤 생각을 할지 걱정하던 것을 자기가 완전히 잊어버렸다는 걸 깨달았다.

주의를 기울이는 대상, 주의를 기울이는 방식

우리가 있는 물리적 공간이 우리 인생의 매 순간을 모양 짓는다. 그 공간과 연결되면 자신의 운명을 만들어가기가 쉬워지고, 그 공간 안에서 훨씬 더 편안함을 느낄 수 있다. 설령 삶에서 일어나는 일이 원하는 만큼 풀리지 않을 때도 이는 마찬가지다.

우리는 종종 자신의 이상이나 의도에 부합하지 않는 현실에 처할 때가 있다. 하지만 감정과 생각이 차지하고 있는 우리 내부의 공간을 주변의 외부 공간으로 통합하면, 그리고 그 반대로 외부 공간을 내부 공간과 통합하면, 상상했던 것보다 훨씬 더 많은 일들이 달라진다는 사실을 알게 될 것이다. 우리 내부의 공간과 외부의 공간을 하나의 유동적이고 역동적인 주의 및 알아차림의 과정으로 통합하면, 삶이 내 뜻대로 풀리지 않을 때 이를 해결할 수 있는 새로운 길이 열리고 새로운 변화의 가능성이 도래할 것이다.

7

일과 퍼포먼스

일과 퍼포먼스

퍼포먼스performance(수행)란 정보, 재능, 지식, 기술 등을 공개적인 자리에서 실시간으로 선보이는 것으로서 그것을 얼마나 잘 해내느냐에 따라 원하는 결과를 성취할 수도 있고 그러지 못할 수도 있다. 사업 프레젠테이션과 학교 보고서도, 또 종류를 불문하고 누군가를 가르치는 행위도 모두 퍼포먼스이다. 시험을 치르는 것도 나중에 그 성적을 판단하고 평가하는 사람이 존재하는 구도라는 점에서 역시 퍼포먼스이다. 퍼포먼스의 종류와 복잡함은 끝이 없고, 그것을 해내는 것에 대한 우리의 걱정 역시 끝이 없다.

우리는 자신의 부족한 모습이 다른 사람들 앞에 드러나는 걸 두려

위한다. 퍼포먼스를 제대로 해내지 못하거나 제 기량을 다 발휘하지 못할까봐 두려워한다. 준비가 충분하지 못할까봐 두려워한다. 청중이나 자기 자신, 무대 위에 함께 올라와 있는 같은 팀 구성원의 기대에 못 미칠까봐 두려워한다. 질까봐 두려워한다. 대개 이러한 두려움은 청중이나 수행 파트너, 특히 본인의 감정에 주의를 기울이는 방식 때문에 생긴다.

아무리 기량이 뛰어나고 재능이 넘치는 사람이라도 두려움에 초점을 맞추면 '수행 불안performance anxiety'이 생길 수 있다. 세계 최정상급의 유명 공연자 중에도 무대 공포증과 수행 불안을 앓는 사람이 많다. 바브라 스트라이샌드Barbra Streisand가 1967년 센트럴 파크 무대에서 공황발작을 겪은 후 또다시 그런 일이 일어날까봐 불안한 마음에 (하지만 그런 일이 다시 일어나지는 않았다) 그 후로 무려 '27년 동안' 유료 관객 앞에서 노래를 부르지 않은 일화는 유명하다. 무대 공포증이 심했던 마하트마 간디Mahatma Gandhi도 연설하기 전에는 시야가 안개가 낀 것마냥 뿌예지고 머릿속은 백지 상태가 되곤 한다고 말한 바 있다. 역사상 가장 위대한 첼리스트였던 파블로 카잘스Pablo Casals는 무대에 오르기 전 불안이 너무 심해 공연하는 걸 싫어했지만 그의 공연은 그를 세계적 스타로 만들었다. 이처럼 재능이 뛰어나도 극심한 수행 불안에 시달릴 수 있다. 이런 불안이 생기는 것은 공연이나 연설 등 퍼포먼스와 관련이 없는 것에 극도로 좁게 초점을 맞추기 때문인데, 대개 그 초점의 대상은 본인의 두려움인 경우가 많다.

주의를 확장하여 물리적 공간과 연결되면(준비하고 연습할 때, 그리고 이후 실제로 퍼포먼스를 하는 동안에도) 자신감은 커지고 불안을 줄어들 것이다. 또한 퍼포먼스의 가장 중요한 요소들에 에너지를 완전히 쏟을 수 있게 되고, 그다지 중요하지 않은 것에는 신경을 덜 쓰게 된다.

퍼포먼스의 어려움

누군가 뛰어난 역량을 발휘했을 때 사람들이 그것을 대단하게 여기는 것은 그런 결과를 내려면 수많은 기술적·감정적 테크닉들을 연마했다가 그것을 한 번에 발휘해야 하기 때문이다. 이것이 우리가 퍼포먼스를 하기 두려워하는 이유이기도 하다. 겉으로 보기에는 사내에서 팀 영업 보고서를 발표하는 것이나 고난도의 적성 검사를 치르는 것이 현악 4중주단에서 연주하는 것과 공통점이 없어 보이지만, 사실 여기에는 중요한 유사점이 있으며, 우리가 어떻게 주의를 기울이냐에 따라 달라지는 복잡한 역학 관계가 존재한다. 주의력으로 현악 4중주단의 연주가 향상된 예를 간단하게 살펴본 뒤, 이 음악가들이 활용한 원리를 일상 생활의 일들에 적용하는 법을 살펴보자.

현악 4중주 연주는 대단히 까다로운 작업인데, 여러 방식의 주의를 동시에 사용해야 하고 다른 연주자들과도 깊이 연결되어 있어야 하기 때문이다. 먼저 연주자들—두 명의 바이올리니스트와 비올리스트, 첼리스트—이 자기 악기를 제대로 연주할 수 있으려면 수년에 걸친 공부와 연습이 선행되어야 한다. 악보를 읽으려면 매우 좁은 객관형 주의를 기울여야 하고, 팔과 손과 손가락, 활과 악기로 악보에 적힌 음표를 정확한 타이밍에 소리로 변환해 내려면 합일형 주의를 기울여야 한다. 또한 연주자는 동료 연주자들의 연주를 주의 깊게 들으면서 속도나 톤에 조금이라도 변주가 생기면 거기에 맞춰 자신의 연주 역시 미세하게 조정해야 하는데, 이 과정에는 넓은 주의가 필요하다. 이 모든 방식으로 동시에 주의를 기울이려면, 즉 오픈 포커스 방식으로 주의를 기울이려면, 연주자들은 당연히 연습과 리허설에 굉장히 많은 시간을 쏟아야 하며, 그와 동시에 자신이 '그 공간 안'에서 그 순간 다른 연주자들 및 그들의 악기와 하나로 연결되어 있음을 민감하게 알아차리고 있어야 한다. 공연장은 말할 것도 없다. 콘서트홀마다 음향과 소리가 다르기 때문에 연주를 하는 실제 그 공간에 면밀히 주의를 기울이는 건 필수이다. 청중 역시 매번 달라서 그 규모나 전체 분위기는 연주자에게 큰 영향을 끼친다. 똑같은 곡을 연주하더라도 눈보라를 헤치고 콘서트홀에 도착한 소수의 관객 앞에서 하는 공연인지, 무더운 여름날 인파로 북적대는 야외 페스티벌에서 피크닉을 즐기는 관객 앞에서 하는 공연인지에 따라 공연의 분위기는 영향을 받지 않을 수 없다.

포스 애비뉴 현악 사중주단Fourth Avenue String Quartet은 한 교회에서 열리는 자선 콘서트에 참여할 예정이었는데, 공연 이틀 전 바이올리니스트가 감기에 걸리고 말았다. 그 바람에 그의 제자 가운데 실력이 뛰어난 학생이 대타로 들어가게 되었다. 그 학생은 이미 훌륭한 음악가이긴 했지만, 스승의 연주단에 들어가서 자기보다 이룬 것도 훨씬 많고 서로 합을 맞춘 지도 오래된 음악가들과 함께 공연해야 한다는 사실에 긴장이 되었다. 첫 번째 리허설은 그녀가 음표를 빼먹고 박자를 놓치고 음을 이탈하는 바람에 엉망진창이 되고 말았다.

전문 연주자 그룹마다 리허설을 하고 연주를 하고 문제를 해결하는 자기만의 방식이 있겠지만, 포스 애비뉴 연주단은 최근 들어 주의 전환 방식으로 오픈 포커스 기법을 사용하고 있던 참이었다. 그래서 그들은 전통적인 방식의 상당히 엄격한 리허설 대신 이 오픈 포커스 주의 개념을 그 학생 바이올리니스트에게 소개해 주기로 했다.

가장 큰 문제는 그녀가 겁을 먹은 것이었다. 그녀는 자신에게만 온통 초점을 맞춘 채 자기가 잘할 수 있을지 어떨지 걱정하느라 연주에 몰두하질 못했다. 즉 그녀는 자신이 실제로 있는 공간과 그 공간에서 동료 음악가들과 함께하는 연주에 몰입하기보다는 자신의 두려움에 더 많이 주의를 기울이고 있었다.

연주단은 리허설을 멈추고 공간 인식을 위한 몇 가지 간단한 연습을 했다. 학생 바이올리니스트는 이 책에서 소개한 기법들을 이용해 처음에는 두 눈 사이의 공간으로, 그 다음에는 악보대 위에 놓인 악보와 자신 사이의 공간으로 주의를 기울였다. 활을 누르는 손가락의 압력을 알아차리고, 자신의 심장과 첼리스트의 심장, 또 다른 바이올리니스트의 심장 사이에 있는 공간을 인식했다. 의도를 세우고 몇 분간 자기 몸에 주의를 기울인 뒤 초점을 자신의 악기로, 무대로, 같이 연주하는 모든 연주자에게로 확장했다. 학생 바이올리니스트가 몇 분 동안 좁은 주의에서 넓은 주의로, 객관형 주의에서 합일형 주의로 유연하게 주의를 기울이는 연습을 마치자, 이제 4중주단 전체가 함께 비슷한 연습을 하면서 공간을 통해 악기, 악보, 다른 연주자들과 연결하며 물리적 공간을 주의의 전경前景으로 가져왔다. 그렇게 의식을 공간으로 돌리자 주의를 본인의 연주로, 또 서로의 연주로 넓게 확장하는 게 가능해졌고 리허설은 훨씬 잘 진행되었다.

그들은 콘서트에서 흠 없는 완벽한 연주까지는 아니었어도 좋은 연주를 선보였다. 그 학생 바이올리니스트가 자기 의심에서 오는 스트레스와 두려움에 초점을 맞추는 대신 본인과 4중주단의 실제 연주 공간에 주의를 기울이기 시작하자 그녀가 쌓아온 기량이 빛을 발했고, 그녀는 스승이 장담한 대로 멋진 연주를 보여주었다.

자영업자 자격으로 로터리 클럽에서 발표하는 것이든, 결혼식 축사를 하는 것이든, 부서 회의에서 매주 보고하는 것이든 우리가 일상에서 익숙하게 하는 여러 가지 퍼포먼스들은 이 상황과 대단히 유사하다. 결국 핵심은 어떤 식으로든 듣는 사람들과 연결된 상태에서 그 자리를 위해 특별히 만든 콘텐츠를 전달하는 것이다. 타고나기를 무대 체질이거나 주목받는 걸 좋아하는 사람이 아니라면 이런 일은 어려울 수 있다. 하지만 자신의 가슴과 마음과 몸의 공간과 연결되고 몸을 '통해서' 퍼포먼스를 하는 공간과 연결되면, 설령 잘하고 못하고에 많은 것이 걸려 있는 중요한 자리라 할지라도 '나'라는 감각을 잘 유지하고 침착하게 일을 수행해 갈 수 있다.

또 하나 중요한 것은 실제로 어떤 일을 수행할 때뿐 아니라 그것을 준비할 때도 주의를 공간으로 확장해야 한다는 점이다. 주의를 넓혀 공간으로 의식을 확장하면 사전 조사, 숙제, 연습, 리허설 등 모두 그 효과가 배가될 것이다. 준비할 때 물리적 공간과 연결이 잘 될수록 실제 수행시 동일한 연결을 훨씬 수월하게 할 수 있다.

퍼포먼스 과정에서 겪는 스트레스

먼저 왜 우리가 수행 불안을 겪는지 그 정확한 이유에 대해 얘기해 보자. 그래야 그것에 어떻게 대처할 수 있는지 훨씬 분명해질 것이다.

퍼포먼스를 하는 사람은 대개 수적으로 열세인 경우가 많다. 같은 수의 선수들이 팀 대항을 벌이는 스포츠 경기는 예외지만, 혼자서 혹은 소규모 그룹으로 발표나 공연 같은 것을 하는 경우라면―많은 유료 관객 앞에서든, 몇 명의 반 친구나 고객 앞에서든―거의 예외 없이 그것을 하는 사람보다 그것을 지켜보는 사람이 훨씬 많다. 그리고 그것을 하는 사람과 그것을 보는 사람은 물리적 공간 안에서 서로 마주보는 대립 구도로 배치되는 게 대부분이다. 모든 사람이 나만 쳐다보는데 나는 수십, 수백 명의 사람을 동시에 봐야 하는 것이다.

필기 시험을 볼 때조차 그 이면에서는 아주 많은 사람들이 문제를 만들고 어떤 답이 맞고 틀린지를 정하기 때문에 시험을 보는 사람 입장에서는 단순히 종이 위의 질문에 답하는 기분이 아니라 훨씬 더 큰 무언가와 대결하고 있다는 느낌이 들 수 있다. 시험을 보는 당신은 시험을 주관한 조직 전체를 대상으로 시험을 치르고 있는 셈이다. 그들은 자기네들이 개발한 시스템과 그들이 '당신'의 실력을 파악하는 데 최적이라고 판단한 문제를 가지고 당신을 평가한다.

다시 말해 어떤 종류의 퍼포먼스든 거기에는 적대적이라고 느껴질 수 있는 요소가 존재한다. 이렇듯 수적으로 열세인 상황에서 평가를 받거나 내가 하는 것을 적극적으로 방해하려는 경쟁자가 있다면 우리의 '투쟁, 도피 혹은 경직' 반응이 활성화된다. 청중이 우리의 성공을 열렬히 바라고 있다는 걸 충분히 알아도 그렇다.

마지막으로 무언가를 수행할 때 받는 가장 큰 스트레스 중 하나는 그것의 결과가 어떠냐는 것이다. 인터뷰를 망치면 원하는 일자리를 얻지 못한다. 자기 파트에서 실수를 하면 나쁜 평을 받게 되고 아무도 공연을 보려고 하지 않을 것이다. 시험을 망치면 원하는 학교에 들어가지 못하거나, 법조인이 되지 못하거나, 부동산 중개인이 되지 못한다. 이처럼 결과가 좋지 않을 거라는 시나리오는 끝도 없이 댈 수 있지만, 사실 엄밀히 말하면 결과가 좋고 나쁜 것은 실제로 그것을 수행하는 것과는 별로 관계가 없다. 결과는 퍼포먼스 그 자체를 구성하는 요소가 아니기 때문에, 결과에 초점을 맞추면 그것을 수행하거나 혹은 그 준비를 하는 공간에서 벗어나게 된다.

●
주의의 힘을 활용해 준비하기

퍼포먼스를 준비하는 것과 실제로 그것을 수행하는 것 사이에는 두 가지 공통된 요소가 있다. 하나는 퍼포먼스의 내용이고, 다른 하나는 그것을 둘러싼 자신의 감정이다. 퍼포먼스를 준비할 때 여러분이 할 수 있는 가장 중요한 일 중 하나는 그것을 앞두고 생기는 감정과 느낌을 자각하는 것이다.

준비 과정에서 그 느낌과 감정을 경험하고 다루지 않으면, 나중에 시간에 쫓기거나 청중 앞에 섰을 때 그 감정이 훨씬 증폭되기 쉽고, 따라서 정신이 극도로 산만해질 수 있다. 준비할 때 그 느낌과 감정을 알아차리면 그 느낌이 실제로 어떤 것인지 더 잘 이해할 수 있기 때문에, 어떤 부정적 감정이 속에서 올라오더라도 놀라지 않고 실제로 그것을 수행하기 전에 미리 처리하고 해소할 수 있다.

가령 여러분이 미국 로스쿨 입학 시험Law School Admission Test을 준비하는데 논리 문제는 좋아하지만 수학 문제는 싫어한다고 해보자. 이때 수학 영역을 피하거나 수학 공부를 미루거나 수학이 싫다는 마음과 그로 인한 긴장감을 시험장까지 가져가는 것보다는 자신이 수학을 싫어한다는 것을 인정하고 이 싫다는 감정을 공부할 때 미리 해소하는 게 훨씬 좋은 결과를 가져올 것이다. 마찬가지로 직장 동료나 고객들 앞에서 발표할 프레젠테이션을 준비하고 있는데 자기가 유독 약한 부분이 있다면 그 부분을 잘 보강하는 것도 필요하지만 준비 과정에서 자신의 불안감을 다루는 것도 도움이 된다.

이렇게 준비한다고 해서 불안한 느낌이나 감정이 깔끔하게 해결된다거나 시험이나 프레젠테이션 중에 그런 감정이 올라오지 않을 것이란 얘기는 아니다. 다만 그것을 수행하는 중에 그런 감정이 올라오더라도 그로 인해 삐끗하는 일은 없을 것이란 뜻이다. 그 감정이 자신에게 어떤 영향을 끼치는지 이미 알고 있기 때문이다. 더욱이 실제 관중이나 경쟁자들 앞에 서거나 시험지를 마주하게 되면 준비 과정에서 경험하던 것과는 전혀 다른 감정이 올라올 수 있는데, 어떤 감정이든 알아차려 본 경험이 있다면 결과에 큰 차이를 가져올 수 있다. 수행 중에 어떤 감정에 휩싸이든 평소 감정을 알아차리는 것이 습관이 되어 있다면 설령 스트레스 상황이 생길지라도 영향을 덜 받는다.

중요한 시험

17세인 루시는 시험을 볼 때 긴장이 너무 심해서 선생님이 시험지를 나눠주기 전에 잠시 양해를 구하고 화장실에 가서 구토를 하고 돌아올 정도였다. 루시는 누가 공부 부담을 주는 게 아닌데도 잘해야 한다는 압박감을 심하게 느꼈다. 그녀는 시험 준비를 아무리 잘했더라도 막상 시험 볼 때 내용을 하나라도 까먹거나 문제 푸는 법을 잊어버린다면, 그 망친 시험 점수가 '평생'을 따라다녀 자기는 실패자가 될 것이라고, 매 시험에서 그런 식으로 깎인 점수 하나하나가 대학이나 직업을 선택하는 데 직격탄을 날릴 것이라고 믿고 있었다. 이 모든 부담감은 시험을 치를 때 심한 신체 증세로 나타났다.

시험을 볼 때마다 루시는 스스로에게 엄청난 부담을 지웠을 뿐 아니라, 학습 과정 그 자체보다도 시험의 결과, 즉 점수라는 외적 결과에 초점을 맞췄다. 게다가 공부하면서 자신의 감정과 연결되어 있지 않은 상태였기 때문에, 정작 시험을 볼 때 미래에 대한 엄청난 불안이 한 번에 치솟았다. 시험 준비를 하며 조금씩 그 감정을 처리했더라면 피했을 수 있는 일이었다.

앞서 말했듯이 루시를 위한 해결책은 공부할 때 자신이 있는 물리적 공간을 알아차리는 것이며, 그 알아차려야 할 공간에는 느낌의 공간도 포함된다. 그녀는 미래에 대한 두려움을 온전히 느끼고, 그 두려움이 올라올 때마다 매일매일 해소하면서 자기 자신과 자신의 불안감을 훨씬 더 깊은 수준에서 알아야 했다.

대단히 중요한 시험인 SAT를 앞두고 루시가 이 연습을 어떻게 했는지 알아보자. SAT는 대학이 학생의 합격 여부를 판단하는 데 결정적인 역할을 하는 표준 시험이다. 한 해 전, 연습삼아 모의 SAT를 봤는데, 그 결과가 실제 입시에 반영되는 것이 아님에도 루시는 이틀 전부터 공황 상태에 빠졌었다. 모의 시험 날 아침, 언제나처럼 구토를 했던 그녀는 정식으로 SAT를 치를 때는 절대로 이런 경험을 반복하고 싶지 않다고 생각했다.

제일 먼저 루시는 시험 공부하는 습관을 바꾸기로 결심했다. 그녀는 평소 자기 집의 침실에 있는 책상에 앉아 공부했다. 벽을 마주보고 있는 책상에 앉아 소음 차단 헤드폰을 끼고 집중력에 좋다는 조용한 음악을 들었다. 벽을 마주하면 시각적 자극을 완전히 없앨 수 있고, 같은 곡조가 계속 반복되는 몽환적인 음악을 직접 귀에 대고 들으면 집중에 방해되는 소리가 갑자기 들려와도 완전히 차단할 수 있겠다는 생각에서였다. 그녀는 자기가 공부하는 내용 외에는 어떠한 자극도 원하지 않았다.

이렇게 극도로 좁은 객관형 주의 방식은 실제로 대부분의 다른 감각은 제거하지만, 이는 인위적일 뿐 아니라 실제 시험장 환경과도 완전히 다르다. 더 심각한 것은 이런 주의 집중 방식이 높은 불안 상태를 유도한다는 것이다. 시험 범위 내용 중 하나라도 빠트린 게 있으면 어쩌나 하는 불안에 이미 시달리고 있는데, 공부하는 내내 이렇게 극단적으로 초점을 좁혀 '긴급 상황' 집중 모드로 있기까지 하면, 온통 불안감에 휩싸인 채 시험 공부를 하게 되고, 이는 다시 시험에 대한 불안을 강화하는 악순환으로 이어진다.

루시는 또한 정신이 산만해질 때마다 스스로를 닦달하는 버릇이 있었다. 딴생각이 머리를 스치거나 공부하는 내용과 상관없는 공상에 빠질라치면 그녀는 스스로를 다그치기도 하고 바보처럼 굴지 말라며 혼잣말을 하기도 했다. 이런 습관은 명백히 자기 파괴적이다. 그것 자체로도 본인에게 도움이 안 되지만, 실제 시험을 볼 때, 특히 SAT같이 긴 시간 시험을 치러야 하는 경우에는 생각이 순간순간 흐트러질 수밖에 없는데 그때마다 짜증을 내며 생각을 억누르려 들었다가는 오히려 눈앞의 시험에 더 집중하지 못하게 되기 때문이다.

처음에는, 매우 구체적인 과제를 달성하려고 애를 쓰고 있는 사람에게 평소 정신을 산만하게 만드는 것들을 오히려 의식하라고 하는 건 얼핏 직관에 반反하는 말처럼 들릴 수 있다. 그렇다고 미적분을 공부할 때 나스카 레이스NASCAR race(시판용 차를 개조해 참여하는 자동차 경주─옮긴이)를 보러 나가라거나 쇼핑몰에 놀러 가라는 소리는 아니다. 평소 공부할 때 주변 공간을 알아차리고 '또한' 감정의 내부 공간 역시 알아차리는 습관을 들이면, 주변 상황을 통제할 수 없는 시험장 같은 곳에서 그러한 감정과 감각이 올라왔을 때 자연스럽게 이를 알아차릴 수 있게 된다는 말이다. 약간의 연습만 하면 평소 방해가 된다고 생각했던 감각들을 손쉽게 알아차리고 공부든 시험이든 하던 일을 계속할 수 있게 된다.

루시의 경우 제일 먼저 한 일은 책상이 벽을 바라보지 않게 반대 방향으로 돌리고, 공부할 때 늘 듣던 음악을 그만 듣는 것이었다. 조용하고 예측 가능한 환경을 만드는 것도 중요하지만, 자신이 있는 물리적 공간을 의식의 일부로 받아들이는 데 익숙해지는 것도 중요하다. 내 주변의 물리적 감각을 차단하려고 애쓴다고 해서 그것이 나에게 영향을 미치지 않는 게 아니다. 루시의 방이 SAT를 치르는 강당과 비슷하지는 않지만, 그래도 책상이나 책 너머로 주의를 확장해 공간을 3차원으로 생생하게 인식하는 연습은 아주 중요하다. 계속 변하는 자극에 주의를 기울였다가 다시 눈앞의 일로 돌아오는 것은 아주 중요한 기술이다. 그래야 익숙하지 않은 건물의 낯선 소음, 주변 학생들의 연필 두드리는 소리나 뭔가 부스럭거리는 소리, 시험 시간에 교실을 돌아다니는 감독관 등에 정신이 흐트러지지 않을 수 있다.

다음으로 루시는 오픈 포커스 방식으로 책을 읽기로 했다. 2장에서 설명했듯이 오픈 포커스 방식의 책읽기란 페이지 위의 단어만이 아니라 페이지 그 자체로, 나아가 책이나 컴퓨터 화면의 주변 공간으로까지 주의를 확장하는 것으로, 그렇게 하다 보면 공부하는 동안 몸 전체에서 느껴지는 감각을 알아차릴 수 있게 된다. 이런 습관을 들이면 뇌에서 알파파의 생성이 촉진되는데, 이렇게 생성되는 알파파는 공부할 때 습관적으로 느끼는 불안을 잠잠하게 가라앉혀 준다.

마지막으로—이것은 루시가 스스로 꾀한 변화 중 가장 중요한 것인데—그녀는 공부할 때 올라오는 감정을 알아차리고, 그것을 회피하지 않고 깊게 느꼈다. 루시가 공부하러 책상 앞에 앉을 때마다 들인 중요한 습관은 방 안에 있는 자기 몸을 의식하는 것이었다. 그녀는 자기 몸이 차지하고 있는 공간, 몸이라는 물리적 실체 안에 스며들어 있는 공간, 그리고 몸을 둘러싼 공간으로 주의를 보냈다. 이것은 공부를 하거나 여타 어려운 일을 하기 위해 자리에 앉을 때 누구나 할 수 있는 '확인' 절차이다.

루시는 공부하려고 앉을 때마다 가슴이 조이는 듯한 느낌을 받을 때가 많았다. 여러분은 시험 준비를 할 때 몸 어디에서 긴장이나 압박감이 느껴지는가? 그 긴장을 온전하게 느껴보라. 긴장에 대해 어떤 책임감도 갖지 않고 그저 있는 그대로 느껴보는 것이다. 몸속에서 느껴지는 그 긴장의 윤곽과 모양을 느껴보라. 그 긴장 속에 푹 잠겨서 그것을 충분히 느낀 뒤 몸 전체로 확장시켜 보라. 그것이 여러분을 둘러싼 사방의 공간으로 퍼져나가 흩어지는 모습을 상상해 보라.

루시는 긴장이 가장 두드러졌던 몸의 부위를 발견했을 때 스스로에게 "내가 지금 느끼고 있는 이것은 무슨 감정이지?"라고 물었다. 자기 감정이 무엇인지 식별하고 그것에 큰소리로 이름을 붙이자, 그녀는 그 감정에 더 이상 저항하지 않게 되었고 그것을 자기가 맞서 싸우는 외부의 무언가로 인식하지도 않게 되었다. 또한 그 감정을 몸 전체로 확장시킬 수도 있게 되었다. 감정에 저항하기를 멈추고 그것과 온전히 하나가 될 때 그 감정은 내 몸이 차지하고 있는 공간으로 자연스레 스며들어 주변 공간으로 흩어지게 된다.

루시가 반복적으로 경험한 감정은 내가 충분히 잘하지 못하면 어쩌나 하는 두려움이었는데, 이것은 결과에 대한 걱정이다. 하지만 그녀가 공부하는 그 순간 경험하는 것은 '충분히 잘하는 경험'이나 '충분히 잘하지 못하는 경험'이 아니라 새로운 내용을 익히려고 노력하는 경험일 뿐이다. 시험을 치르는 것 역시 충분히 잘하거나 잘하지 못하는 것을 경험하는 게 아니다. 질문에 답을 하는 경험일 뿐이다. 두려움이 올라올 때 그 두려움에 대한 책임을 스스로 지려 하거나 다른 사람을 탓하는 대신 그저 있는 그대로 받아들이자, 그녀는 두려움을 온전히 느낀 뒤 내려놓을 수 있었고, 결국 눈앞의 정보를 학습하는 행위에만, 또 자기가 배운 정보를 시험에 쏟는 행위에만 집중할 수 있게 되었다.

이렇듯 루시는 굉장히 많은 습관을 바꾸었지만, 그 모든 변화가 하루아침에 일어난 건 아니다. 변화가 즉시 일어나는 사람도 있긴 하지만, 시험에 대한 불안 때문에 우리를 찾아온 내담자들 대부분은 서서히 성적이 올라가고 조금씩 불안이 줄어들었다. 극적인 변화를 경험하지 못하더라도 인내심을 갖고 꾸준히 연습하길 바란다. 습관을 바꾸기 위해서는 언제나 의도를 세우고 연습해야 한다. 자기가 어떻게 주의를 기울이고 있는지 알고, 주의 방식을 바꿔 자신의 감정, 자신의 몸 안팎의 공간까지 알아차리려면 시간이 필요하다.

숙제를 더 이상 미루지 않는 법

루시와는 상반되는 문제를 갖고 있다면 어떨까? 예를 들면 학교가는 걸 진짜 싫어하거나 학교에서 가르치는 온갖 것을 배울 의욕이 없다면? 혹은 배움에 대한 의욕은 크지만 숙제하기를 자주 미루고 막상 제대로 공부하려고 앉으면 내용이 잘 들어오지 않는다면?

숙제하기 싫어하는 것은 아주 흔한 경험이다. 하루 종일 학교에 있다 집에 돌아오면 그냥 아무것도 안 하고 쉬고만 싶다. 아니면 집안일을 해야 하거나 아르바이트를 가야 해서 당장 자리에 앉아 숙제를 할 수 없거나 하는 게 싫을 수도 있다. 저녁을 먹고 나서는 몸이 늘어져서 숙제보다는 그냥 텔레비전을 보거나 비디오 게임이나 하고 싶을 수도 있다. 그렇게 미루고 미루다 자야 될 시간이 다 됐음에도 숙제를 아직 시작도 못 한 상황이라면, 이제는 뭘 하기로 하든 썩 기분좋지 않은 결정을 내려야 한다. 밤늦게까지 비몽사몽 상태로 숙제를 하거나, 아니면 숙제를 하지 않고 선생님이나 부모님께 잔소리를 들어야 하는 것이다.

하지만 세 번째 선택지가 있다. 공간과 연결해 감정을 충분히 느낌으로써 그 감정을 해소하게 되면 숙제에 대한 저항을 애초에 줄일 수 있으며, 더 이상 미루지 않고 숙제를 마칠 수 있다. 숙제와 시험에 대한 부정적인 감정을 느끼고 해소하면 공부 자체에 대한 생각이 달라지기도 한다. 이 문제로 우리 클리닉에 왔다간 학생들은 대체로 숙제와 시험에서 더 좋은 점수를 받게 되었다고 말했다.

일단은 숙제할 시간을 정해두고 그 시간을 지키는 게 중요하다. 숙제하는 게 아무리 싫고 또 피곤하더라도 합리적인 선에서 시간을 정해 그때 숙제를 하기로 자신과 약속하고 그 계획을 지키면 큰 변화가 생긴다. 숙제를 하기로 마음먹은 자리에 가서 앉더라도 바로 책을 펴거나 태블릿을 켜지 말고 잠시 앉아서 자신의 몸과 주변 공간을 오롯이 느껴보는 시간을 먼저 갖는다. 그리고 손과 손가락이 차지하는 공간을 느껴본다. 그런 다음 두 손을 책 위에 올려놓는다. 열 손가락이 차지하는 공간을 계속해서 느끼면서, 이제는 그 공간을 손가락에 닿는 책이나 태블릿의 느낌과 연결시켜 본다.

이제 열 손가락과 손 전체를 느끼는 동시에 책의 표면 역시 느끼면서, 숙제하기가 너무 싫은 자신의 마음을 느껴본다. 책을 펴기가 얼마나 싫은가? 그 부정적 감정을 그대로 느끼면서 책이 손과 손가락에 와 닿는 느낌에도 주의를 기울여본다. 책에 대한 반발심이 열 손가락과 손을 타고 팔로 올라갔다가 머리를 지나 다시 목과 가슴, 상반신, 엉덩이, 다리와 발로 퍼져나가는 모습을 상상해 본다. 부정적인 감정이 온 마음을 지배해 내가 '나'라고 생각하는 의식과 이 책, 이 수업, 이 숙제가 싫다는 감정이 완전히 하나가 되는 것을 상상해 본다.

이제 몸을 둘러싼 사방의 공기를 알아차려 본다. 숙제에 대한 부정적 감정이 몸에서 흘러나와 주변 공간으로 퍼져나가는 것을 떠올려 본다. 부정적 감정이 여러분이 있는 방을 채우고, 여러분이 있는 건물을 꽉 채우는 모습을 상상해 본다. 숙제에 대한 그 부정적 감정이 마을 전체를 가득 채우는 모습을 상상해 본다. 더 나아가 전 세계를 채우는 모습을 상상해 본다. 점점 더 넓은 공간을 상상하는 게 쉽지 않을 수 있다. 지금 있는 방 이상의 공간을 상상하기가 쉽지 않다면, 그래도 괜찮다. 광활한 공간과 거리를 상상하는 게 잘 되는 날도 있고 잘 안 되는 날도 있을 것이다. 몸 주변으로 얼마만큼의 공간을 상상할 수 있든, 할 수 있는 만큼 하면 된다. 지금 어떤 공간과 연결되어 있든 그 공간이 숙제를 하기 싫다는 감정으로 꽉 차 있다고만 상상하자.

이제 다시 여러분의 열 손가락과 손이 차지하고 있는 공간 및 두 손 주변의 공간으로 주의의 초점을 옮겨본다. 여러분의 부정적 감정이 마을 전체를 가득 채우고 있는 지금, 그 감정이 책 주변에서는 오히려 훨씬 옅게 느껴지는 것을 떠올려본다.

이 감각을 그대로 갖고 숙제를 해보라. 마을 안 모든 공간이 여러분이 싫어하는 만큼이나 이 숙제를 싫어하기 때문에 책 주변에서 느껴지는 부정적 감정은 훨씬 줄어들었다는 감각을 가지고 말이다.

이제 책을 펴고 가벼운 마음으로 숙제를 해보자. 억지로 해서는 안 된다. 그냥 한번 해보자는 마음으로 하면 된다. 다시 저항이 느껴지기 시작하면 동일한 방식으로 그 부정적 감정과 연결한다. 숙제를 마음껏 싫어하되 그 부정적 감정이 여러분 몸을 가득 채워 온전히 장악하도록 확장시키고, 나아가 몸 너머의 공간 속으로 흩어져 사라지도록 만든 다음, 다시 눈앞의 과제로 천천히 주의를 돌린다.

이 기법을 연습할 때 몸속의 부정적 감정이 몸 주변으로 흘러넘쳐 점점 넓은 공간으로 퍼져나감에 따라서 점차 흐릿해지는 모습을 상상하면 연습하기가 훨씬 쉬울 것이다. 시험을 보기 위해 책상에 앉을 때도 이 기법을 사용하면 좋다. 자리에 앉을 때 잠시 시간을 내어 시험에 대한 부정적인 생각을 해소한다면, 시험 보는 내내 그 부정적 감정과 싸우지 않아도 되니 큰 도움이 될 것이다. 시험 전 아주 잠깐 시간을 내어 공간과 연결한 뒤 부정적 감정을 여러분의 주변 공간으로 퍼져나가게 하면 대개는 시험을 훨씬 빨리, 훨씬 쉽게, 훨씬 잘 치를 수 있다.

:

프레젠테이션

지난 3세대에 걸쳐 탈산업화가 진행되면서 세계의 산업 구조가 노동 경제에서 서비스 경제로 전환됨에 따라 대부분의 사람이 하는 일은 육체 노동에서 숙련 노동으로, 다시 사무직으로 바뀌어갔고, 그 결과 영업, 고객 서비스, 마케팅, 정보 해석과 관련된 직업 분야가 꾸준히 성장했다. 그런데 이런 직종 대부분은 어떤 식으로든 사람들 앞에서 정기적으로 말을 하는 일이 업무에 포함되어 있다. 학교 환경 역시 비슷하게 바뀌어서 과거에는 책상에 가만히 앉아서 선생님이 하는 말을 듣기만 했다면, 50여 년 전부터는 점점 열린 교실과 학생 중심의 학습 쪽으로 교육의 축이 옮겨가 학생들이 서로 협력해서 조사·연구하고 그 결과를 발표하는 식으로 바뀌었다.

하지만 이렇게 많은 사람들이 일상적으로 프레젠테이션을 하는 시대임에도 여전히 대중 앞에서 말을 하는 것은 사람들이 갖고 있는 최대 두려움 중의 하나이다. 연례 설문조사 결과를 보면 제일 무서워 하는 것이 무엇이냐는 질문에 '발표'가 '뱀' 다음으로 2위를 차지하 거나, '뱀'과 '밤에 혼자 걷기'에 이어 3위를 차지한다. 지난 50년간 실시된 수많은 설문조사에서 응답자들은 죽는 것보다 사람들 앞에 서 발표하는 게 늘 더 무섭다고 답했다.

프레젠테이션을 어떻게 하면 더 잘할 수 있는지, 발표 전에 어떻게 하면 긴장하지 않을 수 있는지 많은 비법들이 전수되고 있지만, 대부 분은 도움이 되지 않거나 더 큰 불안을 야기할 가능성이 높다. 가령 내 앞에 있는 관중이 모두 속옷 차림이라고 상상해 보라는 식의 표 현은 자기가 마치 벌거벗고 서 있다고 느끼는 것만큼이나 청중도 똑 같이 취약한 상태에 있다고 보도록 하려는 시도인데, 속옷 차림의 사 람을 상상하는 것만으로 이미 정신이 산만해질 뿐 아니라 청중 역시 '나'를 '속옷 차림의' 모습으로 상상할 수 있음을 암시하기 때문에 문 제 해결에 별 도움이 안 된다.

다음에 소개하는 다니엘의 경험은 오픈 포커스 과정이 직장이나 학교에서 하는 프레젠테이션에 어떻게 도움이 될 수 있는지, 또 이를 어떻게 적용하면 좋을지를 알려주는 좋은 예이다. 다니엘은 두 지역 에 지사를 두고 있는 항공 우주 부품 제조 회사의 부서장으로, 매달 임원급 직원 전체를 대상으로 팀 실적에 관해 발표를 해야 했다. 이 자리에는 본인이 근무하는 지사에서 스무 명, 나라 반대편에 있는 다른 지사에서 스무 명 정도가 참석했는데, 다른 지사 사람들은 화상으로 참여했기 때문에, 다니엘은 발표를 할 때 회의실 사람들뿐 아니라 자신의 발표가 화상으로 어떻게 전달되고 있는지까지 신경 써야 했다. 그의 말을 들어보자.

"저는 프레젠테이션하는 게 정말 싫었습니다. 발표하는 내용은 이미 제가 작성한 보고서에 다 있는 것이라서 궁금한 게 있으면 그냥 그 보고서만 읽으면 되거든요. 저는 제 일을 좋아하고 일도 잘하는 사람이지만 프레젠테이션만큼은 시간 낭비라는 생각을 떨칠 수 없었어요. 제 목소리도 듣기 싫더라고요. 제 목소리가 녹음된 걸 들었는데 다른 사람들 귀에는 제 목소리가 그렇게 들린다는 거잖아요. 끔찍했죠. 그래서 이런저런 이유로 저는 프레젠테이션하는 것에 굉장한 저항감을 갖고 있었습니다.

그때까지 제가 발표하는 방식은 제가 작성한 보고서를 그냥 크게 읽어 내려가는 게 전부였어요. 당연히 사람들은 지루했겠지만 저는 그냥 빨리 발표를 해치워버리고 싶다는 마음뿐이어서 제 앞에 놓여 있는 보고서를 문자 그대로 줄줄 읽었죠. 참석한 사람이나 카메라와 눈도 마주치지 않고요. 이렇게 하니 당연히 분위기가 좋을 수 없고, 게다가 발표 후에 사람들이 제가 이미 다룬 주제에 대해 질문하는 걸 보면 내 말을 제대로 듣긴 한 건가 하는 생각이 절로 들었죠. 제가 정보를 전달하는 방식이 효과적이지 않았다는 사실 때문에 속이 더 쓰리기도 했고요. 저는 제 발표가 효과적이기를 바라는 사람이었으니까요. 거기에 있는 누구도 행복하지 않았어요.

점점 더 회의 시간이 무서워졌지만, 도대체 어떻게 해야 '재미있는' 발표를 할 수 있는지 전혀 감이 잡히지 않더군요. 다른 부서 관리자들을 보면 지루한 사람도 물론 있지만 분위기를 확실히 띄울 줄 아는 재미있는 사람들도 있었어요. 그중 한 사람에게 도움을 청했는데, 그 사람의 조언은 저한테 별 도움이 되지 않았죠. 그래서 저는 타고나기를 발표를 잘하는 사람이 있고 나 같은 사람은 그런 부류가 아니라고 생각하고 말았습니다.

그러다가 제가 어떻게 주의를 기울이는지, 특히 프레젠테이션을 준비할 때 무엇에 주의를 기울이는지 인식하기 시작하자 상황이 달라졌습니다. 처음에는 '나는 지금 데이터에 주의를 기울이고 있다'고 생각했어요. 하지만 지금 진짜 주의를 기울이고 있는 대상이 무엇이냐고 스스로에게 정직하게 묻자 그게 다가 아니란 사실이 보이기 시작하더군요. 제가 데이터에 주의를 기울이고 있다는 말은 한편으로는 맞는 말이었지만, 다른 한편으로 저는 보고서를 작성하는 내내 그걸 들여다보고 싶지 않다는 마음이 가득했죠. 분명 이 싫다는 마음이 어떻게든 보고서에 녹아들어 갔을 거라고 생각합니다.

오픈 포커스 연습을 할 때 스스로에게 묻는 질문 하나가 '지금 이 순간 어떤 감각이 느껴지는가?'예요. 물리적 환경을 알아차리는 한 가지 방법이죠. 오감을 통해 자기가 있는 공간을 알아차린 뒤 그 오감 전체로 자신의 의식을 확장하고 나면 자기 몸속 공간, 즉 생각과 감정과도 연결됩니다. 저는 엔지니어인지라 솔직히 말해 제 감정에 그렇게 골몰하는 사람은 아닙니다만, 이 연습을 하고 나서부터는 책상에 앉아 주변 공간과 연결한 뒤 스스로에게 '지금 이 순간 나는 어떤 느낌이나 감정을 경험하고 있지?' 하고 묻는 게 훨씬 쉬워졌습니다. 또 다른 중요한 요소는 자신이 어떤 감정을 느끼든 비난하지 말아야 한다는 겁니다. 전에는 프레젠테이션을 싫어하는 마음이 컸기 때문에 당연히 거부감을 느꼈어요. 동시에 체념이나 분노 같은 다른 감정들도 느끼곤 했습니다. 저는 제 자신과 회사를 비난할 때가 많았어요. 왜 나한테 이런 걸 시키지? 나는 왜 발표를 더 잘하지 못하지? 이렇게요. 하지만 보고서를 작성하는 그 순간 제 주변 공간을 더욱 뚜렷하게 알아차리고 몸속 공간을 깊숙이 느끼면서 내가 진짜 느끼는 감정이 무엇인지 스스로에게 묻자, 그 모든 이유와 감정 밑에 '나는 화가 난다'라는 감정이 깔려 있다는 사실을 알게 되었습니다. 내가 진짜 원하는 건 원래 내 일, 내가 바보처럼 느껴지지 않는 원래 업무를 하는 건데 이런 프레젠테이션으로 스스로를 우스꽝스럽게 만들고 있다는 사실에 저는 정말이지 화가 크게 나 있었던 거죠.

데이터를 다루는 사람 입에서 나오는 소리라고 보기에는 정말 이상하게 들릴지 모르겠지만, 사실 제가 상사한테 화가 나든 말든 데이터는 그냥 데이터잖아요. 하지만 실제로 사람들에게 보고할 때, 제가 아무리 감정을 섞지 않고 그냥 데이터를 읽기만 하려고 해도, 제 프레젠테이션에는 화가 묻어나 있었어요. 사람들이 제 발표에 보인 반응을 생각하면 모두가 그걸 느낀 게 틀림없어요. 인사과 사람이 발표한 보고도 세상 지루한 정보들로 가득했는데 그 사람의 발표는 저와 달리 재미있고 경쾌했거든요.

제게 가장 도움이 됐던 것은 두 가지였습니다. 하나는 보고서를 만들 때 올라오는 화를 그대로 느끼는 거였죠. 제 화는 대개 턱이나 허리에서 신체적 증상으로 나타났습니다. 턱을 나도 모르게 악물게 되거나, 허리가 뻐근해져서 자주 일어나 돌아다녀야 했죠. 하지만 그 화를 느끼고 그 화가 몸속 어디에 있는지를 느끼게 되자, 실제로 그것이 어떤 모양을 하고 있는지 알 수 있었고 결국 놓아줄 수 있었어요. 제게 도움이 된 두 번째 방법은 월례 회의가 시작되기 직전에 오픈 포커스 연습을 하는 것이었어요. 그러면 제 차례가 되어 보고를 할 때 나의 모든 감각이 열려 주변 공간을 확연히 알아차릴 수 있었습니다.

우리는 매번 같은 회의실에 모였기 때문에 그 공간에서 느껴지는 물리적 감각을 알아차리기는 전혀 어렵지 않았어요. 하지만 제가 놀랐던 건 스크린을 통해서만 보고 듣던 나라 반대편의 회의실과도 연결된 느낌이 들었다는 겁니다. 그쪽 사람들은 스크린 안에 존재했지만 그들이 발표할 때의 목소리와 생김새에 진심으로 주의를 기울이자 그 사람들이 마치 제가 있는 물리적 공간에 같이 있는 것처럼 느껴지는 거예요.

이 연습 덕분에 이제 프레젠테이션을 할 때도 화가 훨씬 덜 납니다. 저는 원래 제가 하는 일을 좋아하던 사람이고, 그래서 이제는 프레젠테이션을 할 때도 '이걸 해야 한다니 기분이 나쁘다'라고 생각하는 대신 제 팀이 이룬 성과에 뿌듯함을 느끼려고 하죠. 그리고 여전히 제 말이 이상하게 들릴 수 있겠지만, 데이터는 데이터일 뿐인데도 지금은 그래프가 훨씬 더 행복해 보여요. 아니, 제가 그 그래프들을 전달하는 방식이 훨씬 더 행복해졌다고 할까요? 이제는 더 이상 의식적으로 스스로에게 상기시킬 필요도 없는 것 같아요. 제가 제 일을 좋아하고 업무에 자부심을 느낀다는 사실 말예요. 이제는 이런 부분이 티가 나는 것 같아요. 그전까지는 보고를 제대로 못해 기분이 잔뜩 구겨진 채 회의실에 앉아 있는 게 다였을 뿐이었거든요.

그럼에도 저는 여전히 발표를 아주 잘하는 사람은 아닙니다. 하지만 이제 제 보고는 훨씬 짧아졌고 사람들 반응은 많이 나아졌어요. 어느 정도 즉흥적으로 얘기하려고 한 게 오히려 훨씬 더 긴장을 풀게 해주는 결과를 가져왔는데, 이건 아마도 원래의 제 모습으로 있을 수 있기 때문이 아닐까 생각됩니다. 그 덕에 회의가 조금이나마 즐거워졌고, 적어도 이전처럼 회의 시간을 두려워하지는 않게 되었죠. 가장 중요한 건, 보고를 해야 한다는 사실에 화가 거의 나지 않는다는 점입니다. 저는 여전히 보고가 시간 낭비라고 생각하지만, 예전처럼 그걸 무슨 불이익이나 처벌로 받아들이지는 않습니다. 이제는 제 프레젠테이션이 꽤 괜찮다고 생각해요."

이 세상은 연극 무대

　연기자는 다른 사람이 써준 대사를 말하고 다른 사람이 지어낸 상황으로 인해 촉발되는 감정을 표현해야 한다. 그와 동시에 존재감은 느껴지지만 대개는 아는 체를 해서는 안 되는 관중 앞에 서서 자신과 똑같은 처지의 다른 연기자들이 치는 대사도 잘 들어야 한다. 그룹으로 음악을 연주하는 사람들과 마찬가지로 연기자 역시 다양한 방식의 주의를 동시에 기울여야 하는 만큼, 공간과 온전히 연결되고 오픈 포커스 방식으로 여러 주의 방식을 혼합해 사용할 수 있다면 대단히 큰 도움이 될 것이다.

　지금까지는 개인이 어떻게 하면 공간의 힘을 활용해 주의 습관을 바꿀 수 있는지 주로 이야기했다. 연기자 개개인도 오픈 포커스 연습으로 당연히 많은 도움을 얻을 수 있다. 하지만 이 장 첫 부분에 소개했던, 현악 4중주단의 연습과 협연에 효과가 좋았던 바로 그 기법은 무대에서 함께 연기하는 연기자들에게도 똑같이 효과가 좋다.

　연기에 관해 이야기할 때 흔히 언급하는 두 가지 명언이 있는데, 이 두 가지는 우리가 공간과 연결되는 데 적용되는 원칙이기도 하다. 그 두 가지란, 첫째 "연기는 반응하는 것reacting"이고, 둘째 "연기는 듣는 것listening"이라는 것이다. 이 두 개념이 말하고 있는 바는 사실상 같다. 즉 어떤 장면이 생생한 느낌이 나게 하려면 연기자는 다른 연기자들과 함께 있는 그 공간에 온전히 존재해야 한다는 것이다. 무대에 서서 그저 암기한 대사를 읊고, 역시 대사를 암기했을 뿐인 상대 배우의 말을 기다리고만 있다면, 그 연기는 캐릭터를 창조한다기보다 역할을 보여주는 데 그칠 뿐이며, 상대 연기자와 주고받는 연기도 관객들로부터 자연스런 호응을 끌어내지는 못할 것이다. 연기란 반응하는 것이고 듣는 것이라는 말은 결국 상대 배우가 무슨 말을 할지 이미 다 알고 있더라도 상대 배우가 그 대사를 뱉는 바로 그 순간에 그가 하는 말을 잘 듣고 그 순간 떠오르는 감정을 모두 담아 반응하라는 뜻이다. 이 작업은 공간과 연결된 상태에서 훨씬 잘되며, 동료 배우와 함께 공간에 연결되는 연습을 한다면 실제 공연 중에도 쉽게 공간에 연결될 수 있을 것이다.

이 부분을 더 자세히 알아보기 위해 잠시 시공간 개념을 살펴보자. 시공간이란 3차원의 공간에 시간의 차원이 결합해 불가분의 단일 연속체를 형성한다는 개념이다. 1908년 독일 수학자 헤르만 민코프스키Hermann Minkowski가 알버트 아인슈타인의 상대성 이론을 바탕으로 제안한 개념인데, 여기에서는 "지금 당신이 있는 공간은 오직 지금 순간에만 존재한다" 정도만 알고 있으면 충분하다. 여러분은 이 글을 읽고 있는 방(혹은 버스나 공원)이 내일도 똑같이 존재할 것이라고 예측하겠지만, 사실 내일 존재할 방의 정확한 속성은 오늘 존재하는 방과는 다르다. 공간은 시간과 분리될 수 없기 때문이다. 시간이 지나면 그에 따라 공간도 변한다. 내일이 되면 여러분이 지금 있는 그 공간은 미세하게나마 낡을 것이고, 여러분도 하루치만큼 나이가 들 것이며, 따라서 여러분의 몸도 달라지고 공간에 서식하는 미생물과 집먼지 진드기도 변할 것이다. 일상 생활에서는 내가 있는 이 방이 내일도 그 다음날도 거의 같을 것이라고 믿어도 좋지만, 물리적 현실에서 보면 지금 이 순간이 존재하는 유일한 순간이고 여러분이 지금 앉아 있는 이 방은 '오직' 이 순간에만 존재한다는 것이 사실에 부합한다. 미래의 방은 없다. 시간은 공간이 있어야 존재하는데 그런 면에서 볼 때 이 공간만이 유일한 공간인 것이다. 과거의 방은 있었으나, 똑같은 이유로 이제는 존재하지 않는다. 이 공간과 이 시간은 불가분의 관계이며, 지금이 아닌 다른 시간은 없고, 이 공간이 아닌 다른 공간은 없다. 공간과 시간에 대한 기억이 지속될 뿐이다.

이 개념에 대해 생각해 볼 수 있는 한 가지 방법은 어떤 특정 시간대를 공간과 결부시키지 않고 떠올려보는 것이다. 우리는 인생의 특정 시기의 특정 공간은 그때 모습 그대로 기억할 수 있지만, 특정 시간만 따로 떼어서는 기억할 수 없다. 가령 2014년을 기억해 보려고 해보자. 어떠한 이미지도 떠오르지 않을 것이다. 그때 있었던 중요한 정치적 사건이나 인생의 중요한 순간을 결부시켜야 비로소 2014년을 떠올릴 수 있다. 그에 반해 2014년에 한 생일 파티, 새 집으로의 이사, 휴가는 쉽게 기억할 수 있다. 그 시간에 사람, 장소, 사건을 결부시켰기 때문이다. 시간을 기억할 때 우리는 공간을 기억하며, 공간을 기억할 때는 언제나 특정 시기의 모습을 떠올린다. 시간과 공간은 서로 분리되지 않는다.

이것이 연기와 무슨 관련이 있는 것일까? 처음부터 끝까지 관련이 있다. '지금 순간'에 존재하려면 여러분은 '반드시' 공간과 연결되어야 한다. 사실 공간과 연결된다는 것은 실제로는 '시'공간과 연결되는 것이며, 따라서 이 책에 나오는 '공간'이라는 단어는 모두 '시공간'으로 바꿔도 무방하다. 상대적으로 추상적인 시간이라는 개념보다는 감각 기관으로 경험할 수 있는 공간이라는 물리적 현실이 우리가 상상하고 또 연결되기가 훨씬 쉽다. 시간은 문자 그대로 두 손으로 움켜쥘 수도 없고 두 눈으로 볼 수도 없는 만큼 우리가 강조하는 연결은 공간과의 연결이다. 하지만 공간과 연결되면 자연히 지금 순간에도 연결된다.

배우들은 우리가 소개하고 있는 간단한 기법을 리허설이나 공연 전에 다 함께 연습해 볼 수 있다. 캐릭터 연습이나 보컬 발성 연습과 마찬가지로 오픈 포커스 연습 역시 시작은 언제나 자기 몸이다. 몸은 우리의 물리적 실재이자 배우에게는 연기의 도구이기도 하므로, 자기 몸'과' 연결되고 자기 몸을 '통해서' 주변 공간 및 동료 배우들과 연결되면 지금 이 순간에 온전히 현존할 수 있게 된다.

우선 모두가 서로의 얼굴을 볼 수 있도록 원으로 둘러앉은 다음 한 사람을 리더로 정해서 연습을 이끌게끔 한다. 이 연습을 할 때는 언제나 "~해보겠습니까?"처럼 질문 형식으로 한다. "하세요"라고 명령어를 쓰면 시키는 대로 하기 위해 사람들이 애를 쓸 수 있으므로,

이렇게 질문 형식으로 참여자가 몸의 제시된 부위에 편안히 주의를 기울일 수 있도록 한다. 머릿속으로 따라해 보라고 슬쩍 권유하는 것이다. 몸의 어느 부위부터 주의를 기울일지는 무작위로 결정하는 게 아니다. 공간과 연결할 때는 보통 뇌와 연결된 신경 세포가 가장 많은 부위에서부터 시작한다. 그런 부위의 공간을 상상하면 뇌의 영역이 가장 넓게 활성화되면서 뇌 전체에 위상 동조phase-synchronous 알파파가 빠르게 생성되기 때문이다. 뇌 공간과 가장 많이 연결된 부분이 엄지손가락과 손이므로, 리더는 "두 엄지손가락을 둘러싼 공간을 느껴보고, 두 엄지손가락이 차지하는 공간을 느껴보시겠습니까?"라고 질문하는 게 좋다. 그 다음으로 뇌와 연결된 신경 세포가 많은 부위는 혀와 입술, 눈, 발이다. 리더는 그룹 전체를 대상으로 연습을 이끌면서 사람들에게 각기 다른 몸의 부위가 차지하고 있는 공간과 그 주변 공간을 느껴볼 수 있겠느냐고 물으며 각자 자기 몸 전체와 연결할 수 있도록 안내한다. 연습이 익숙해졌다면 몸의 각 부위를 훑는 것은 빠르게 진행해도 좋다. 그런 뒤 리더는 사람들에게 자기 몸 전체가 차지하는 공간과 그 주변의 공간을 느껴볼 수 있겠느냐고 묻고, 마지막으로 그룹 사람들 모두를 하나로 연결하는 공간과 그룹을 둘러싼 주변의 공간을 상상해 볼 수 있겠느냐고 묻는다. 리더는 사람들에게 자기 몸을 원자들의 구름이라고 상상해 보라고 요청할 수도 있다. 그 원자 구름이 다른 모든 사람들의 몸과 그들이 차지하고 있는 공간 및 그 주변 공간과 연결되는 모습을 상상하고, 극장 전체 혹은 리허설하는 장소가 차지하고 있는 공간 및 그 주변의 공간과도 연결되는 모습을 떠올려보라고 안내한다. 극단의 모든 구성원과 극장 전체의 본질은 원자들의 구름이며, 이 원자 구름 차원에서 보면 모든 것은 공간에서 하나로 연결되어 있다는 사실은 문자 그대로의 진실이다.

그룹 구성원들이 이 연습에 좀 더 익숙해지면 다른 신체 부위로 시작을 해보는 것도 좋다. 가령 열린 가슴과 상처받을 수 있는 용기를 강조하고 진작시키기 위한 심장이나, 목소리와 의사소통을 강조하기 위한 목, 대담함과 열린 마음을 증진시키기 위한 이마 중앙 또는 제3의 눈부터 시작해도 좋다. 이런 감각을 유지하면 무대 및 다른 배우들의 공간에 더 잘 연결될 뿐 아니라 그 순간에 깊이 현존하게 되고, 긴장이 풀리고, 감정이 열린다. 이 물리적·상상적 공간을 바탕으로 여러분은 장면이 실제로 전개되는 물리적 공간과 시간 속에서 그 대사들을 듣고 거기에 생생하게 반응하게 된다.

.

스포츠에서의 최고 기량

퍼포먼스 가운데 유일하게 스포츠는 관객을 직접 대면하지 않는 분야이다. 관중이 경기를 관람하기는 하지만, 운동 선수들은 관중을 즐겁게 해주기 위해 혹은 정보를 주기 위해 경기를 뛰는 게 아니다. 경기 외적인 이벤트는 예외지만 말이다. 운동 선수들이 하는 것은 특정 경기나 기술에서 누가 더 잘하는지, 누가 최고인가를 가르기 위한 것이다.

스포츠에서 공간의 힘을 활용할 수 있게 되면 훈련시에도 신체 기량을 최고조로 끌어올릴 수 있고 경기를 뛸 때도 최고의 실력을 발휘할 수 있다. 스포츠를 할 때는 다양한 종류의 주의력이 필요한데, 주의 방식을 유연하게 바꿀 수 있게 되면 창의적인 경기를 풀어나가는 데 필요한 주의를 자유자재로 조합해 쓸 수가 있다.

공간과 연결하는 훈련을 하면 잡념이 사라지고 몸의 긴장도 풀리기 때문에 원하는 목표를 향해 더 나아갈 수 있다. 경기 중에도 공간을 알아차리면 매순간 상황에 맞는 최적의 결정을 순식간에 내릴 수 있으며, 평소 반복과 연습으로 갈고 닦은 기량을 경기 중 필요한 순간에 유감없이 발휘할 수 있다.

전통적인 의미의 스포츠 훈련을 받는 선수들은 좁고 객관적인 주의 모드로 날아오는 야구공이나 테니스공을 향해 초점을 모으고 모든 주의를 경기의 대상에 집중하면 결과가 더 좋을 것이라고 생각한다. 이런 주의 방식에도 분명히 장점은 있지만 다른 종류의 주의 방식 역시 훈련에 포함시켜야 한다. 의식을 경기장 전체로 확장시키는 넓은 주의 방식을 비롯해, 의식과 경험이 하나되어 '나'와 대상이 하나가 되고 '나'와 내가 하는 행위 사이에 어떤 차이도 존재하지 않는 합일형 주의 방식도 활용할 줄 알아야 한다.

스포츠에서 '무아경의 상태in the zone'란 필요한 순간에 정확히 필요

한 움직임을 하는 것을 뜻하는데, 이 경지야말로 네 가지 주의 방식
―좁은 주의, 객관형 주의, 넓은 주의, 합일형 주의―을 한 번에 구사
하는 오픈 포커스를 진정으로 경험하는 것이라고 할 수 있다. 스포츠
세계에서는 이런 무아경을 드문 경험이라고 여기지만, 사실 무아경
은 훈련을 하면 누구나 도달할 수 있다. 우리 식으로 말하자면 경기
중에 완벽하게 오픈 포커스 방식을 경험할 수 있다는 뜻이다. 이 무
아경의 느낌은 주의를 기울이는 네 가지 방식 사이를 유연하게 오가
며 공간과 연결되는 능력이 커질수록 더 자주 경험하게 된다.

'궁도弓道'에서 공간을 이해하는 방식도 오픈 포커스와 유사한 면
이 있다. 궁도의 목표는 당연히 화살을 쏘아 과녁을 맞히는 것이지
만, 궁도에 깔려 있는 진짜 목표는 궁수가 먼저 균형 상태에 도달한
뒤 활을 떠난 화살이 자연스럽게 과녁에 꽂히게끔 환경을 조성하는
것이다. 활을 쏘는 데 필요한 신체적 기술은 훈련과 연습으로 연마할
수 있지만, 기술을 배우고 연습만 계속 반복한다고 해서 과녁을 맞힐
수 있는 건 아니다. 과녁과 '하나되는' 상태에 들어가야 한다. 우리 식
으로 말하자면 나와 과녁이 물리적으로, 공간 안에서 또 공간을 통해
서 서로 연결되어 있음이 보일 때까지 공간에 대한 알아차림을 확장
시켜 나아가야 한다.

실제로 궁수와 과녁 사이의 공간은 비어 있지 않다. 과녁이 입자와
분자로 구성되어 있고 궁수의 몸 역시 입자와 분자로 구성되어 있는
것처럼, 그 사이의 공간 역시 입자와 분자로 빽빽하게 채워져 있다.

과녁을 궁수(또는 화살)와 분리된 별개의 것으로 보는 건 우리 눈이 공간을 해석하는 방식일 뿐, 그 둘 사이의 실제 공간은 완벽하게 연결되어 있다. 궁도에서는 궁수가 이 일체감을 느낄 때, 자신과 과녁 사이에 있는 공간과 연결되었다는 확신이 들 때 활시위를 놓는다. 활을 쏠 때 분출되는 폭발적인 에너지에도 불구하고 궁도에서 활 쏘기를 힘으로 하는 행위가 아니라 직관에 따라 활시위를 놓는 행위라고 말하는 이유이다.

이와 같은 기분을 훈련할 때나 경기를 뛸 때 똑같이 느낄 수 있다. 비결은 공간과 연결하는 것인데 그 방법이 대단히 실용적이다. 이를 위한 가장 좋은 방법은 경기장의 다양한 고정 요소들을 기준으로 주의의 초점을 앞뒤로 전환하는 연습을 하는 것이다. 가령 농구를 예로 들면, 코트 양 끝에 있는 골대와 백보드, 바닥에 그려진 하프 라인, 3점슛 라인, 경기장 안팎을 가르는 경계 라인과 같은 각종 라인이 먼저 보일 것이다. 하지만 경기가 실제 진행되는 곳은 이 고정된 요소들로 정의되는 3차원의 공간이다. 자신이 농구 코트 정중앙에 서 있다고 상상하면서 앞에 보이는 골대와 주변에 그려져 있는 경계 라인들이 주의의 전면에 오도록 주의를 확장해 보라. 다시 말해 라인과 경계, 골대, 백보드를 코트에서 제일 중요한 것인 양 바라보는 것이다. 그렇게 했으면 이제는 그 요소들의 위, 내부, 주변에 있는 공기 덩어리를 전면에 오게 하고 골대와 백보드와 라인을 배경으로 물러나도록 초점을 전환해 보자. 코트를 경계 라인들에 갇힌 공기 덩어리로 상상해 보는 것이다.

경기하는 공간인 공기 덩어리에 초점을 맞췄다가 골대와 백보드 같은 고정 요소들로 초점을 옮기면 그때마다 뇌파에 변화가 생긴다. '텅 빈' 공간(공기로만 채워진 공간)을 처음에는 배경으로, 다음에는 전경으로, 다시 배경으로 보게 되면, 뇌파가 알파파 쪽으로 바뀌게 되는 것은 물론이고 경기가 진행되는 공간과도 훨씬 더 긴밀하게 연결된다. 골대와 백보드가 경기를 뛰는 선수들 및 코트를 망라하는 전체 공간과 깊이 연결되어 있음을 느낄수록 궁도에서 말하는 궁수와 과녁 간의 일체감에 더 가까이 다가갈 수 있다.

이 연습은 어떤 스포츠건 적용이 가능하다. 어떤 필드나 코트라도 그곳만의 특정 고정물과 경계(테니스 네트나 야구의 외야 펜스 혹은 경계선)가 있고, 표적(축구의 골대)이 있다. 그리고 선수와 볼이 움직이는 실제 경기 영역인 공기 덩어리가 있다. 주의의 초점을 경기가 이루어지는 공기 덩어리와 고정물 사이에서 왔다 갔다 하며 움직이면 공간을 전체적으로 조망하는 게 가능해지고 공간과의 연결도 훨씬 깊어지기 때문에, 선수는 그 공간을 마음껏 누빌 수 있게 된다.

공간과 밀접하게 연결되어 최고의 기량을 발휘하도록 하는 또 다른 중요 요소는 경기가 진행되는 그 순간에 현존하는 능력이다. 실수나 기회를 놓친 것에 낙담하거나 성공에 자만하지 않고, 경기가 진행되는 공간에 계속 연결되어 있을 수 있는 능력이 필요한 것이다. 실수나 기회를 놓치는 일은 언제든 일어난다. 하지만 그것에 계속 초점을 맞추고 있으면 그 실수가 발생한 과거에 마음이 갇혀버린다. 그 반면 공간에 계속 연결되어 있으면 실수는 잊으려 애쓰지 않아도 자연스럽게 흘려보낼 수 있다. 내가 연결된 공간은 오직 지금 순간에만 존재하므로, 경기가 진행되면 그 공간과 긴밀하게 연결되어 있는 나는 자연스럽게 시간의 흐름을 따라 앞으로 나아가게 된다. 앞에서 무슨 일이 있었건 그것은 더 이상 내가 있는 공간에 속해 있지 않다.

테니스 역사상 최고의 선수 중 하나인 로저 페더러Roger Federer는 프로 선수 생활을 통틀어 전체 경기 포인트 중 54퍼센트만을 득점했다. 역시 농구 역사상 최고의 선수 중 하나인 마이클 조던Michael Jordan의 결승 슛 승률도 50퍼센트에 불과했다. 역대 최고 타율 기록을 보유한 타이 콥Ty Cobb의 타율은 3할 6푼 6리였는데, 이는 그가 타석에 들어섰을 때 안타를 치지 못한 경우가 거의 64퍼센트에 육박했다는 뜻이다. 이러한 스포츠 레전드들도 경기할 때나 커리어 내내 하나같이 계속 실패를 거듭했다. 하지만 그들이 남들보다 우뚝 설 수 있었던 것은, 물론 경이로운 실력 때문도 있지만, 자신이 쏜 슛이 골대를 빗나가도, 헛스윙을 해도, 친 공이 네트에 걸려도 그 경기가 진행되는 공간과 연결된 상태를 유지하며 바로 즉시 다음 포인트로, 다음 볼로 옮겨가 매 순간의 도전에 새롭게 응하는 사람들이었기 때문이다.

이것이 바로 공간과 연결된다는 것의 의미이다.

가족과
커뮤니티

8

가족과 커뮤니티

옥스퍼드 대학의 진화심리학자인 로빈 던바Robin Dunbar 교수에 따르면, 건강이나 질병, 행복 등을 좌우하는 가장 큰 요인 중 하나는 그 사람이 가진 사회적 네트워크의 규모이며, 이것은 이혼할 확률이나 죽음에까지도 영향을 끼친다고 한다. 온·오프라인의 친구 그룹을 모두 조사한 연구에서 던바 교수는 친구와의 친교 활동이 우리 몸의 면역 체계에 직접적인 영향을 끼친다는 사실을 발견했다. 사람들과 함께 웃고, 운동하고, 춤추고, 영화 보고, 요리해서 먹고, 얘기하고, 노래 부르는 것은—아마추어 그룹에서 서투르게 부르는 노래라 할지라도—인간의 면역 체계를 모두 긍정적인 방향으로 강화한다.

그 반대도 마찬가지다. 사회적 교류가 없으면 기억력과 인지 능력이 떨어지며, 외로움은 질병과 죽음을 촉진하는 가장 큰 요인이다. 코로나 19 시기의 사회적 거리두기를 신경생물학의 관점에서 바라본 글에서 던바는, 사회적 고립 및 친구와의 교류 부족이 대부분의 사람들에게 얼마나 힘든 일인지를 다뤘다. 그러나 친구나 가족과 사이가 좋지 않았던 사람이라면 코로나 19가 아니었더라도 그것이 얼마나 고통스러운 일인지 이미 알고 있을 것이다. 더 최악인 것은 내가 지지와 사랑을 그토록 갈구하는 바로 그 사람들(가족이나 친구들)이 어떤 이유에선지 갑자기 태도를 바꿔 나를 배척하는 경우이다.

이 장에서는 고립과 소외와 외로움의 시기를 주의의 힘을 활용해 헤쳐 나가는 방법에 대해 다루려고 한다. 이를 위해 가족이나 친구 같은 사회적 네트워크와 자주 공유하는 인생의 중요한 일이나 사건을 몇 가지 골라 살펴볼 것이다. 이때는 우리가 주변 사람들에게 가장 많은 지지를 구하는 시기이고, 성공이나 중요한 이벤트를 기념하는 시기이며, 갈등이 가장 고통스럽게 불거지는 시기이다. 자신이 있는 공간과 연결되고 지금까지 이 책에서 소개한 방식대로 주의를 기울인다고 해서, 가족의 죽음이라든지 시부모나 장인 장모의 정치적 견해가 갑자기 달라지는 일 등이 덜 고통스러워지는 건 아니다. 하지만 변화가 휘몰아치는 시기에 주의 기울이는 방식을 잘 선택하면 덜 외로울 뿐 아니라, 인생에서 피할 수 없는 자잘한 문제든 삶이 뒤집힐 정도의 큰 일이든 더 잘 대처할 수 있게 된다.

새 집으로 이사하기

　자발적으로 집을 옮기는 사람들이 전 세계에서 가장 많은 국가는 단연 미국이다. 평균 1년에 미국인의 거의 10퍼센트가 이사를 한다. '매년' 3,100만여 명이 이사를 한다는 소리이다. 평균적으로 미국인이 평생 동안 이사하는 총 횟수는 거의 열두 번에 육박한다. 유럽인이 평생 네 번 이사를 하고 캐나다인이 대여섯 번 정도 이사한다는 사실을 감안하면 이는 대단히 높은 수치이다.

　뿌리 없음은 원래 미국이라는 나라의 정체성이기도 하지만, 많은 미국인이 그렇게 거리낌 없이 이사를 다니는 건 단순히 땅덩어리가 크거나 모두 영어를 써서 언어에 장벽이 없어서만은 아니다. 그것은 미국을 기회의 땅이라고 보기 때문이기도 하다. 하지만 기회는 저절로 오지 않는다. 내가 움직여야 한다. 금맥이 자기 뒷마당에서 발견되는 일은 없는 법이다.

　한 해에 이사하는 성인의 약 50퍼센트는 일자리 때문에 이사를 한다. 회사에서 다른 지사로 발령을 내거나, 본인이 더 좋은 자리나 기회를 찾아 옮겨가기도 하고, 군인인 경우 다른 부대로 배치되기도 한다. 나머지 50퍼센트는 가족과 더 가까이 살기 위해(혹은 더 멀어지기 위해), 대학에 가기 위해, 은퇴 후 생활을 위해, 아니면 그저 더 좋아 보이는 집이나 동네에서 살기 위해 이사한다.

이렇게 이사를 자주 다니는 만큼 익숙해지면 좋으련만 이사 자체는 여전히 골치 아픈 일이다. 기존에 쌓아놓은 관계를 떠나 새로운 사람들과 다시 친해지기도 쉽지 않고, 새로운 환경에 적응하는 것 역시 현실적으로나 심리적으로 크게 부담되는 일이며, 가뜩이나 터가 바뀌어 정신없는 와중에 이사 후 마주한 현실이 기대한 것과 달라 속이 더 복잡해지기도 한다. 새 집의 전등 스위치가 어디 있는지 익히고, 이웃을 만나고, 필요한 물건을 살 가게를 찾고, 집에서 직장이나 학교까지 오가는 길을 파악하는 등 이사 후 해야 하는 모든 일은 설령 새 집이 아주 만족스럽다고 해도 평소보다 더 큰 에너지가 들기 때문에 정신적·감정적·육체적으로 피로감을 줄 수 있다.

　새 집으로 이사하는 것은 명백히 육체적인 활동이기 때문에, 새 집이 차지하고 있는 공간에 연결되고 주의의 힘을 이용해 더 많은 것을 알아차리기는 어떤 면에서는 옛날 집에서 하는 것보다 더 쉬워 보일 수 있다. 새로운 환경에 놓이게 되면 우리는 자연스럽게 시각, 후각, 청각 같은 신체적 감각들에 훨씬 예민해지기 때문이다. 이렇듯 새로운 곳을 알아갈 때는 낯섦에서 오는 신선함도 있지만, 동시에 자기에게 다가오는 모든 새로운 정보와 감각을 어느 정도 통제하고 싶다는 마음에 극도로 좁고 객관적인 주의를 기울이는 습관에 다시 빠지기도 쉽다. 자기 몸 주변의 물리적 공간과 연결된 상태를 계속 유지하고, 새 집을 경험할 때 일어나는 감정을 억압하지 않고 모두 허용한다면, 새로운 환경과 건강한 관계를 구축하는 데 도움이 될 것이며,

연결감을 잃지 않는 주의 습관이 몸에 배도록 연습하면 새로운 공간에서도 만족감을 느낄 수 있을 것이다.

이제 맷의 경험을 살펴보자. 맷과 그의 부인 태미는 세인트루이스의 교외 지역에서 행복하게 잘살고 있었다. 교회 목사인 태미는 로스앤젤레스에 있는 더 큰 규모의 교회를 인수할 수 있는 기회가 오자 자신이 부름을 받았다고 생각했고, 맷은 어린 두 아들을 데리고 이사하는 데 동의했다. 사실 맷은 세인트루이스에서의 생활이 완벽하게 만족스러웠기 때문에 굳이 그렇게 먼 곳까지 이사 가고 싶지는 않았다. 그곳에 가면 라이프스타일도 완전히 달라지고 생활비도 훨씬 더 들 게 뻔했으며, 무엇보다 친구들과 헤어지고 싶지도 않았고 재직 중인 4학년 교사 자리를 그만두고 싶지도 않았다.

하지만 태미에게는 굉장히 좋은 기회가 될 거라고 생각했고, 큰 교회로 옮기고자 하는 아내의 동기를 높이 샀다. 그녀 앞에는 더 많은 책임과 기회가 주어질 터였다. 더구나 두 사람은 부부로서 어느 한쪽이 삶에 큰 변화를 주고 싶어 한다면, 다른 사람은 그 일에 마음을 열고 최대한 지지하기로 동의한 바 있었다. 그럼에도 맷은 여전히 자신이 살던 동네와 친구들을 떠나야 한다는 사실에 기분이 좋지 않았고, 답사차 태미와 함께 로스앤젤레스에 갔을 때도 끝없이 이어지는 교외 지역과 고속도로에 별 매력을 느끼지 못했다. 그는 이사를 앞두고 온갖 감정들로 심경이 복잡했지만 그런 사람은 자기뿐인 것 같았다. 이미 두 아들은 엄마가 몹시 이사하고 싶어 한다는 것을 알고 그것을 모험이라고 여기기 시작했다.

　새 교회는 사택을 제공했기 때문에 부부는 집을 알아볼 필요도 없었다. 드디어 이사하는 날이 왔고, 부부는 이사업체에 새 주소를 알려주고 장거리 횡단 여행을 떠났다.

　새로운 커뮤니티는 이들 가족을 반갑게 맞아주었다. 태미는 새로운 사람들을 만나랴, 위원회 회의에 참석하랴, 새로 맡게 된 직책 파악하랴 첫날부터 눈코 뜰 새 없이 바빴다. 자연히 맷은 집안 정리를 하고, 아이들을 전학시키고, 그곳에서 사는 데 필요한 이런저런 일들을 처리하는 역할을 맡았다. 그의 하루는 해야 할 일들로 빼곡했지만, 그는 실내는 어둡고 밖은 시끄러운 새 집의 거의 모든 것이 처음 보는 순간부터 마음에 안 들었다. 집에서 고작 세 블록 떨어진 곳에 고속도로가 있어서 밤낮으로 차 소리가 들렸고, 차 없이는 살 수 없는 남부 캘리포니아답게 매일 그렇게 많은 시간을 차에서 보내는 것도 마음에 들지 않았다. 가족과 디즈니랜드에 놀러 가고, 해변에도 가고, 자연사 박물관인 라 브리어 타르핏츠La Brea Tarpits에도 가는 등 즐거운 시간을 보내기도 했지만, 태미는 일하는 시간이 너무 길었고, 맷은 이내 집 밖으로 한 발자국도 나가고 싶지가 않아졌다. 무자비하게 내리쬐는 로스앤젤레스의 햇빛이 암울하게 느껴졌고, 집 주변의 도로 중앙에서 흔히 볼 수 있는 야자수와 사막 관목은 닥터 수스Dr. Seuss 책에 나오는 기이한 식물을 떠올리게 했다.

　맷은 태미에게는 아무렇지 않은 듯 좋은 얼굴로 대했지만, 세인트루이스의 무성한 녹지와 조용한 여름밤을 그리워하며 그곳 친구들과 오랜 시간 통화하곤 했다. 여름이 끝나갈 즈음 그는 내키지 않은 마음으로 학교 몇 군데에 이력서를 제출했다. 하지만 여전히 로스앤젤레스로 이사한 게 큰 실수였다는 생각이 머릿속을 떠나지 않자 상담을 받기 시작했다. 그렇게 상담을 받으러 간 어느 날 그는 우연히 상담사의 책장에서 《오픈 포커스 브레인》을 보게 되었고, 이 책에서 말하는 방식으로 새 집에 주의를 기울여보기 시작했다.

처음에는 자기가 있는 주변 공간을 알아차리는 게 끔찍했다. 매일 한 시간씩 비디오 게임을 해도 좋다고 허락받은 아이들이 게임에 푹 빠져 있고 아내는 교회에 나가 있는 사이, 그는 집 안 여기저기에 가만히 앉아 주위를 둘러보기 시작했다.—부부 침실, 낯설게 생긴 버뮤다 잔디로 덮여 있는 작은 뒷마당, 블록 벽, 사방에서 웅웅대는 자동차 소리, 조그마한 현관, 그 현관에서 내다보이는 차들이 나란히 주차된 길, 그 길 너머로 보이는, 초록색 페인트가 다 벗겨진 옛날 랜치 ranch 양식('랜치'는 목장을 뜻하는 말로, 미국의 도시 외곽에서 많이 볼 수 있는 넓은 부지의 단층 주택 양식—옮긴이)의 집…… 그는 웬일인지 주의를 확장시키는 게 그다지 어렵지 않다는 생각이 들었지만, 그렇다고 마음까지 편해지지는 않았다.

방들도 작은데다 카펫도 한숨이 나올 정도로 낡은 그들의 새 집(사실은 그들 소유도 아니지만)과 긴밀히 연결되면 될수록 이사를 괜히 했다는 마음은 오히려 더 강해졌고, 교외의 사막 지역을 싹 밀어내고 만든 동네의 모습은 혐오스럽게 느껴질 정도였다. 그래도 이렇게 역겨워하는 자신의 감정을 깊숙이 느끼는 데는 묘한 카타르시스가 있었다. 그는 자신의 새로운 환경을 마냥 싫어하면서 세인트루이스 주변의 드넓은 푸른 언덕을 그리워만 하기보다는, 새 집과 새 동네, 교외 지역, 더 나아가 로스앤젤레스 도시 전체에 대한 자신의 느낌과 만나는 데 집중해 보았다. 하지만 그럴수록 이 도시를 향한 그의 감정은 점점 더 강해지기만 했다. 그는 이곳이 정말 싫었다.

그는 다시 《오픈 포커스 브레인》에서 권유한 대로 그 순간 자신이 있는 공간 안에서 자기 몸이라는 물리적 실체를 느껴보는 연습을 시작했다. 그는 두 눈 사이의 공간을 느끼고, 건조한 남부 캘리포니아의 공기를 들이쉬면서는 코 안의 물리적 공간을 상상하고, 열 손가락과 손이 차지하고 있는 공간을 깊숙이 느껴보았다. 그 다음에는 자신의 몸이 차지하고 있는 공간을 알아차리면서, 자신을 둘러싼 주변 공간에, 자기 몸과 이웃집 야자수까지의 거리에, 바람이 불때마다 부채질하듯 바스락거리는 잎사귀 소리에 주의를 기울였다. 그는 자신과 이웃집 차까지의 거리, 이웃집과의 거리, 시끄러운 고속도로와의 거리를 떠올리면서 로스앤젤레스의 거대한 자동차 행렬과 고속도로와 자신을 하나로 연결시키는 상상을 했다. 그럴 때면 그 모든 것에 대한 극렬한 혐오가 솟아올랐다. 그러면 그는 자리에 앉아 자신의 분노를 느꼈고, 그 화가 공간 밖으로 점점 넓게 퍼져 급기야 바다부터 사막까지 도시 전체가 그 화로 가득 차는 모습을 상상했다.

이 연습을 한 처음 며칠 동안 그는 불만이 극에 달하며 안절부절 못했다. 하지만 그래도 조용히 초점을 넓히는 연습을 몇 번 하고 나자 분노와 짜증이 엄청나게 올라오는 것과는 별개로, 남은 오후 시간에는 아이들에 대한 인내심이 커져 함께 더 재미있게 시간을 보낼 수 있었고, 퇴근 후 집에 온 아내를 대할 때도 훨씬 여유가 생겼다. 퇴근한 아내와의 만남이 다시 기다려지기 시작했고, 아내가 새 일에 너무 많은 시간을 쏟는 것에도 화가 덜 났다. 그래서 그는 오후마다 이렇게 초점을 넓히는 연습을 계속해 나아갔다.

그는 몸 주변의 물리적 공간을 떠올리고 있을 때 이 도시와 훨씬 빨리 연결된다는 사실을 깨달았다. 그렇다고 이 도시가 견디기 쉬워진 것은 아니었지만, 나쁜 쪽으로든 좋은 쪽으로든 도시가 점점 가깝게 느껴졌고, 아침 일찍 볼일을 보러 낯선 곳에 갈 때도 그곳이 싫다는 그 마음을 즐기기 시작했다. 이후 그는 자신이 처음 간 장소라도 그곳과 마음속으로 연결할 때 그곳을 더 자세히 기억하게 된다는 사실을 깨닫게 되었다. 그가 매일 들른 장소들은 언제라도 그곳으로 의식을 확장하면 머릿속에서 생생히 살아났다. 그는 자신이 오픈 포커스 연습을 통해 새 집 주변의 공간들을 얼마나 세밀히 기억해 낼 수 있을지 궁금해졌다.

그는 트레이더 조Trader Joe's(미국의 대형 슈퍼 체인점—옮긴이) 바깥의 화분에 심어진 붉은색 제라늄과, 패서디나 시티 칼리지Pasadena City College 앞 연못의 이상하리만큼 푸르른 물, 처음 도착했을 때는 있는지도 몰랐던 도심 너머로 우뚝 솟은 샌 가브리엘 산맥의 녹갈색 능선을 떠올릴 수 있었다. 이 연습은 그가 매일 도시를 지나다닐 때에도 생각지 못한 즐거움을 주었다. 앉아서 오픈 포커스 연습을 할 때 새 집의 세세한 부분들까지 떠오르기 시작하자, 매일 차를 타고 지나가는 공간들과도 훨씬 깊게 연결되기 시작한 것이다. 몇몇 상점의 벽면에 그려진, 처음 봤을 때는 다 똑같아 보이던 아르 데코Art Deco 특유의 디테일이 눈에 들어왔고, 시간대에 따라 바다에서 불어오는 바람의 질감도 달라진다는 걸 알게 되었다. 바닷바람은 아침저녁으로는 부드럽다가도 한낮이면 건조하고 사나워졌다. 그는 이제 일을 보러 시내에 갈 때도 일부러 낯선 길로 가기 시작했다. 처음엔 그저 변화를 주기 위해서였지만, 어느새 그는 알함브라와 패서디나, 샌 마리노, 이글 락, 글렌데일(모두 로스앤젤레스 지역 이름들—옮긴이)을 누비고 다녔다. 그렇게 지나가다 보면 집들도 아주 멋지고 길거리의 수목도 더 푸르른 동네가 보이고, 작고 예쁜 카페와 한 번쯤 가보고 싶은 레스토랑도 보였다. 처음 이곳에 왔을 때 눈에 들어오는 거라곤 대형 쇼핑몰이나 대형 슈퍼밖에 없어 기겁했던 것과는 전혀 다른 인상이었다. 집에 앉아 오픈 포커스 연습을 하며 자기 몸을 통해 공간과 긴밀하게 연결되면 될수록, 외출했을 때 로스앤젤레스의 세세한 모습들이 더 많이 눈에 들어왔다. 또한 자신의 분노와 불만족감을 충분히 느낄수록 다른 감정들 역시 더 잘 느끼게 되었으며, 새로운 환경에 대한 그의 이해와 인식도 훨씬 미묘하고 복합적이 되었다.

몇 주 후 맷은 아들들을 데리고 놀러 나가길 기다리고 있는 자신을 발견했다. 처음에는 애들을 데리고 나가야 한다는 생각만으로도 화가 더 치솟았었는데, 이제는 부모로서의 의무감만큼이나 본인 역시 가고 싶은 마음이 커진 것이다. 특히 그는 늘 다른 모습을 보여주는 바다에 가는 게 좋았는데, 그래서인지 해변까지의 장거리 운전이나 끝없는 인파도 받아들일 수 있었다.

로스앤젤레스의 물리적 공간들과의 깊은 연결을 통해 그는 그곳을 싫어하는 자신의 마음을 마음껏 표출했고, 이런 곳에 있어야 한다는 것에 대한 분노와 원망을 진심으로 경험했으며, 이사에 저항하는 데서 오는 죄책감, 자신의 삶이 통째로 뒤집힌 데 따른 실망감 역시 온전히 경험할 수 있었다. 그리고 그 부정적인 감정들을 자신이 물리적으로 차지하고 있는 모든 공간으로 확장시켰다. 어딜 가나 차 소리로 시끄럽고 햇볕 뜨거운 로스앤젤레스의 물리적 현실과 매일 연결되는 상상을 하자, 도시의 새로운 면모가 그의 눈에 들어오기 시작했고 진심으로 즐길 수 있는 측면도 하나둘 생기기 시작했다.

세인트루이스에 대한 그리움이나 생활의 큰 변화에 대한 불안에 갇혀 있을 때는 새 집을 제대로 보지도 못했으나, 자신이 속해 있는 공간의 물리적 현실로 의식을 확장시켜 가자 그가 가진 부정적인 감정은 점점 더 넓어지는 주변 공간 속의 작은 일부가 되어갔다. 그 불쾌한 감정을 친밀하게 느끼고 그것을 허용해서 하나로 통합하자, 그는 옛날 추억에 대한 집착에서 벗어나 새로운 환경 속으로 더 나아갈 수 있었다. 무엇보다 중요한 것은 그가 머리와 가슴으로 아내와 아이들과의 연결감을 회복할 수 있게 되었다는 점이다. 이사하기 전의 예전 모습을 그리워하며 자신이 바라는 틀에 가족들을 맞추려 하지 않고, 새 집에서 살아가는 네 식구의 현재 모습 그대로를 받아들일 수 있게 된 것이다.(하지만 그는 여전히 이곳의 교통 체증은 싫었다.)

.

학교 졸업

'졸업'을 뜻하는 영어 'graduation'의 어원은 '계단'을 뜻하는 라틴어 'gradus'('한 단계 위로 올라간다'는 의미에서)이다. 학교를 졸업한다는 성취감 뒤에는 여러 부담도 따라오게 마련이다. 특히 그렇게 올라간 삶의 다음 단계가 불확실성과 새로운 도전으로 가득할 때는 더욱 그렇다. 졸업 후에는 사회에서의 역할도 달라지고, 동료와 친구들도 달라지며, 일상 역시 완전히 다른 모습을 띠게 된다. 졸업하는 날은 수년간의 학업을 무사히 마친 것을 축하하는 날이지만 동시에 작별의 시간이기도 하고 지평선 저 너머에 있을 미지의 세상에 대한 불안이 엄습하는 날이기도 하다.

졸업률은 지역 사회마다 다르고 인종, 젠더, 민족, 수입 수준에 따라서도 다 다르지만, 대략 미국인의 88퍼센트가 고등학교를 졸업하고 60퍼센트가 대학을 졸업한다. 그만큼 졸업은 대단히 일반적인 경험이고, 그에 딸려오는 불안 역시 많은 사람들이 흔히 겪는다.

'졸업 후 우울증post-graduation depression'은 미국정신의학회American Psychiatric Association(APA) 용어집에 공식 등재되지는 않았으나 일부 치료 전문가들은 이를 독특한 종류의 우울증 에피소드로 다루기 시작했고, 2018년《콜린스 사전Collins Dictionary》에서는 '청년 위기quarterlife crisis'라는 단어를 올렸다. 인생의 4분의 1 정도를 산 젊은이들이 자신이 추구하는 가치나 삶의 계획이 실제 현실과 맞지 않아 고민하는 시기를 뜻하는 말이다. 여기에 더해 APA는 디지털 시대의 졸업생들이 소셜 미디어가 발명되기 전의 졸업생들보다 훨씬 더 큰 불안과 우울에 시달린다는 사실을 발견했다. 졸업 후 잘나가는 듯 보이는 또래 사람들의 화려한 삶을 인터넷으로 구경하며 자신의 삶과 비교하게 되기 때문이다. 인스타그램에 올리는 자기 과시적인 사진이 오직 진실만을 말하는 것인지는 차치하고라도 말이다.

평생 동안 틀과 목표를 제시하며 사회적 네트워크를 제공해 준 기관을 떠나는 것은 두려운 일일 수 있다. 졸업 후 우리는 새로운 방식으로 새 친구들을 만들어야 하며, 우리가 하는 일은 더 이상 같은 나잇대의 또래들을 기준으로 평가되지 않고 자기가 속한 분야의 모든 사람들과 비교해서 평가된다. 게다가 전혀 새로운 양상의 재정적 압박에 시달릴 수도 있고, 대출금 때문에 선택에 제약을 받을 수도 있다. 그러니 학교를 졸업하는 것은 대단한 성취이고 마땅히 축하받아야 할 일이지만, 졸업을 둘러싼 이 어려운 시기에는 오감으로 경험하는 주변 세상에 발을 단단히 딛고서 길을 헤쳐 나가는 것이 중요하다.

마르코스는 가족 중 처음으로 정규 교육을 받은 사람이라서 모든 학교 졸업에 '가족 최초'란 타이틀이 붙었다. 그가 어렸을 적 그의 가족은 멕시코에서 이주해 왔다. 미국에서 두 명의 아이를 더 낳은 후 그의 부모는 이혼했고, 이후 고향인 치와와로 돌아간 아버지를 대신해 어머니 로시오는 투잡을 뛰며 생계를 꾸려갔다.

마르코스가 열 살이었을 때 어머니는 사립 중학교의 야간 청소부 일자리를 얻게 되었는데, 이 학교에는 가정 형편이 좋지 않은 아이들에게 장학금을 주는 제도가 있었다. 학교는 로시오에게 마르코스의 장학금을 지원해 보라고 권했고, 마르코스는 전액 장학금을 받게 되었다. 그의 이야기를 들어보자.

"저는 학교 생활을 잘 못하던 아이였어요. 제가 다녔던 초등학교 역시 그다지 좋은 학교가 아니었고요. 제가 3학년 때 학교가 문을 한 번 닫은 적이 있어서 전교생이 다른 학교로 전학을 가야 했어요. 다음해에 다시 문을 열었지만, 학교는 그전과 달라진 게 하나도 없었습니다. 저는 학교에 별 관심이 없었고, 선생님들 역시 학생들에게 관심이 없었어요. 친구들과 어울려 노는 게 훨씬 좋았죠.

중학교에 가서 장학금을 받았을 때 처음에는 모든 게 더 엉망진창이 된 것처럼 느껴졌어요. 사립 중학교에서는 하루에 열 시간을 학교에서 보냈는데 정말 너무 싫었습니다. 수업이 끝난 뒤에도 학교에 남아 엄마가 청소하시는 걸 도왔기 때문에 저는 노상 학교에 있는 거나 마찬가지였죠. 밤에 엄마와 같이 학교를 쓸고 닦다 보면 제가 다른 애들의 청소부가 된 것 같았어요. 숙제하는 것도 어려웠습니다. 그 전에 공립 학교에서는 어려워 보이는 건 아예 건드리지도 않았는데, 그러다 보니 이제 새 학교에서 내주는 숙제도 제대로 할 수가 없었고 당연히 성적도 아주 나빴어요. 새 학교에서는 스페인 어를 할 줄 아는 선생님이 딱 한 분밖에 없어서 제가 뭔가 잘 이해 안 되는 거라도 생기면 번거롭기 그지없었죠. 친하게 지냈던 오래된 친구들도 더이상 볼 수가 없었고요. 그렇게 첫해에는 적응을 못하고 겉돌았는데, 제가 학교가 싫다고 그렇게 티를 내면서 옛날 학교로 돌아가고 싶다고 해도 선생님들은 저를 포기하지 않으셨죠.

어쨌든 첫해가 지나자 다른 애들처럼 공부하려면 어떻게 해야 하는지 대충 파악이 되더라고요. 공부하는 게 조금씩 재미있어지니까 성적도 오르기 시작하고요. 저에게 신경을 많이 써주신 선생님들 덕도 있어요. 선생님들은 저를 포함해 학생 서너 명이 서로 스페인 어를 쓰니까 다른 친구들도 다 스페인 어를 배워보는 게 좋을 것 같다면서 스페인 어 수업을 개설하고 제가 그 수업을 보조할 수 있게 해주시기도 했죠. 이것만 봐도 어떤 학교였는지 짐작이 가실 거예요. 게다가 학교는 이른바 '심화 학습'이라고 불리는 수업을 개설해서 요가, 유리 공예, 가드닝 같은 것도 가르쳤죠. 제가 오픈 포커스를 처음 접한 게 바로 이때였습니다. 테일러 선생님께 배웠죠.

그렇게 중학교를 졸업했어요. 8학년생들만 졸업하는 것인데도 사립 학교였던지라 졸업식이 아주 화려했어요. 엄마는 우시더라고요. 엄마는 어릴 적에 학교라는 곳을 거의 가 본 적이 없던 분이어서 감회가 크셨을 거예요.

선생님들 도움으로 사립 고등학교에서도 또 장학금을 받게 돼 다음해에는 더 열심히 수업을 들었습니다. 사실 고등학교 1학년 때는 중학교 건물에서 보낸 시간이 많아요. 어머니가 여전히 중학교에서 근무했기 때문이에요. 어머니가 저녁에 청소를 하는 동안 저는 옆에서 숙제를 했는데, 이때 중학교 때 선생님들이 많이 도와주셨죠. 그냥 같이 얘기만 하면서 놀 때도 있었고, 제 숙제를 도와주실 때도 있었고요. 테일러 선생님을 만나게 되면 같이 명상을 하거나 오픈 포커스를 하거나, 제가 제 문제에만 빠져 있지 않도록 저글링이나 카드 마술 같은 재밌는 것들을 알려주시기도 했어요.

어쨌든 1학년이 쉽지는 않았지만, 중학교 때와 마찬가지로 요령이 생기고 나니 고등학교가 정말 좋아졌습니다. 친구들과 지역 과학경시대회에 나가 우승도 하고, 저 개인적으로는 현지 병원에서 인턴십도 했는데, 제가 지금 대학에서 의예과 수업을 듣는 건 순전히 이때의 경험 덕분이죠. 어쨌든 제 고등학교 시절은 나무랄 데 없이 아주 좋았고, 저는 좋은 대학에 들어갔어요. 하지만 고등학교를 졸업할 때가 다가오니 정말 초조해지더군요.

제가 선택한 대학은 제가 살던 곳과는 완전히 나라 반대쪽에 있었어요. 가끔씩 치와와로 아버지를 만나러 갈 때를 빼곤 한 번도 집에서 멀리 떠나본 적이 없었으니까 엄마와 친구들을 떠나야 한다는 사실에 겁이 났죠. 종강을 하기도 전에 벌써 친구들이 그리울 정도였습니다. 졸업식이 기다려지지도 않았어요. 그때가 많은 사람들을 마지막으로 보게 될 자리였으니까요.

온 가족이 제 졸업식에 총출동했습니다. 아버지도 올라오셨죠. 저는 엄청나게 들떠 있었지만 그만큼 스트레스도 받았어요. 많은 친구들이 저와 비슷하게 대학을 집에서 멀리 떨어진 곳으로 가게 됐는데 걔네들은 그 사실에 정말 행복해하는 것 같았어요. 저 역시도 그런 마음이 분명 있었어요. 하지만 가족 중 처음으로 대학에 들어간 사람이 됐다는 사실에 기쁘면서도, 한편으로는 '그냥 여기 있으면서 시간을 되돌려 지난 한 해를 한 번 더 살면 안 될까?'라는 마음도 컸죠.

이런 혼란에서 저를 벗어나게 해준 제일 큰 은인이 중학교 때 선생님이셨던 테일러 선생님이었어요. 저는 그분을 졸업식에 초대했는데, 선생님이 저를 많이 다독여주고 격려해 주셨죠. 무엇보다 졸업식 중간에 제가 오픈 포커스 연습을 할 수 있도록 묘수를 두셨어요.

졸업식은 큰 강당에서 열렸고 그 뒤쪽에는 발코니가 있었어요. 테일러 선생님은 제가 선생님을 정면에서 볼 수 있도록 발코니 바로 앞자리에 앉으셨죠. 졸업식은 꽤 길게 진행됐는데 졸업생들 모두가 내내 무대 위에 앉아 있어야 했어요. 무대가 더워서 가운 아래로 땀이 비 오듯 흘렀습니다. 초청 연사가 축사를 하고, 졸업생 대표가 고별사를 하고, 교장선생님이 다시 긴 축사를 하는데, 이게 끝나긴 하는 건가 싶더군요. 반 친구들 중에는 가운 아래로 문자를 하는 등 딴짓을 하는 애들도 있었는데 저는 그렇게 마음이 여유롭지 못했습니다. 저는 하염없이 울고 있는 엄마와 동생들, 그 반대편에 앉아 있는 아빠를 계속 쳐다봤어요. 아버지는 저와 눈이 마주칠 때마다 양손 엄지손가락을 번쩍 드셨죠. 매번 그러시는데 조금 창피하기도 했어요. 테일러 선생님은 제가 발코니에 앉아 있는 선생님을 바라볼 때까지 가만히 기다렸다가 저한테 수신호를 주시곤 했어요. 이 수신호는 졸업식 전에 미리 맞춰둔 것이었습니다.

두 손을 합장하듯 하나로 모으면 '코 안의 공간을 상상해 봐'란 뜻이었어요. 처음에 선생님이 그 동작을 했을 때 저는 그냥 웃기만 했는데, 그것만으로도 오픈 포커스 연습만큼이나 도움이 많이 됐습니다. 이 수신호의 취지는 제가 제 몸과의 연결성을 잊지 않도록 주의를 환기시키는 것이었어요. 저는 오픈 포커스의 이런 면을 좋아하는데, 그건 제가 오래전부터 해부학에 관심이 많았던 사람이라 코 안쪽이 어떻게 생겼는지 아주 정확하게 떠올릴 수가 있거든요. 부비동 안쪽에서 시작해 목과 폐로 내려가는 공간을 생생하게 상상할 수 있는데, 사실 이건 거대한 살덩어리들이죠. 내 몸이 나라는 사람의 일부이기도 하지만 또한 물리적 사물이기도 하다는 걸 생각하고 그 사물을 느껴보는 것, 이게 바로 핵심입니다. 우리가 책상 앞에 앉아 있다고 하면, 책상에 대해서는 '내 바로 앞에 책상이라는 특정한 형태로 공간을 차지하고 있는 사물'이라고 쉽게 생각할 수 있지만, 자기 몸은 그런 식으로 생각해 본 적이 거의 없을 겁니다. 하지만 내 몸 역시 특정한 모양을 하고서 방 안의 공간을 차지하고 있는 하나의 유기체입니다. 적어도 공간의 측면에서 보면 내 몸은 다른 형상들과, 적어도 다른 몸들과 다를 바가 전혀 없는 거예요. 누구나 손과 팔, 심장과 폐 등으로 특정한 공간을 차지하고 있기 때문에, 이 간단한 연습만으로 저는 제 몸으로 다시 주의를 돌릴 수 있었습니다. 게다가 저는 해부학을 공부했기 때문에 제 몸의 혈관이나 관절, 근육 등이 실제로 생긴 모습이나 피부 아래에서 어떻게 느껴지는지 떠올리고 느껴보는 게 재미있었어요.

테일러 선생님이 보내기로 한 또 다른 신호는 검지로 선생님 자신의 가슴과 제 가슴을 번갈아 가리키는 거였습니다. 이건 선생님과 저 사이의 공간을 떠올려보라는 신호였어요. 이게 정말 좋았던 게 선생님과 저 사이에는 제 가족과 반 친구들의 가족, 학교 교직원들이 모두 앉아 있었거든요. 그래서 저는 숨을 깊게 들이쉬고 강당 안의 전체 공간을 상상하면서 제가 눈앞에 보이는 모든 사람, 모든 사물과 연결되고, 우리 모두를 둘러싸고 있는 공기와 하나로 연결되는 모습을 떠올렸습니다. 사방의 벽에서부터 천장까지 공간을 가득 채운 이 공기 덩어리가 우리 모두를 연결시켜 준다고 생각하면 정말 마음이 차분해져요.

앞에서 말했듯이 졸업식이 꽤 길어서 정신이 많이 산만해졌는데, 기분이 좀 이상하거나 불안할 때마다 테일러 선생님을 쳐다보면 선생님은 또 이상한 수신호를 보내주시곤 했어요. 웃기게 들릴지 몰라도 덕분에 저는 제 몸의 느낌에 다시 연결될 수 있었고요. 땀도 워낙 많이 흘리고 복장도 불편한 터라 오히려 제 몸을 느끼기가 더 수월했습니다. 피부에 척척 달라붙는 가운이며 머리를 짓누르는 학사모가 아주 생생했죠. 그런 것들이 일으키는 신체 감각을 잘 느끼고 있으면, 무엇 때문에 갑자기 불안해졌든 그 감정은 배경으로 사라지곤 했어요. 이 작업은 결국 몸에서 느껴지는 신체 감각과 그 순간 눈에 보이고 귀에 들리는 모든 것에 주의를 기울여 주변의 모든 사람과 하나로 연결되는 것입니다. 졸업식이 의미하는 온갖 것들에 대해 쉴 새 없이 떠드는 머릿속 생각에 빠져서 나를 잃는 게 아니라요. 대학에 입학한 지 2년이 지난 지금 그때를 되돌아보면, 제가 졸업식장에서 걱정했던 많은 것들이 애초에 말이 안 되는 망상이었고, 따라서 졸업식이 열리는 물리적 공간과 제가 할 수 있는 만큼 최대한 연결하는 게 훨씬 더 나은 길이었어요. 무엇보다 그 덕분에 저는 졸업식에서 불안에만 떨지 않고 졸업식 자체를 즐길 수 있었습니다.

지금도 잊히지 않는 건 제 심장과 엄마의 심장 사이의 실제 거리를 떠올릴 때였어요. 엄마는 엄청 큰 손수건을 손에 쥐고 계속 울고 계셨어요. 그 모습이 제게는 학생들 미래에 대해 덕담하는 모든 연사들보다 감정적으로 더 큰 울림을 주었습니다.

테일러 선생님은 지금도 매달 저에게 편지를 보내주세요. 우편으로요. 편지 봉투를 열어 손으로 편지지를 집을 때마다 멀리 있는 선생님과 물리적으로 연결된 것 같은 느낌이 들어요. 비록 선생님과 멀리 떨어져 있지만 그 편지를 들고 있으면 숨을 깊게 들이마시고 여전히 우리 둘 사이를 연결해 주는 공간을 떠올리게 됩니다."

친척들

내가 세상에서 제일 사랑하는 사람이 내가 도저히 견딜 수 없는 사람과 혈연 관계인 경우가 있다. 이 문제로 우리는 가족들과 오랜 시간 고성이 오가는 험악한 싸움을 벌일 수도 있다. 명절에 고집불통 삼촌을 대하거나 배우자의 괴짜 이모나 고모를 대하는 건 쉽지 않은 일이다.

가족 구성원들을 '우리'로 뭉치게 만드는 유대감은 다른 관계에서 느끼는 유대감과는 다르다. 따라서 가족 간의 갈등은 그만의 독특한 어려움을 일으키고, 이러한 갈등은 결혼을 통해 새 구성원이 들어오면 더 악화될 수도 있다. 한 사람을 친족 집단의 일원으로 맞이하기 위한 의례와 법적 제도가 이렇게 정교하게 발전한 데는 다 이유가 있다. 가족은 사회를 구성하는 기본 단위인데, 가족 규칙—특히 가족 구성원 본인들도 막연하게만 인지하고 있는 무언의 규칙—이 깨지면 그 집단 전체가 흔들릴 수 있기 때문이다. 우리는 가족을 통해 정서적 지지와 재정적 지원을 받고, 정체성과 소속감을 느끼며, 도덕적 가치를 형성하고 강화한다. 그리고 이 부분 중 어느 하나라도 문제가 생기면 다른 부분에도 균열이 발생하기 쉽다. 게다가 가족과 다툰 후 관계를 끊는 것은 친구와 심하게 싸우고 절교하는 것보다 훨씬 후폭풍이 세다. 혈연 관계는 그만큼 중요한 관계인 것이다.

특히 배우자 가족들과의 의견차는 언제 끝날지 모르는 냉전으로 번질 수 있다. 배우자가 자기 집 식구들의 대변인 노릇을 할 수도 있고, 그들을 만나는 건 결혼식, 장례식, 명절 정도인데 보통 이때는 냉전이 실제 갈등으로 화르륵 타오르기가 더 쉽기 때문이다. 그러니 (추수감사절 저녁처럼) 일촉즉발의 위험이 있는 자리에서나 아니면 일상에서 편하게 만날 때에도 고성이 오갈 정도로 상황이 악화되기 전에 이런 긴장을 직접적으로 완화하는 방법을 살펴보자. 그러기 위해 먼저 마샬 맥루한_{Marshall McLuhan}의 이론을 잠시 살펴보자.

캐나다의 철학자 맥루한은 우리가 정보를 받아들이는 방식이 매체에 따라 얼마나 달라지는가에 관해 선구적으로 연구한 학자이다. "매체가 메시지다"(the medium is the message)라는 말로 유명한 그의 이론을 간략하게 요약하자면, 우리는 소비하는 정보뿐만 아니라 그 정보가 전달되는 방식까지도 분석해야 한다는 것이다. 텔레비전을 예로 들어보자. 텔레비전을 볼 때 우리는 시청하는 프로그램의 내용에만 푹 빠질 뿐 영상과 소리를 결합하여 즉각적이고 감각적인 경험을 제공하는 텔레비전 자체나 신호가 텔레비전에 도달하는 방식, 콘텐츠를 전달하는 케이블이나 방송 서비스의 물리적 장치에 대해서는 대개 유심히 생각하지 않는다. 뉴스를 볼 뿐 텔레비전 기기 자체는 보지 않는 것이다. 핸드폰도 마찬가지다. 유튜브 영상을 보거나 페이스북 페이지를 확인하거나 문자를 읽을 때 우리가 제일 신경 쓰는 건 영상이나 문자의 내용일 뿐 실시간으로 소통하며 즉각적인 피드백을 받는 이 기기의 특성이나 콘텐츠를 전달하는 앱에 대해서는 딱히 생각하지 않는다. 이것은 전자 미디어나 디지털 미디어는 물론이고 인쇄 미디어도 마찬가지다. 이 책을 예로 들어보면 여러분은 종이의 질이나 무게, 표지 디자인, 폰트 등이 눈에 들어왔을 수는 있으나(사실 앞에서 우리는 이 모든 것들을 알아차려 보라고 요청했었다!) 대부분은 책 속 단어들이 전달하는 사고의 내용에만 집중하지 책이라는 인쇄 매체를 구성하는 요소들에는 주의를 기울이지 않는다.

이것이 가족 안의 싸움과 무슨 관계가 있을까? 맥루한은 매체로 전달되는 메시지나 프로그램의 내용물에만 집중하지 말고 가끔은 매체 그 자체에 초점을 맞추는 게 중요하다고 말했다. 핸드폰과 텔레비전이 실은 각기 다른 정보를 전달하는 기기임을 안다면, 우리는 정보가 생산되는 메커니즘에 대한 이해를 바탕으로 해당 정보를 좀 더 신중히 평가할 수 있게 된다. 이 논리는 친척이나 가족 문제에도 비슷하게 적용할 수 있는데, 그들의 생각이나 의견의 내용만이 아니라 그러한 생각을 만들어내는 물리적 과정에도 초점을 맞춰보는 것이다.

정치, 직업, 자녀 양육 방법, 다른 사람들을 대하는 방식 등 사실상 우리가 정말 중요하다고 생각하는 거의 모든 문제와 관련해 누군가와 성격적으로 강하게 부딪치거나 의견차가 생기면, 우리는 반대되는 그 생각의 내용이나 우리가 싫어하는 상대방의 특정 자질에만 좁게 초점을 맞추는 경향이 있다. 또 이러한 갈등을 이유로 상대를 대상화하여 부정적인 평가나 판단을 내리고, 우리가 싫어하는 그 사람의 의견이나 행동이 그 사람이 가진 성격의 전부라고 싸잡아 생각해버리기도 한다.

이렇게 주의의 초점을 아주 협소하게 좁히거나 상대를 내가 싫어하는 자질이나 의견에만 연결 짓는 습관은 독이 될 수 있다. 이런 상태에서는 가족이 모이는 자리를 생각만 해도 화가 나거나 신경이 거슬리고, 명절을 쉬러 차를 몰고 집으로 갈 때 곧 있을 말싸움에 대비해 자기도 모르게 차에서부터 이를 악물고 있기도 한다. 이 패턴을 깨는 한 가지 방법이 바로 마셜 맥루한의 명제를 안내삼아 기존과는 달리 오픈 포커스 방식으로 자신의 생각에 주의를 기울이는 것이다.

대개 우리는 생각을 그 내용만 가지고 인지한다. 예를 들어 낙태 합법화 여부에 대해 강한 의견을 갖고 있는 사람이 있다면 그 사람은 그것과 관련된 구체적인 내용, 논리 및 감정을 자기 의견에 결부시킨다. 도덕적 또는 법적인 주장, 개인적인 호불호, 그러한 결론을 내리는 데 영향을 끼친 개인적 경험 등을 동원해 자기 의견을 표현하는데 주의를 기울이는 것이다. 하지만 생각과 의견은 그런 정신적 표현과 기억의 복합체로만 이루어져 있는 게 아니다. 생각과 의견과 감정은 신체에서 일어나는 물리적 과정이기도 하다. 그러니 우리는 그 생각이나 의견을 표현할 때 사용하는 언어의 측면 외에도 이 물리적 과정에 주의를 기울여볼 수 있다.

이 방법은 가족 간에 흔히 갈등을 일으키는 이런저런 의견에 모두 적용할 수 있다. 예컨대 앞에서 언급한 낙태 합법화 여부, 그리고 총기 규제 강화 문제, 세금 감면이나 인상 문제, 자녀를 유치원에 보내는 문제, 흑인 노예 후손들에게 국가가 배상금을 지불해야 하느냐는 문제 등 그 주제는 다양할 수 있다. 그야말로 가족 관계에 영향을 끼칠 수 있는 어떤 생각에도 적용될 수 있다.

정치적 혹은 사회적 문제를 둘러싸고 벌이는 이런 언쟁들이 관계에 직접적인 영향을 끼치지는 않는다. 추수감사절에 저녁을 먹으며 벌이는 입씨름 정도로는 말이다. 삼촌이나 고모 혹은 이모가 해당 문제의 향방을 결정짓는 입법자가 아닌 이상에야 그분들의 의견이나 내 의견이나 무게감은 비슷하며, 그들의 행동이 그 문제에 영향을 끼치는 것도 아니다. 이러한 상황에서는 내 의견 혹은 그분들 의견의 내용이 아니라, 그러한 의견이 발생하고 있는 물리적 공간에 초점을 맞추기가 더 쉽다. 즉 메시지가 아닌 매체에 주의를 기울일 수 있는 상황인 것이다.

신경과학의 관점에서 의견이나 생각이라는 것이 과연 무엇이냐에 대해서는 사실 정확히 밝혀진 바가 없다. 분명 뇌 기능이 작동한 결과임은 분명하지만, 생각이나 의견이 만들어지는 정확한 메커니즘은 여전히 미스터리다. 특정 뉴런 사슬이 특정 방식으로 발화한 것이 의견인가? 그것은 특정한 모양의 신경 전달 물질 네트워크인가, 아니면 뇌의 특정 영역인가? 생각이 달라지면 전기 신호들이 발화하는 패턴이 달라지는가? 아주 엄밀하게 뇌 기능의 관점에서만 보자면 총기 규제는 "더 강화되어야 한다"와 "더 완화되어야 한다" 사이에는 별 차이가 없다. 도덕적·법적 함의는 서로 완전히 다르지만, 신경생물학적 과정은 대단히 유사한 것이다.

　누군가가 오래도록 논란 중인 주제에 대해 도저히 동의할 수 없는 말을 했다고 가정해 보자. 심지어 먼저 시비를 걸기까지 했다고 해보자. 이때 그 사람 의견의 내용에 집중하지 말고, 자신의 뇌가 차지하는 공간, 머릿속 반응이 일어나는 공간을 상상해 보면 어떻게 될까? 뇌가 자리하고 있는 두개골 안의 공간, 뇌가 빛의 속도로 반응하고 있는 그 공간을 상상해 보는 것이다. 그 반응의 내용에 주의를 기울이는 대신, 의견을 도출해 내는 물리적 과정이 벌어지는 두 귀 사이의 공간도 머릿속으로 떠올려보면 어떨까?

　우리의 뇌는 정말 대단한 일을 하고 있다. 친척이 입으로 내는 소리를 정보로 해석하고 그에 대한 반응으로 내 대답을 만들어내는 것까지 정말 눈 깜짝할 사이에 끝낸다. 우리는 평소처럼 내 반응의 내용이 곧 내 정체성인 것처럼 굴 수도 있지만, 그 대답을 만들어내는 물리적 과정, 즉 혈액이 뇌 속을 흐르고 신경 전달 물질이 전기 신호를 발화하는 등의 과정에 초점을 맞출 수도 있다.

　배우자의 삼촌이 "누구나 자동 소총을 보유해야 한다"는 말을 했을 때 그의 의견에 동의하지 않는 생각이 뇌에 떠오르는 것을 나는 언제 그리고 어떻게 알아차리는가는 신경생물학적으로 정확히 밝혀지지 않았다. 그 삼촌의 발언이 말도 안 된다고 생각하게 되는 과정은 두개골 안에서 일어나 망상활성계, 변연계, 자율신경계를 통해 몸 전체에 전달되는 물리적 과정이다. 그의 의견에 대한 내 반응의 내용을 떠올리는 것도 그것에 주의를 보내는 한 가지 방식이고, 몸에서 벌어지는 물리적 과정을 떠올리는 것도 한 가지 방식이 될 수 있다.

마찬가지로 상대방이 생각하는 내용물이 나에게 주어졌을 때 그 생각을 정신적 표현이라는 측면에서가 아니라 신체 행위의 측면에서 상상해 볼 수도 있다. 배우자의 고모나 이모가 다른 집단의 사람들에 대해 대단히 문제적인 발언을 했을 때, 그분이 말한 내용에만 초점을 맞추지 말고 그 말이 나오는 과정에 관여한 신체 행위에 초점을 맞춰보는 것이다. 말은 폐에서 나온 공기로 후두 안의 성대가 진동하면서 소리를 내는 방식으로 만들어진다. 이모의 폐에서 나오는 공기는 입과 코의 조음 기관을 통해 소리의 형태를 갖추며, 우리는 그렇게 조음된 소리를 귀로 듣고 해석하는 것이다.

내 생각도 그렇지만 이모의 생각도 몸에서 어떤 과정을 거쳐 만들어지는가는 여전히 미스터리이다. 하지만 적어도 나는 이모가 자기 의견을 피력할 때 이모가 내는 소리의 내용보다 그 말을 할 때의 이모의 신체적 측면에 초점을 맞춰볼 수 있다. 이모의 몸은 실로 대단한 일을 하고 있다.—뇌에서 생각을 일으킨 다음, 폐와 목과 코와 입을 움직여 그 생각을 소리의 형태로 만들고, 공기를 진동시켜 그 소리가 내 귀에 전달되게끔 하는 것이다. 그러면 놀랍게도 위에서 설명한 또 다른 과정이 촉발된다. 즉 그 말을 듣는 나의 뇌가 그 소리를 해석해서 정신적 표현물로 만드는 것이다. 이 모든 일은 나와 이모, 그리고 그 방에 있는 다른 모든 사람들을 하나로 연결시키는 물리적 공간 안에서 벌어진다.

어떤 의견의 도덕적·정치적·감정적 표현물이 아니라 그 의견을 생성하는 우리 몸의 물리적 과정과 그 의견이 일어나는 공간에 주의를 기울이는 것은 주의 방식을 이용한 갈등 해소의 한 가지 방법이다. 물론 누군가 불쾌한 말을 하면 일단은 그 말에 동의하지 않는다고 분명하게 밝혀야 한다. 하지만 누가 이기느냐 외에는 하등 의미가 없는 의견 대립에서 그 대립하는 내용에만 초점을 맞추다 보면 갈등이 생길 수밖에 없다. 내용에 반대한다면 "우리가 그 말에 동의 안 하는 거 아시죠?"라는 말 외에 다른 말은 할 필요가 없다. 내 머릿속 생각이든 상대방의 머릿속 생각이든 그것이 마치 자기의 정체성인 양 거기에 에너지를 쏟지 않아도 된다. 그 대신 자신의 몸속 공간, 자기 몸과 상대방 몸 사이의 공간에 주의를 기울여보자. 논쟁 그 자체가 아니라 논쟁이 벌어지고 있는 공간으로 주의를 돌려보자.

노파심에 말하자면, 이는 그 의견이 지닌 도덕적·현실적 측면을 무시하라거나, 의견이 뇌에서 만들어지는 과정은 다 유사하므로 모든 의견이 도덕적으로 다 똑같다고 얘기하는 게 아니다. 우리는 자신의 신념에 따라 투표도 해야 하고, 자신이 생각하는 비전을 실현하기 위해서 가족들과 생각이 다르더라도 자선 단체에 가능한 만큼 돈을 기부하고 시간을 내 자원 봉사도 해야 할 것이다. 자기 삶에서 옳다고 믿는 것은 당당히 지지해야 한다. 하지만 친척과 언쟁하는 게 벽에 대고 얘기하는 것처럼 느껴진다거나 모두가 명절을 즐기는 게 훨씬 더 중요한 일이라면, 의견의 내용 자체보다는 자기 주변의 공간으로 주의를 기울이는 것이 갈등을 잠재우는 데 도움이 될 것이다.

"매체가 메시지다"라는 말은 정보가 우리에게 도달하는 방식이 정보 자체만큼이나 중요할 수 있다는 뜻이다. 라디오에서 별로 좋아하지 않은 노래가 나오는데 라디오를 끌 수 없는 상황이라면, 그냥 소리만 들으면서 여러분 주변의 공기를 진동시키는 그 놀라운 기술의 향연과 그 소리를 해석해 내는 우리 신체의 경이로움에 빠져보면 어떨까? 물론 이렇게 하는데도 여전히 몸에 부정적인 느낌이 생긴다면, 불쾌한 감정이 떠오르는 대로 그것과 하나되어 주변 공간 속으로 그 감정을 녹여 없앨 수도 있다.(감정적 고통을 해소하는 팁은 5장을 참조.)

출산

출산시 자궁으로부터 빠져나오는 것은 인간이 하는 가장 기이한 경험 중 하나임에 분명하다. 그런 면에서 인간이 자기의 탄생 순간을 기억하지 못하는 건 안타까운 일이 아닐 수 없다. 두 눈은 초점이 안 맞고, 폐로 숨 쉬는 건 아직 익숙하지가 않고, 엄마 뱃속에 있을 때는 웅웅거리던 모든 소리가 갑자기 아주 선명하게 들려오는 등 모든 게 신경에 거슬릴 것이다. 왜 아기가 우는지 충분히 이해가 된다.

여러분이 부모라면 태어난 아기를 처음 품에 안는 것보다 더 세상을 달리 보게 하는 사건도 없을 것이다. 아무리 기쁜 일이라도 아이가 생길 때만큼 일상을 뒤집어놓거나 미래에 대한 생각을 바꿔놓지는 않는다. 또한 다른 어떤 사건도 그것만큼 흥분과 두려움, 행복과 불안이 뒤엉킨 극렬한 감정 변화를 가져오지 않는다.

이 기이한 경험 때문에 처음으로 엄마가 된 사람들은 대부분 출산 직후에 이른바 산후우울증을 겪는다. 기분 변화, 불면증, 범불안장애, 직접적인 이유 없이 터지는 울음 등의 증상을 보이는 산후우울증은 대개 출산 후 2~3일 안에 시작되었다가 몇 주면 사라지는데, 사람에 따라 그 증상은 훨씬 심하고 오래 가기도 한다. 이 상황을 도저히 감당할 수 없을 것 같고, 무기력하고, 삶의 목적이 사라진 것 같은 상실감에 시달리며, 무엇보다 아기가 태어난 것에 환희를 느껴야 마땅한 엄마가 그렇지 못하다는 사실에 죄책감과 수치심을 느끼기도 한다. 극심한 기분 변화를 겪으면서 급기야 본인이나 아기를 해칠 생각까지 하게 되는 경우도 있다.

아빠가 된 사람들 역시 비슷한 감정을 겪는다. 아빠의 몸은 엄마의 몸만큼 극심한 변화를 겪지는 않지만, 끊임없는 수면 부족, 피로, 불확실성은 엄마뿐 아니라 아빠에게도 영향을 끼친다. 돈이나 아기의 건강에 대한 걱정 역시 엄마 아빠를 잠 못 이루게 할 수 있다.

태어난 아기를 맞이할 때 겪는 이러한 혼란스러운 감정들은 여러분의 배우자와 가족, 그리고 당연히 새로 태어난 아기와의 관계에 영향을 끼친다. 부모가 되었다는 사실에 이루 말할 수 없는 기쁨을 느끼든 아니면 온갖 걱정에 시달리든(혹은 그 두 감정 사이에서 크게 왔다 갔다 하든), 본인과 배우자, 아기가 차지하고 있는 공간—물리적 공간과 감정적 공간 모두—과 연결되어 있으면 마음도 한결 차분해지고 새 가정으로서의 유대감을 키우는 데도 크게 도움이 된다.

올리비아의 경험은 자신의 몸과 감정에, 또 아기에게 확장된 주의를 유연하게 보낼 수 있게 되었을 때 아기의 탄생이라는 그 놀라운 순간에 자연히 따라붙는 걱정들이 어떻게 해소되는지를 잘 보여준다. 올리비아는 산후우울증을 오랜 기간 겪었다.

"바이올렛은 제 둘째딸이에요. 첫째딸인 헤더 때는 아무 문제가 없었어요. 첫째아이는 임신 기간도 꽤 순탄했고 분만도 빠른 편이었기 때문에 더할 나위 없이 만족스러웠죠. 제가 상상했던 임신 출산과 완벽하게 부합해서 헤더와는 바로 유대감이 형성됐어요. 하지만 3년 후 바이올렛 때는 정말 많은 일들을 겪었습니다.

입덧이 그치질 않았고, 배 뭉침과 통증도 심했어요. 살도 많이 쪘고요. 바이올렛은 역아逆兒였는데, 제왕절개는 하지 않았지만 분만 중에 결국 무통 주사를 맞을 수밖에 없었죠. 지나고 보니 저 자신이 너무 실망스럽더라고요. 어쨌든 임신부터 출산까지 전 과정이 첫째 때보다 훨씬 더 힘들었어요. 임신한 순간부터 거의 대부분 몹시 우울한 상태였죠.

첫째를 낳은 후 우리 부부의 삶이 너무 많이 달라졌기 때문에, 둘째 때 경험은 다를 수 있다는 걸 예상했어야 했는데 그러지를 못했어요. 결혼할 당시 남편 루카스와 저는 토론토에서 학교를 다니고 있고, 헤더를 가졌을 때는 루카스가 막 취업을 한 시점이었습니다. 헤더가 한 살 됐을 땐 저도 사무직 파트타임 일자리를 구한 터라 모두가 정말 만족스러운 시기였죠. 제 부모님과 루카스의 어머니가 집 근처에 살아서 자주 오시기도 했고요. 하지만 루카스가 버팔로에 있는 회사로 이직을 해 그쪽으로 이사를 가면서 모든 게 바뀌었습니다.

취업 비자를 받기가 쉽지 않아서 저는 오랫동안 일을 못했어요. 부모님도 너무 보고 싶었고요. 친구를 사귀는 것도, 제가 원하는 모임에 들어가 사람들과 관계를 쌓는 것도 내 마음처럼 안 됐고, '미운 세 살'이 된 헤더를 돌보는 일도 정말 힘들었어요. 솔직히 말해 둘째를 갖기로 했을 때, 아이를 가지면 제 우울한 상황에서 도망칠 수 있을 거라고 생각한 측면도 있어요. 하지만 정반대 상황이 펼쳐진 거죠.

힘든 임신 기간을 보낸 뒤 바이올렛이 태어나자 저는 정말 기분이 우울해졌습니다. 수유를 하는데 젖을 물리는 것도 힘들었고, 정작 아이가 물면 너무 아팠죠. 제가 모든 걸 놓치고 있다는 어마어마한 압박감에 시달렸어요. 설명하기가 좀 어려운데, 어쨌든 아기와 함께 있는 하루하루를 후회로 보냈어요. 바이올렛의 유년기가 제 손가락 사이로 다 빠져나가는 것 같아서 지나가는 매 순간순간 거대한 상실감 같은 걸 느꼈죠. 정작 아이는 제 눈앞에 있었는데 말이에요. 저는 '이 순간은 절대 다시는 오지 않을 거야'라고 생각하면서 강박적으로 매 순간을 붙들려고 했습니다. 아이가 저를 사랑하지 않을까봐, 남편이 저를 더 이상 사랑하지 않을까봐 두려웠죠. 그때의 저는 정말 엉망진창이었어요. 루카스와 저는 말도 안 되는 사소한 일로 티격태격하고, 헤더는 제가 바이올렛에게 보이는 모든 관심을 시샘했어요. 루카스가 저녁에 퇴근하면 저 혼자 바이올렛을 유모차에 태우고 아주 긴 산책을 하던 기억이 나네요. 그냥 하염없이 걸으면서 내 인생은 이제 끝났구나 생각하며 괴로워했어요.

처음 오픈 포커스를 하게 된 건 유방 통증 때문이었어요. 다른 방법들은 유방 통증에 전혀 소용이 없었거든요. 라놀린 팩, 유축, 이부프로펜은 물론이고 바이올렛을 이런저런 자세로 안아보는 것까지 온갖 방법을 써봤지만 아무것도 효과가 없어서 그저 대부분의 시간을 아파하면서 보냈죠. 그런데 오픈 포커스 방법을 사용하자 통증이 훨씬 줄어들더라고요. 그래서 다른 연습도 한번 해보고 싶다는 마음이 들더군요. 제 가슴의 통증이 어디에 있는지 찾는 건 아주 쉬웠어요. 모르려야 모를 수 없을 만큼 아팠으니까요. 하지만 몸의 다른 부위도 느껴보기 시작하자 허리 부분이 굉장히 뻣뻣한 게 느껴졌어요. 누군가 저에게 허리가 아프냐고 물었다면 아마 '그렇다'고 말했을 것 같긴 한데, 사실 그것 말고도 온갖 불안이 가득했던 터라 허리 아픈 것쯤은 별로 의식도 못하고 있었던 거죠. 오픈 포커스가 아니었으면 제가 이 허리 통증을 찾을 수 있었을까 싶네요. 제 몸의 모든 부위를 하나하나 짚어가며 그 안의 공간들을 느끼다 보니 제 허리가 얼마나 굳어 있는지 바로 알아차렸던 건데, 그렇게 한번 느끼고 나니 왜 전에는 이걸 몰랐을까 싶더군요.

근육이 콘크리트처럼 단단했어요. 그저 그렇게 몸을 느껴주는 것, 내 몸의 각 부위가 하는 말에 귀 기울이는 것, 의도적으로 몸에서 느껴지는 감각을 알아차리는 것, 이게 정말 중요했습니다. 제가 언제나 제 몸과 완벽하게 연결됐던 건 아니에요. 저는 생각이나 감정에 쉽게 휘둘리는 편이었는데, 그럴 때 가장 도움이 된 기법 중 하나가 몸의 각 부위를 하나하나 완전하게 상상해 보는 것이었어요. 허리든 허벅지든 어깨든 그 부위를 3차원 모습 그대로 통째로 상상하면 그곳에서 벌어지는 일을 세밀하게 알아차리기가 쉽습니다. 여러분도 한번 턱을 3차원 모습 그대로 통째로 상상해 보시겠어요? 이런 질문을 받으면 턱이 차지하고 있는 바로 그 공간으로 주의가 가고, 그럼 그 부분에 긴장이 있는지 없는지 느낄 수가 있죠. 그리고 이렇게 그 긴장을 알아차리는 것만으로 거의 즉시 긴장이 풀리기 시작해요.

저는 굉장히 감정적인 사람이지만, 때로는 감정을 느끼기 싫어 그것을 무의식적으로 허리에 쑤셔 넣고는 그 결과 생긴 허리 통증을 경험했던 겁니다. 어쨌든 제가 허리 통증에서 발견한 건 제 외로움이었어요. 부모님이 가까이 계신 것도 아니고, 남편과 통한다는 느낌도 없었고, 큰애는 까다롭기 그지없었고요. 갓 태어난 바이올렛과도 유대감이 생기는 것 같지 않았고요. 직장이 있는 것도 아니고 집안일 외에는 사실상 할 일이 없다 보니 정말 외로웠어요. 지금 생각해 보면 당시 저는 그 모든 외로움을 바이올렛에게 쏟고 있었던 것 같아요. 그러니 아이가 저에게 결속감을 느끼지 못한 건 어쩌면 놀랄 일도 아니었을 겁니다. 아이가 할 수 있는 단 한 가지가 있다면 그건 바로 엄마의 감정을 느끼는 것일 테니까요.

허리의 3차원 공간으로 들어가 그곳을 온전히 느끼자 거기에 갇혀 있던 모든 감정들을 '있는 그대로' 경험할 수 있었어요. 그전까지는 그저 통증이 좀 있네 하고 뭉치고 지나갔던 것들을요. 느낌을 충분히 느끼고 그것을 제 몸 전체로 흘려보내자 그 감정을 말로 표현하기도 훨씬 쉬워졌는데, 그러면서 저와 루카스 사이가 정말 좋아졌습니다. 제가 얼마나 외로운 상태인지 인정하게 되면서 저는 인터넷 전화로 부모님과 더 자주 통화하고, 아이들을 재우고 난 뒤에는 루카스와 둘만의 시간도 더 자주 가졌어요. 그렇게 제 감정을 표현하고 남편이 그 말을 들어준다고 느껴지니까 제 몸 상태도 훨씬 좋아지는 일종의 선순환이 이루어졌고, 제 느낌과 '연결'되는 것도 더 빨라졌습니다. 몸의 통증이 올라올 때 그것을 충분히 느끼면 통증이 쉽게 사라진다는 걸 깨달은 거죠.

바이올렛을 수유하는 데는 여전히 어려움이 있었어요. 이 부분은 해결이 쉽지 않았죠. 하지만 어떤 간호사 선생님을 만나 유축 방법을 다시 배웠는데 그게 큰 도움이 되었어요. 막막한 느낌에 그저 손 놓고 있지 않고 새 병원을 찾아보려 적극적으로 나서게 된 데는 역시 오픈 포커스의 도움이 컸다고 생각해요. 이 새로운 방법을 통해 몸에 있는 감정을 다시 느끼고 놓아주니 육아의 어려움 때문에 마치 세상이 끝날 것 같다는 느낌은 더 이상 들지 않았습니다. 저는 훨씬 안정을 찾았고 육아의 어려움도 잘 대처할 수 있게 되었어요.

몸으로 제 감정을 느끼며 그것과 다시 연결되니 설령 부정적인 감정이 올라와도 편안하게 느낄 수 있었어요. 예전에는 늘 감정적으로 막다른 길에 부딪친 것 같은 느낌에 시달렸다면, 이제는 이런 여유 속에서 주어진 문제들을 풀어가고 있습니다."

경험에 마음 열기

우리는 모두 삶에서 끊임없이 변화를 경험한다. 물론 대부분은 탄생이나 죽음처럼 세상에 대한 관점이나 행동 양상을 완전히 뒤집어놓을 정도로 극적인 일은 아니다. 하지만 즐거운 일이든 비극적인 일이든 혹은 그 사이 어딘가에 있는 일이든, 커다란 변화의 계기가 되는 일이 벌어질 때, 우리가 열린 마음으로 주의를 확장할 수 있다면, 그리고 그 일을 겪을 때 올라오는 모든 감정과 생각과 느낌을 바로 바로 수용하고 충분히 경험할 수 있다면, 앞으로 나아갈 방향을 찾는데 크게 도움이 될 것이다.

도저히 감당 못할 정도로 문제가 커 보일 때나 해결책이 마땅히 보이지 않을 때, 그럴 때 올라오는 감정들을 눌러버리는 건 대개 두려움과 무력감 때문이다. 하지만 주의를 확장해 그 감정들을 내 안에 통합하면 우리는 그 감정들을 인정하고 온전히 경험한 다음 떠나보낼 수 있다. 그 감정에 갇혀 있지 않아도 된다. 심지어 고난의 한가운데를 지나고 있을 때조차 그렇게 의식을 확장하면 마음이 훨씬 평화로워지면서 새로운 해결책에 눈이 떠지기도 한다.

제임스 볼드윈James Baldwin(미국의 작가—옮긴이)은 이렇게 썼다. "직면한다고 해서 모든 게 변하지는 않지만, 직면하지 않으면 어떠한 것도 변하지 않는다." 변화의 시기에 경험하는 모든 감정들에 주의를 기울이면, 우리의 생각과 감정은 우리가 맞이한 새로운 현실 속으로 온전히 통합된다. 그럴 때 우리는 그것을 발판삼아 다른 감정들을 향해, 현재의 변화를 넘어선 다른 변화들을 향해, 또 아직은 상상할 수 없는 새로운 기회가 숨어 있는, 아직 오지 않은 전환기를 향해 전진할 수 있다.

9

다채롭게 빛나는
사랑의 광휘

The Open-Focus LIFE

9

다채롭게 빛나는 사랑의 광휘

여기 두 가지 종류의 대화가 있다. 하나는 머리와 머리 간의 만남이고, 다른 하나는 심장과 심장 간의 만남이다. 머리mind와 머리가 만날 때 우리는 생각의 합의점을 찾는다. 심장heart과 심장이 만날 때는 가장 깊은 감정들을 나눈다.

인간은 문화가 형성되던 거의 초창기부터 머리와 심장에 이처럼 명백히 다른 역할을 부여해 왔다. 플라톤Plato과 갈레노스Galen 등 수많은 고대 그리스의 철학자, 의사, 형이상학자 들은 이성적인 머리와 열정적인 심장을 구분했고, 오늘날에도 우리는 은연중에 이런 생각을 계속 하고 있다. 신경과학과 심장학의 발달 덕분에 실상은 꽤 다르다는 게 이미 밝혀졌음에도 이런 생각은 지금도 여전하다. 서양 의학에 가장 큰 영향을 끼친 고대 그리스의 의사 갈레노스는 심장은 영혼soul(개개인의 각기 다른 성격의 원천이 되는 비물질적 정수)이 위치한 곳이며, 뇌는 심장과 영혼이 생각과 감정으로 뜨겁게 달궈놓은 피를 식히는 데 주로 쓰인다고 주장했다. 갈레노스의 이론은 여러 중요한 면에서 잘못되었지만 그렇다고 '완전히' 틀린 것은 아니며, 일부 생각들은 오늘날까지도 은유로서 여전히 기능하고 있다. 16세기에 혈액이 순환한다는 사실이 밝혀지면서 우리의 심장은 그 형이상학적인 미스터리를 벗게 되었고, 1960년대 심장 이식 수술이 시작되면서 이 근육 덩어리 장기 속에 인간의 영혼이 자리한다고 믿는 건 더 이상 불가능해졌지만, 그래도 이 개념은 적어도 정서적으로는 여전한 영향력을 발휘하고 있다.

호기 카마이클Hoagy Carmichael(미국의 싱어송라이터—옮긴이)은 "심장과 영혼/ 나는 온통 당신에게 빠졌어요./ 심장과 영혼/ 바보처럼, '미친 것처럼'"이라고 노래했는데, 이 노래 가사는 심장과 영혼, 열정을 하나로 묶는 데 그치지 않고 이것들이 이성과 머리와는 다르다고 선을 긋는다. 심장을 따르면 이성을 잃거나 정신이 어떻게 될 수 있다는 것이다. 최근 2017년에는 테일러 스위프트Taylor Swift(미국의 싱어송라이터이자 배우—옮긴이)라는 가수가 "내 심장과 몸과 영혼의 왕"에 관한 노래를 아주 진지하게 불렀는데, 이 노래에서 가수의 머리와 뇌는 연인과의 언쟁에 전혀 끼어들지 않는다. 누군가에게 심장은 전부 내어줄 수 있어도 냉정한 이성은 한 조각 정도가 다라고 하면서 이 두 가지가 서로 얼마나 다른지 암시하는 것이다.

과거에 사람들이 영혼의 속성이라고 여겼던 자질 중에는 오늘날 자주 회자되는 '자유 의지'가 있다. 이 자유 의지가 심장과 연관된 비물질적 정수가 아니라 뇌에서 일어나는 물리적 과정의 산물이란 사실은 이제 상식이 되었지만, 사랑을 말할 때마다 심장을 은유로 사용하는 사람들의 습관은 변하지 않는다. 우리가 사랑이나 로맨스라고 여기는 감정이 사실은 뇌에서 비롯된다는 사실을 알고 있음에도 심장은 여전히 강력한 상징으로 사용된다.

마음에 드는 이성을 만나면 뇌의 시상하부에서 테스토스테론과 에스트로겐이 분비되며 성욕이 증가한다. 또 매력적인 상대와 데이트를 할 때는 시상하부와 부신수질에서 분비되는 도파민, 노르에피네프린, 세로토닌 때문에 쾌락을 느끼게 되는데, 이런 호르몬과 신경 전달 물질로 쾌락을 경험한 사람은 그 경험을 더 지속하고 강화하고 싶은 마음에 다시 그 상대와 데이트하고 싶어진다. 섹스할 때 분비되는 신경 펩티드인 옥시토신과 바소프레신은 유대감을 고조시켜 상대 파트너에게 올인하고 싶어지게 만든다. 이렇듯 사랑은 모두 뇌에서 시작된다는 사실이 이미 자명한데도 우리는 왜 여전히 심장을 운운하는 것일까?

'바로 이 사람이다' 싶은 사람을 만났을 때, 우리는 부신수질이 노르에피네프린을 분비하는 것은 느낄 수 없지만 노르에피네프린 '때문에' 심장이 두근거리고 손바닥에 땀이 나고 얼굴이 화끈거리는 건 '느낄 수 있다.' 우리가 쓰는 은유적 표현들은 인간이 '느끼는' 사랑의 복잡다단함을 포착한 것이다. 밤을 새우며 얘기를 해도 정신이 말짱하고, 뭐가 먹고 싶다는 생각도 안 들면서 그저 하루 종일 새 애인 생각만 하고 있는 자기 모습을 갑자기 깨달을 수도 있다. 실상은 이 모든 것이 호르몬과 신경 전달 물질, 교감신경계와 비교감신경계가 작용한 결과이지만 말이다.

내가 누구이고 내 눈에 누가 제일 멋져 보이는지를 결정하는 데 가장 중요한 역할을 하는 장기가 뇌라는 사실을 부정하는 사람도 찾기 힘들지만, 어젯밤의 황홀한 첫 데이트 때 세로토닌이 얼마나 많이 분비되었는가를 얘기하는 사람은 더더욱 찾기 힘들다. 생각해 보면 우리는 심장을 내주고 싶은 것이지 복측 피개 영역ventral tegmental areas(VTA, 중뇌의 중앙선 주변에 있는 신경 세포들의 집합으로, 도파민 분비를 관장—옮긴이)의 '발화율'을 높이고 싶은 것이 아니다. 결국 은유적 표현들은 우리가 의식하지 못하는 영역에서 일어나는 생화학적 과정이 아니라 그것의 결과로서 우리가 경험하는 느낌과 감정을 표현하는 것이다.

이 책에서 우리가 누누이 얘기하고자 하는 바는 결국 주의력과 상상력을 동원해 자신을 둘러싼 주변의 모든 공간과 연결하면 세상에 대한 경험이 완전히 달라진다는 것인데, 이는 특히 사람들과의 관계에서 큰 효과를 발휘한다. 우리는 누군가를 심장에 품을 수도 있고(hold someone in heart), 누군가를 머리에 담아둘 수도 있다.(keep someone in mind) 두 가지 은유 모두 다른 사람을 나의 일부로 만들어 그 사람을 내 몸 안에 둔다는 의미에서는 동일하지만, 각 표현이 함축하는 관계의 의미는 완전히 다르다. 상대에게 주의를 보내는 방식이 다르기 때문이다. 그 사람을 은유적으로 몸의 어느 부분에 두고 있는지가 중요하다.

이번 장에서는 공간의 힘을 활용해 머리와 심장(가슴) 모두를 활짝 열어 관계 문제를 해결하는 방법을 알아본다. 주의를 확장하면 머리와 심장(가슴)을 연결해 각기 제 기능을 발휘하게 할 수 있다. 주의가 확장되면 '머리와 머리 간의 만남'과 '심장과 심장 간의 만남'이 서로 다른 대화가 아닌, 같은 대화를 나누는 것임을 알게 된다.

⋮

첫 번째 데이트

누군가에게 연애 감정을 느끼게 되면 신경 전달 물질인 노르아드레날린 호르몬이 분비되면서 심장 박동이 빨라진다. 그런데 겁을 먹었을 때 뇌에서 분비되는 호르몬 역시 노르아드레날린이다. 아주 매력적인 사람을 만났을 때 공황 상태가 되는 건 바로 이 때문이다. 연애 감정 때문이든 두려움 때문이든 우리 뇌는 심장을 비롯해 몸의 나머지 기관이 빠르게 반응하도록, 혹은 긴급 상황에 대응하듯 행동할 수 있도록 준비시킨다. 물론 긴급 상황시 같은 초조감은 없고 그저 두근대는 흥분만 느낄 수도 있다. 이럴 때에도 주의를 확장하면 신경이 차분하게 가라앉으며 심장 박동이 느려지기 때문에 숨이 헐떡거린다든지 심장이 조이는 듯한 느낌은 없어질 것이다.

애디슨의 경우를 예로 들어보자. 그녀는 똑똑하고 매력적인 남성들과 몇 번 데이트를 했지만 자기가 너무 긴장한 나머지 '상대방을 흠칫하게 만드는', 굳이 '할 필요 없는 멍청한' 말들을 내뱉는 바람에 데이트를 계속 '망친다'고 생각하고 있었다. 의대생인 애디슨은 본인 역시 똑똑하고 매력적인 사람임에도 진짜 끌리는 상대를 만나면 늘 자기 발등을 찍게 되는 것 같다며 기운 빠져 했다.

애디슨의 문제는 타고나기를 좀 예민하고 긴장을 잘하는 편인데다 이 긴장을 어떻게 풀어야 할지 잘 모른다는 데 있었다. 또 남자들과의 첫 번째 데이트를 줄줄이 실패하자 데이트 자체에 대해 더 긴장하게 되었다는 것도 문제였다. 그녀는 운명 순응론자가 되어, 자기가 감정적으로 이렇게 엉망인 것은 의대 생활의 스트레스 때문이고, 따라서 자기 인생은 앞으로 몇 년간은 계속 이럴 거라며 체념하고 말았다. 하지만 이런 생각은 학교의 한 친목 모임에서 로한을 만나면서 다 깨졌다. 로한은 애디슨보다 나이는 한 살 더 많았지만 학년은 한 학년 아래였는데, 서로 삶의 배경이 완전히 달랐음에도—애디슨은 텍사스 오스틴 출신, 로한은 인도의 첸나이 출신—두 사람은 영화와 음악 취향이 똑같았고 유머 감각도 아주 잘 맞았다. 편한 모임 자리였기 때문에 애디슨은 별 부담을 느끼지 않고 로한에게 전화번호를 물으며, 약리학 시험 공부를 도와줄 테니 언제 한번 보자는 투로 두루뭉술하게 약속을 잡았다. 하지만 그 모임 이후로 로한 생각을 하느라 공부에도 잘 집중을 못하게 되자, 보다 못한 그녀의 룸메이트가 문자라도 한번 해보라며 종용하기에 이르렀다.

물론 문자를 보내는 건 어렵지 않았다. 다시 만나기로 이미 말한 바 있으니, 카페에서 만나 공부하자고 약속 잡는 건 문제가 아니었다. 게다가 애매한 오후 시간에 만나 '일반 처방약의 금기 사항'이라는 딱히 섹시하지도 않은 주제로 이야기하는 자리이니 이건 데이트도 아니라고 애디슨은 혼자 생각했다. 하지만 만나기로 한 며칠 전부터 애디슨은 벌써 로한 생각에 사로잡혀 룸메이트에게 계속 그에 대한 이야기만 했고, 특히나 자기가 그 자리를 또 '망칠까봐' 얼마나 긴장되는지 털어놓고 있었다. 그런 그녀에게 룸메이트는 《오픈 포커스 브레인》 책을 건네주었다.

만나기로 한 날 오후, 마음이 정신없이 바쁜 데도 불구하고 그녀는 딱 15분 짬을 내어 조용히 앉아 심장이 차지하고 있는 공간과 연결해보기로 했다. 두 눈을 감고 심장이 차지하고 있는 물리적 공간과, 심장을 둘러싸고 있는 갈비뼈 안의 공간을 깊숙이 느껴보았다. 심장과 흉골 사이의 거리, 심장과 척추 사이의 거리도 떠올렸다. 심장과 폐 사이의 공간도 상상했으며, 이 장기들 안팎의 공간을 떠올리면서 횡격막이 아래로 내려가며 폐를 열었다가 다시 위로 올라가며 폐를 닫을 때 폐 안의 공기가 차지하는 공간 역시 상상했다. 그녀는 손끝에서 심장 박동을 느꼈고, 심장이 폐에 가득 찬 공기를 전신의 근육으로 보내며 온몸과 하나로 연결되는 모습을 떠올렸다.

그 덕분에 일시적으로 차분한 기분을 되찾았지만 로한을 떠올리자 다시금 허둥지둥 어쩔 줄 모르겠는 기분이 되었다. 시간이 마구 지나고 있는 와중에도 그녀는 더 예쁜 옷을 입어야 될 것 같았다. 그녀는 한 번 더 깊게 숨을 들이쉬고 심장의 공간을 다시 떠올려보려고 했으나 이미 너무 긴장한 상태여서 잘 되지 않았다. 그때 순간적으로 그러지 말고 이 긴장을 그냥 느껴보자는 마음이 불쑥 들어왔다.

어쩔 줄 모르겠는 이 당황스러운 감정에 초점을 맞추자 두개골 바깥쪽 두피 주변에서 전에는 한 번도 알아차리지 못한 두통이 느껴졌다. 두개골 바깥쪽 두피와 근육이 차지하는 공간을 상상하자 갑자기 뒷목이 편안해지는 것을 느끼며 그녀는 이 두통이 구부정하게 굳은 어깨에서 머리로 퍼져나간 긴장성 두통이며, 턱 역시 뻣뻣하게 굳어 있다는 사실을 알아차렸다. 로한을 만나는 게 너무 걱정된 나머지 그녀는 어깨에 잔뜩 힘을 주고 버티고 있었던 것이다. 심장이 있는 공간을 느끼며 그 공간을 확장하려고 노력하는 와중에도 거절당하는 것에 대비해 무의식적으로 방어 자세를 취하고 있었음을 알아차린 것이다. 이 사실을 깨달은 그녀는 어깨와 목, 턱의 공간을 상상했고, 자신의 두려움과 긴장이 몸 전체로 퍼져나가는 모습을 떠올렸다. 긴장하고 불안해하는 기분을 온전히 느끼자 어깨의 긴장이 팔로,

가슴으로, 허리로 내려가 다리를 타고 땅으로 스며들었고, 그녀는 다시 편안해지는 것을 느낄 수 있었다. 훨씬 깊어진 호흡 속에서 그녀는 심장과 폐의 공간이 두피를 포함한 몸 전체의 피부와 연결되는 모습을 상상했다. 혈액의 산소가 목과 어깨에 빠르게 공급되면서 그 부위가 이완되는 모습을 상상하자 그곳에 뭉쳐 있던 긴장은 주변의 공간으로 흩어져 사라졌다.

그녀는 눈을 떴다. 그런데 시간이 너무 지체된 게 아닌가! 골라둔 좋은 옷으로 갈아입을 시간도 없었다. 그녀는 그냥 가방을 차에 던지듯 싣고 카페로 내달렸다.

로한은 테이블에 앉아 책에 코를 박은 채 그녀를 기다리고 있었다. 칼라가 달린 셔츠에 반바지를 입은 평범한 옷차림이었는데도 그는 눈부셔 보였다. 애디슨은 심장이 두근거렸다. 그녀는 사람에 따라 자신의 행동이 '너무 과하게' 느껴질 수 있다는 사실을 떠올리며, '너무 설레발치지 말고 그냥 약리학 관련해서만 대화를 나누는 거야'라고 다짐했다. '아니면 그냥 갈까?' 하는 생각도 들었는데, 그 순간 어깨에 긴장이 다시 돌아오는 게 느껴졌다.

그녀가 테이블 쪽으로 걸어가자 로한이 일어나서 인사를 했다. 애디슨은 자기 행동이 너무 의식된 나머지 한 마디도 제대로 입 밖에 낼 수가 없었다. 로한은 자신을 도와줘서 고맙다며 자기가 커피를 사겠다고 했다.

그가 커피를 주문하러 카운터에 간 사이, 애디슨은 다시 뭉친 어깨와 두통이 오기 시작하는 두피의 근육을 찬찬히 느껴보았다. 그녀는 그 느낌과 어깨의 공간을 심장의 공간과 연결시키고, 이어서 어깨부터 가슴까지 이어진 이 '느낌의 공간'을 자신의 두 손이 놓여 있는 테이블과 그 아래 신발이 맞닿아 있는 철제 다리까지 확장시켰다. 그러고 나서 자신의 몸 전체를 3차원 형태 그대로 통째로 떠올리며 의자에 실린 몸의 체중을 느끼고, 자기가 있는 테이블 주변의 공기 덩어리와 공간으로까지 의식을 확장했다.

로한이 커피를 들고 돌아와 테이블에 앉자 그가 애디슨의 머릿속에서 하나로 연결된 3차원 공간으로 들어왔고, 그녀는 이 느낌의 공간 안으로 그를 들였다. 그런 뒤 잠시 자신의 심장과 로한의 셔츠 안쪽에서 뛰고 있을 그의 심장 사이의 거리와 공간을 상상했다. 그때 가장자리가 약간 닳고 올도 조금 풀린 그의 셔츠 칼라가 눈에 들어왔다. 그는 분명 의대생이 맞았고, 어쩌면 자신과 똑같이 대출을 받아 학교를 다니고 있는 걸지도 몰랐다. 그녀는 살짝 땀이 밴 블라우스를 떠올리며 갈아입었으면 좋겠다는 생각을 했고, 이렇게 사소하고 자잘한 현실적 면모들에 주목하자 자신에 대한 과도한 생각에서 빠져나올 수 있었다.

그녀가 고개를 들었을 때 로한은 물음표가 한가득인 표정을 짓고 있었다. 애디슨은 그제야 자기가 한동안 아무 말도 하지 않고 있었다는 사실을 깨달았다. 하지만 이제 그가 좀 편해져서 그녀는 딱히 웃기지는 않았지만 농담도 던질 수 있었고, 그도 웃음을 지어보였다.

긴장한 웃음 같아 보이기도 했는데, 어쩌면 그 역시 애디슨을 다시 보는 것에 긴장하고 있었을지도 모를 일이었다. 그녀는 그의 호박색 눈이 아름답다고 생각했다. 그는 의자를 그녀 쪽으로 당겨 앉았고 둘은 함께 공부를 시작했다.

.

성생활

프린스턴의 우리 클리닉에는 성생활 문제로 찾아오는 내담자들도 많다. 성기능 장애는 경우에 따라 의학적 개입이 필요한 상황도 있는데, 오픈 포커스는 의학적 치료가 아니기 때문에 이럴 때는 언제나 내담자들에게 의사 상담을 받아보라고 권한다. 하지만 성생활과 관련된 문제 중 상당수는 해소되지 못한 감정적 문제로 인해 발생하며, 이런 때는 주의 기울이는 방식을 바꾸는 것만으로도 많은 부분이 좋아진다.

일반적으로 남성과 여성은 서로 다른 성적인 문제를 겪는데, 남성은 발기부전을 두려워하고 여성은 성적인 흥분을 느끼지 못하는 것 때문에 어려움을 겪는다. 어떤 경우든 성적 행위를 하기 전이나 후 또는 하는 동안에 몸의 내밀한 공간, 파트너와 공유하고 있는 공간에 확장된 주의를 의도적으로 보내는 것만으로도 큰 도움이 된다.

여성의 경우 오르가슴에 도달하는 게 목표가 되면 오히려 불안감이 일어 오르가슴을 느끼지 못할 수 있다. 사랑을 나눌 때 육체적 쾌감과 정서적 친밀감을 즐기는 대신 성행위에 대한 생각과 두려움에 사로잡혀 있기 때문이다. 남성의 경우 발기부전이 될까봐 두려워한다면 이는 곧 자기 실현적 예언이 될 수 있다. 이는 상대와 친밀감을 나누는 그 순간보다 자신의 두려움에 더 집중하고 있다는 뜻이기 때문이다. 오픈 포커스를 통해 머릿속으로 주의를 확장하는 게 습관이 되고 감정의 수용 폭이 넓어질 때 우리는 자신의 생식기 공간을 느끼기가 더 쉬워진다. 또한 서로의 손길을 기꺼이 받아들이기로 마음을 열면 만족스러운 성생활에 방해가 되는 불안과 두려움이 해소될 수 있다.

자신의 몸이 어떻게 생겼든지, 자기가 누구에게 끌리든지 간에, 상대와 성적 행위를 하는 동안 공간과 연결되고 자기 몸의 공간에서 느껴지는 모든 감정을 신뢰하며 파트너와 함께 오감, 그중에서도 특히 촉각으로 느껴지는 몸의 감각을 의도적으로 알아차리는 연습을 하다 보면, 탐색하고 즐기고 서로 하나로 연결되는 새로운 영역이 펼쳐질 것이다. 초점을 확장하면 우리가 이번 장을 시작할 때 이야기한 심장(가슴)이 열리는 경험을 하게 될 것이다. 은유적으로든 신체적으로든 말이다.

내담자들의 피드백을 통해 우리는 "오픈 포커스 연습을 일단 혼자서 시작했다가 이후 이 과정이 조금 편해질 때 파트너도 초대해 함께할 때 성생활에도 효과가 좋다"는 사실을 알게 되었다. 처음에는 자신을 취약하게 만든다는 점에서 불편할 수도 있겠지만 최적의 결과를 가져오려면 서로 스스럼 없이 만질 수 있고 또 무슨 말이든 솔직하게 나눌 수 있어야 할 것이다.

글로리아

글로리아는 자기 몸과 단절된 듯한 기분에 시달렸고, 남편인 제임스와도 왠지 멀어진 것 같아 고민이었다. 그녀는 정서적으로 다소 차가운 분위기의 집안에서 성장했는데, 그녀의 어머니는 평소 섹스에 대한 이야기는 거의 입에 올리지도 않았을 뿐더러 탐폰 같은 생리용품이나 생리할 때의 옷차림 등에 대해서도 아주 기능적으로만 설명하고 지나갔다. 글로리아는 본인의 생식기를 자기 몸의 일부가 아니라 왠지 이질적인 것, 심지어 불쾌한 것이라는 생각을 갖고 있었기 때문에, 몸에 대한 판단 없이 신체적으로나 감정적으로 자기 몸의 공간을 느끼고 그것과 연결되도록 하는 게 시급했다.

우리는 엄지와 나머지 손가락, 심장, 그 외 몸의 모든 부위가 차지하는 공간을 느끼는 것과 똑같은 방법으로 질膣과 클리토리스, 생식기 주변도 느낄 수 있다. 생식기 공간과 연결된 상태에서 그곳을 느끼다 보면 해방감이 들기도 하는데, 실제로 생식기는 몸의 나머지 부분과 똑같은 물질로 이루어져 있고 실제 우리가 주변에서 늘 보고 만지는 물체들과도 성분이 똑같기 때문이다. 만일 자신의 섹슈얼리티를 둘러싸고 수치심이나 어색함, 죄책감 같은 감정을 느껴왔다면 그러한 감정을 생식 기관에서 사라지게 만들 수 있다. 원래 그 감정은 생식기에 있는 게 아니라 우리의 상상 속에 있기 때문이다. 그리고 우리가 몸의 가장 내밀한 부위에 대해 느끼는 상상 속 불안도 주의의 힘을 활용해 해소할 수 있다.(몸에서 감정적 고통이 있는 위치를 찾아내 그 것을 해소하는 내용은 5장을 참조.)

사람마다 성적으로 흥분하는 방식이 조금씩 다르고, 같은 사람이라도 어떤 성적 경험을 하느냐에 따라 매번 다를 수 있기 때문에, 우선은 가장 내밀한 몸의 공간을 느끼고 만지며 친밀해지는 것이 중요하다. 클리토리스는 뇌와 연결되는 신경 말단이 특히 많이 모여 있기 때문에, 상상을 통해서건 신체 접촉을 통해서건 반응을 아주 잘하는 신체 부위 중 하나이다.

글로리아는 혼자서 몸의 내밀한 공간들을 탐색하기 시작했다. 기분이 좋은 터치나 움직임이 뭔지 일단은 혼자서 해봐야 나중에 제임스에게 알려주기가 수월할 터였다. 첫 번째 단계는 몸의 모든 공간을 하나로 연결하는 것이었다. 3차원의 몸 전체에서 오감으로 느껴지는 모든 감각을 있는 그대로 느끼는 게 목표였기 때문에, 글로리아는 가만히 두 눈을 감고 엄지와 나머지 손가락들의 안과 밖에 있는 공간을 상상했다. 그런 뒤 모든 손가락 관절의 공간을 떠올리고, 그 공간을 손과 손목으로, 팔로, 어깨로 연결시키며 점차 확장해 나아갔다. 이 연습은 이 책에서 설명한 다른 공간 연습들과 똑같다. 이어서 그녀는 가슴과 심장, 허리, 엉덩이, 허벅지, 다리, 발목, 발까지 쭉 훑어 내려가며 각 부위의 공간을 상상했다. 숨을 들이마실 때 실제 공기가 폐로 들어오는 것을 느끼면서 산소가 온몸을 순환하는 모습을 떠올리고, 피부에 닿는 공기를 느끼며 자신이 주변의 3차원 공기 덩어리와 연결되어 있음을 상기했다. 이런 식으로 자기 몸이 차지하고 있는 공간, 즉 자기 몸을 구성하는 공간과 물질에 충분히 연결되었다는 느낌이 들자 그녀는 잠시 이 알아차림 속에 머물면서 주변에서 들리는 소리에도 귀를 기울였다. 오감으로 느껴지는 모든 감각을 있는 그대로 받아들이고 나서 이제 그녀는 생식기로 주의를 돌렸다.

흥분을 일으키는 느낌이나 터치가 무엇인지 처음 발견하게 되면 일단은 관찰을 계속하면서 다른 터치들도 시도해 보는 게 좋다. 이때 어떤 구체적인 목표를 염두에 두지 말고 그저 몸의 감각을 느끼며 내 몸이 어떻게 반응하고 어떻게 하면 기분이 좋아지는지 알아간다는 자세를 견지하도록 한다. 다시 말하지만 이 느낌은 사람마다 다르고 같은 사람이라도 오늘과 내일이 다를 수 있기 때문에, 자신이 터치하는 공간과 그 느낌에 마음을 열고 있어야만 때와 상관없이 기분 좋은 터치는 무엇이고, 특정 환경일 때에만 기분 좋은 터치는 무엇인지 알 수 있다. 이렇게 자신의 몸과 느낌에 대해 알아두면, 나중에 파트너에게 얘기하기도 쉬워지고 자신이 어떨 때 기분이 좋은지도 직접 보여줄 수 있다.

예전부터 성행위에 대한 이상적 기준을 가지고 있었던 글로리아는 일단 그런 이상적인 기준 같은 것은 존재하지 않는다는 걸 알 필요가 있었다. 우리는 내 몸이 차지하고 있는 공간 안에서 내 몸에 맞는 것을 찾기만 하면 된다.

글로리아는 처음부터 클리토리스를 직접 터치하는 것은 느낌이 별로 좋지도 않고 어떨 때는 약간 아프기까지 하다는 사실을 알게 되었다. 처음에는 성기 주변을 살살 만지는 것이 느낌도 좋고 어색함을 없애는 데도 도움이 되었다. 성적인 손길로 자기 몸을 만지고 있는데 만일 죄책감이나 어색한 느낌이 올라오면 일단 손가락 내부 공간과 그 주변 공간을 느끼고, 질과 클리토리스의 내부 및 그 주변 공간으로 주의를 돌린다. 그 물리적 공간들에는 아무런 감정이 담겨 있지 않다. 공간은 우리 몸과 주변 모든 것을 구성하는 바로 그 물질들로 똑같이 이루어져 있을 뿐이다. 몸 주변의 공간을 느끼는 과정에서 부정적 감정이 사라졌다면 다시 몸으로 돌아와 자연스럽게 탐색을 계속한다.

얼마간 질과 클리토리스 주변을 살살 만지고 나자 글로리아는 이제 좀 더 직접적으로 터치하는 게 가능해졌다. 그녀는 또한 일단 흥분이 올라온 상태에서는 일정한 압력을 주며 질 주변 부위를 만지는 것만으로도 기분이 좋아진다는 사실도 알게 되었고, 또한 자기 몸에는 이렇게 느리고 일관된 움직임이 잘 맞는다는 것도 알게 되었다.

준비가 되자 그녀는 이렇게 알게 된 사실들을 남편 제임스와 나눴고, 다음번에 두 사람이 관계를 갖게 되었을 때 그녀는 제임스에게 자기가 했던 방식 그대로 자기를 터치해 보게 했다. 글로리아는 자라면서 자기 몸을 수치스러운 것으로 경험한 일이 많았기 때문에 먼저 제임스와 한 공간에서 서로 연결되는 느낌을 갖는 것이 중요했다. 그렇게 같은 공간을 진정한 의미에서 공유하고 그 안에서 서로 연결감을 느낀 후에라야 불안을 비롯한 여타 부정적인 감정들을 해소하고 몸에서 느껴지는 감각에 온전히 머물 수 있었다.

다른 사람과 함께 공간에 연결되는 과정은 처음에는 어색할 수 있으며, 따라서 두 사람 간의 신뢰가 중요하다. 둘이서 공간에 연결되는 과정은 각자 자기 몸의 공간에 연결되는 것과 동일하다. 녹음된 자료를 사용하면(오픈 포커스 훈련 가이드는 유튜브 샨티TV에서 '오픈 포커스'를 검색하면 된다—편집자) 한 사람이 안내자 역할을 해야 한다는 부담감 없이 두 사람이 함께 할 수 있기 때문에 연습에 도움이 될 것이다. 물론 서로 번갈아 안내자 역할을 하며 몸의 여러 부위를 느끼는 것도 좋다. 이 과정이 익숙해지고 파트너와 연습하는 게 습관이 되면 말로 하는 안내가 딱히 필요 없을 정도로 거의 자동으로 몸을 느낄 수 있으며, 파트너의 몸의 공간과 친밀하게 연결되는 속도도 훨씬 빨라질 것이다.

두 사람은 자기 몸의 여러 부위를 짚어가며 그곳의 이름을 말하고, 자기 몸을 깊숙이 느꼈으며, 이름을 붙인 대로 상대방 몸의 여러 부위를 애무하는 시간을 가졌다. 그녀는 자기가 가장 기분 좋아지는 동작이 어떤 건지 제임스에게 보여주었다. 그런 다음 그에게 한번 해보라고 맡긴 뒤, 자기가 원하는 터치를 좀 더 천천히 알려주었다.

이렇게 내밀한 부위를 파트너와 탐색할 때 중요한 것은 두 사람 모두 그 과정에서 평가나 판단을 해서는 안 된다는 점이다. 혹시 평가나 판단하는 말이 나와서 파트너와 감정적으로 멀어지는 듯한 느낌이 든다면, 그 마음 역시 솔직하게 표현한 뒤 두 사람 사이의 공기 중으로 녹여 없애는 게 좋다. 그런 다음 다시 몸이 차지하는 공간으로 주의를 되돌린다. 또한 파트너와 몸을 탐색할 때는 특정 목표를 염두에 두지 않는 게 좋고, 다양한 감정과 느낌이 올라오더라도 몸의 공간과 계속해서 연결되어 있는 것이 중요하다.

성적인 터치는 다양한 감정을 불러일으킬 수 있는데 사람들은 보통 이럴 때 당황스러워하거나 그런 감정에 평가의 잣대를 들이댄다. 하지만 내 몸도 '실제로는' 공간이고, 파트너의 몸도 공간이며, 내 감정은 내 몸과 파트너의 몸이 공유하는 공간 안에서 일어나고 있다는 걸 기억하고 있으면, 그 안에서 현존할 수 있고, 속에서 올라오는 감정도 그대로 수용할 수 있게 된다. 감정이 일어나도록 내버려두자. 감정을 느껴보자. 혹시나 감정 때문에 마음이 흔들린다면 그렇다고 솔직하게 털어놓은 뒤 두 사람이 함께 그 감정을 경험하고, 충분히 느껴서 없애고, 다시 두 육체의 물리적 공간으로 돌아오면 된다. 도저히 집중할 수 없을 만큼 올라오는 감정이 커서 성적 탐색을 계속하지 못하겠다고 해도 괜찮다. 속마음을 털어놓는 것만으로 이미 파트너와는 한층 더 가까워졌을 것이고, 이 연습에서 도달해야 할 특정 목표가 있는 것도 아니다. 그저 두 사람이 공유하는 내밀한 공간으로 의식을 확장하는 것이 이 연습의 전부이니, 그런 감정을 다루고 난 다음에는 다시 동일한 방법으로 탐색에 나서면 된다.

글로리아와 제임스의 경우, 터치할 때의 감각에 마음을 열고 그에 딸려오는 감정을 받아들이는 과정이 서서히 이루어졌다. 처음 이 연습을 했을 때는 두 사람 모두 긴장하고 어색해했다. 특히 글로리아에게는 성적인 손길로 터치하고 성감대를 탐색하는 과정이 너무 과하게 느껴져 금방 멈춰야 했다. 하지만 두 번째 시도에서는 두 사람 모두 시작부터 한결 여유로웠고, 글로리아는 자기가 원하는 식으로 제임스가 몸을 터치해 주는 것에 훨씬 더 편안함을 느꼈다. 오르가슴을 느끼겠다는 목표를 내려놓고, 제임스와 공유하는 공간으로 매번 주의를 돌렸으며, 불안이 올라오면 제임스에게 말해서 함께 그 감정을 처리했다. 그녀는 점점 더 깊이 이완할 수 있었고, 두 사람 사이의 친밀함과 경험의 강렬함을 즐길 수 있을 정도로 몸과 마음이 열렸다.

또한 상상으로 서로의 몸을 연결하는 습관을 들이고 나자 둘이 함께 즐길 수 있는 다른 형태의 터치들도 탐색할 수 있게 되었다. 그들은 하루에 스킨십하는 빈도수가 훨씬 늘었는데, 그런 스킨십이 늘 성적인 느낌을 띠는 것은 아니었다. 그럼에도 특히 글로리아는 제임스와 있는 게 훨씬 편해졌고, 성적인 행위를 할 때는 터치가 주는 감각을 더욱 적극적으로 즐기게 되었다. 두 사람 몸의 공간을 서로 연결하고 성적인 의미가 명백히 담긴 터치들을 여러 방식으로 실험해 보는 건 두 사람만의 전희가 되었고, 이를 통해 글로리아는 더 큰 쾌감을 느낄 수 있게 되었다.

지금도 글로리아는 오래된 두려움과 불안이 올라올 때면 제임스에게 솔직히 털어놓는다. 관계 중에 두 사람이 모두 오르가슴을 느끼든 한 사람만 느끼든 상대 몸의 공간으로 의식을 확장하는 이 습관을 들인 덕분에 그들은 불안은 줄어들고 감정적 연결감은 더욱 단단해졌으며, 이는 훨씬 더 만족스러운 성생활로 이어졌다.

아단테

하버드 의과대학은 약 3천만 명의 미국 남성(남성 인구의 20퍼센트)이 발기부전을 경험한 적이 있는 것으로 추정한다. 발기부전은 약물 치료나 드물게는 수술이 필요한 질병이며, 나이가 들면서는 동맥경화가 원인인 경우가 많다. 하지만 아단테처럼 젊은 남성이라도 우울증이나 스트레스, 불안감, 관계 문제 등으로 인해 생길 수 있다. 그 해결책은 무척 다양한데 오픈 포커스도 그런 방법 중 하나이다.

아단테는 잘생기고 경제적으로도 성공한 상품 중개인이자 장거리 달리기를 즐기는 30대 남성이다. 세상 사람들 눈에 그는 사회적으로도 성공하고 몸매도 멋진 사람으로 비쳤지만, 그가 상상하는 멋진 남자의 모습은 섹스를 얼마나 '잘하느냐'에 달려 있었다. 그러니 만큼 관계 중에 발기가 풀리는 일이 반복되자 그는 자신의 존재 자체가 상처를 받는 느낌이었다. 때로는 발기부전에 대한 불안이 너무 커서 관계를 갖기 전이나 그 도중에 느끼는 다른 감각들은 아예 인식되지 않을 때도 있었고, 침대에서의 이런 '실패'는 그저 참담하게만 느껴졌다.

문제의 제일 큰 원인은 그가 관계를 갖기 전과 도중에 '어디로' 주의를 보내는가에 있었다. 그는 자신이나 파트너의 신체 감각에 초점을 맞추기보다는 자기가 파트너의 기대를 만족시키지 못하면 상대가 자신을 어떻게 볼까 걱정했고, 자기가 이상으로 삼는 올림픽 금메달 급의 남성성 기준에 부합하지 못하면 이제 자신은 끝난 거나 다름없다며 불안해했다. 파트너와 공유하는 실제 물리적 공간에 주의를 기울이는 대신, '내가 섹스를 못해도 이 사람이 날 좋아해 줄까?' '날 비웃으며 친구들한테 떠벌리지 않을까?' '단단함을 유지하지 못한다면 나는 과연 진짜 남자라고 할 수 있는 건가?' '침대에서도 제대로 못하면서 정말로 내가 성공한 사람이라고 할 수 있나?' 하며 불안에만 초점을 맞췄다. 그는 발기부전을 누구에게도 털어놓을 수 없는 창피한 비밀이라 여겼기 때문에, 그가 우리 클리닉을 찾은 것만으로도 정말 큰 걸음을 내딛은 거라고 할 수 있었다.

우리는 그의 문제를 해결하기 위해 두 가지 방법을 썼다. 하나는 그가 자신의 성적 무능력에 대해 느끼는 수치심이라는 감정적 고통을 없애는 것이었고(감정적 고통의 위치를 파악해 없애는 방법은 5장을 참조), 다른 하나는 성관계 전이나 도중에 자기 몸이 차지하는 물리적 공간으로 주의를 확장할 수 있도록 도와주는 것이었다.

이 장의 앞부분에서 언급한 바와 같이 심장(가슴)과 머리를 열기 위해서는 주의를 확장해야 한다. 이 말을 성행위에 적용하자면 나의 모든 느낌과 감정이 있는 내 몸의 공간으로 주의를 확장하고, (역시 그의 모든 느낌과 감정이 있는) 상대방 몸의 공간으로도 주의를 확장해야 한다. 불안에 좁게 초점을 맞추면 그 불안은 더욱 커져 보일 뿐이지만, 주의를 확장하면 그 불안이 사라질 수 있다.

나아가 자신과 상대방 몸의 물리적 공간과 감각으로 주의를 확장하면 성행위의 즐거움을 더 크게 만들 수 있다. 여기에 더해 위의 글로리아의 경우처럼 관계 중에 뭔가 이뤄야 할 목표 같은 것을 두지 않으면 훨씬 더 풍부하고 만족스러운 경험을 할 수 있다. 이렇게 생각해 보자. 성관계를 통해 나와 파트너의 육체를 즐기고 지금 파트너가 나와 함께하고 있음을 만끽하며 그 상대방을 새롭고 흥미로운 방식으로 알아가는 것이라면 어떨까 하고 말이다. 오르가슴만을 '목표'로 삼고 여기에만 초점을 맞추면, 경험할 수 있는 성적 즐거움의 다양성과 가능성이 대폭 줄어든다. 어느 날 밤 성행위에서 오르가슴을 느끼지 못했으면 어떤가? 그것 말고도 성적 즐거움을 나눌 수 있는 방법은 많고, 파트너를 기쁘게 해줄 방법도 많으며, 파트너의 관심을 끌 수 있는 방법도 많다.

아단테는 섹스라고 하는 아주 협소한 하나의 목표만을 기준으로 자신의 남성성을 평가했기 때문에, 거기까지 이어지는 데이트의 여러 면면을 자기가 즐기지 못했다는 사실을 깨달았다. 함께 저녁 식사를 하며 데이트를 하는 것, 아니면 그냥 썸을 타는 것조차도 사실은 설레고 신나는 시간이 될 수 있었다. 하지만 그는 가령 저녁 식사 데이트를 위해 옷을 선택할 때도 오늘밤 상대와 섹스를 하게 될까 아닐까부터 먼저 생각했고, 그러면서 서서히 불안에 잠식되곤 했다. 하지만 데이트를 시작하기 전에 자신의 물리적 공간을 '체크'하는 오픈포커스 연습을 습관화하자 이런 불안에서 벗어날 수 있었다.

넥타이를 매면서 그는 손가락에 닿는 천의 느낌을 알아차렸다. 양말을 신을 때는 고무 밴드가 종아리를 조이는 감각을 느꼈다. 차를 주차하고 식당으로 걸어갈 때는 주변의 공간을 '체크'하면서, 거리의 기분 좋은 냄새와 불쾌한 냄새, 주변에서 왁자하게 들리는 대화 소리, 신발이 콘크리트 바닥에 닿으며 내는 경쾌한 소리 등을 알아차렸다. 저녁 식사를 하는 중에 혹시나 섹스에 대한 생각으로 걱정이 올라오면 주의를 식사 자리로 돌리기 위해 손가락에 닿는 포크의 무게와 느낌이라든지 와인 잔의 매끈함, 음식을 씹을 때 느껴지는 맛과 식감, 삼킬 때의 느낌 등에 집중했다. 그는 데이트 상대의 말뿐 아니라 목소리의 톤에도 특별한 주의를 기울였다. 또한 시각, 청각, 후각 등 오감을 통해 사방에서 들어오는 모든 자극도 기민하게 알아차렸다.

이러한 '체크'들은 어렵지도 않고 시간을 잡아먹지도 않았다. 그저 잠시 오감을 열고 지금 이 순간 경험되는 모든 감각을 알아차리기만 하면 되었다. 전처럼 불안에 초점을 맞췄더라면 분명 다 놓쳤을 게 뻔한 사방의 감각들을 말이다. 이런 식으로 그는 걱정이 올라오면 그것을 주변의 3차원 공간으로 보내 녹여 없애고, 다시 주의를 테이블 맞은편의 상대방에게로, 둘이 공유하고 있는 공간으로 되돌렸다.

성적인 관계를 갖게 될 때에는 이러한 '체크'를 통해 불안감을 총체적 경험의 일부로 통합하고 그것을 주변 공간으로 보내서 녹여 없앴다. 데이트 상대와 나란히 걷는 중에 걱정이 올라오면 상대의 손을 잡아 두 손이 맞닿는 면을 알아차렸다. 이때 경험하는 공간으로 주의를 보내면, 즉 자기가 잡고 있는 상대 손의 공간을 인식하고, 포개진 두 손이 지금 둘이 함께 걷고 있는 거리의 공간과 하나로 연결되어 있음을 상기하면 그 걱정은 훨씬 작게 느껴졌다. 주의를 이 모든 신체 감각들로 확장하면 걱정은 주변의 공기 속으로 녹아 사라지곤 했다.

분위기가 달아올랐을 때도 이와 똑같은 방법으로 주의를 확장하는 것이 도움이 되었다. 자기 몸이 차지하는 공간과 파트너의 터치에서 느껴지는 신체 감각, 상대의 살결이 주는 느낌, 발기한 음경의 전체적인 느낌에 초점을 맞추다 보면, 그가 혼자서만 붙들고 있는 머릿속 공간이 아니라 파트너와 함께 내밀하게 공유하고 있는 물리적 공간으로 주의를 보낼 수 있었다.

가장 중요한 것은, 성관계 중에 도달해야 할 목표 따위는 내려놓고 그저 파트너와 성적으로 친밀한 시간을 보내는 것에 집중하자고 생각하니 그 전에 느꼈던 두려움이 사라졌다는 점이다. 한번은 두려움이 너무 커서 도저히 성적 행위가 일어나는 물리적 공간에 주의를 기울일 수 없게 되자, 그는 파트너에게 이런 두려움을 솔직히 털어놓고 지금 자신이 주의 확장을 위해 시도하고 있는 방법에 대해서도 이야

기했다. 그는 속마음을 털어놓은 뒤 마음이 한결 가벼워지면서 긴장
에서 벗어났고, 둘은 좋은 시간을 보낼 수 있었다.(여기서 중요한 또 다
른 측면은 그날 밤 파트너가 그 내밀한 순간에 그의 말을 들어주며 그와 계속 행
위를 이어나갈 만큼 공감력이 있었다는 점이다.)

아단테는 주의를 공간으로 확장하는 이 연습을 단지 몇 번 했을 뿐
인데도 성생활을 대하는 자신의 태도가 완전히 바뀌었다고 말했다.
그가 괴로웠던 것은 어떤 기준 이상으로 상대를 만족시켜야 한다는
부담감 때문이었는데, 그런 목표를 내려놓자 모든 면이 더 즐거워지
고 자기 몸과 파트너의 몸에 대해서도 더 세세히 알아차리게 되었다.
성행위와 관련한 자신의 두려움에 초점을 맞추지 않고 그 행위가 일
어나는 '공간'에 현존하게 되자 성적 경험은 더욱 강렬하고 만족스러
웠으며, 데이트의 즐거움은 성적 행위가 있기 훨씬 전부터 시작될 수
있다는 사실도 알게 되었다.

결혼 후 한 공간에서 산다는 것

사회의 조직은 가족에서 시작되고, 가족은 전통적으로 결혼에서
시작된다. 이제는 법적으로나 사회적으로 대안적인 파트너십이나
가족의 형태가 존재하고, 사회 규범과 관습, 법 역시 이성 간 결혼이
나 핵가족 이외의 가족 형태를 인정하는 쪽으로 점점 확대되어 왔다.

하지만 미국 심리학회가 수집한 데이터에 따르면, 그럼에도 여전히 미국인의 90퍼센트는 50세 이전에 결혼을 하는 것으로 나온다.

이 책에서 언급하는 대부분의 힘든 상황들은 대개 '결혼'이라고 하면 연상되는 일반적인 가정 안에서 벌어지는 것들을 다루고 있다. 비록 결혼한 사람들의 40~50퍼센트가 이혼으로 끝나기는 해도, 누구나 처음에는 이 결합이 평생 갈 거라고 기대하며 결혼 생활을 시작한다. 파트너와 해로하며 조화로운 관계를 이어나가려면, 파트너에게 또 파트너와 함께 공유하는 공간에 어떤 방식으로 주의를 기울이는가가 대단히 중요하다는 사실을 알아두자.

어쩌면 로맨틱하지 못한 표현이라고 비난할지 모르지만, 여러분의 파트너라는 그 유기체는 여러분을 둘러싼 물리적 공간의 일부를 차지하고 있고, 그 사람을 향한 여러분의 '사랑'도 생물학적·화학적·전기적 과정이라는 형태로 당신 몸의 일정 공간을 차지하고 있다. 사람들은 이 물리적 현실에는 거의 관심을 주지 않는다. 우리는 사랑하는 이를 바라볼 때 미덕과 흠결과 강점과 괴짜 같은 면 등 다양한 면모를 갖춘 한 인간으로 바라보지, 그가 잡식성 유인원과 동일한 생물학적 구조와 물질로 이루어진 의식 있는 유기체라는 진실에는 주의를 기울이지 않는다.

텅 빈 공간은 존재하지 않는다. 내 안팎에 있는 모든 것은 입자와 가스, 단단함의 정도가 각기 다른 물질들로 꽉 차 있다. 그래서 파트너가 방으로 들어오면, 그 전에 있던 물질들은, 설령 그게 공기뿐일지라도 원래 자리에서 밀려나며 여러분의 공간은 완전히 달라진다. 반대로 여러분이 파트너의 방에 들어갔을 때도 마찬가지다. 그렇다면 두 사람이 그저 상대방 주변의 물질들을 흐트러트리는 게 아니라, 서로가 공유하는 3차원의 물리적·감정적 공간에 현존할 수 있도록 주의를 기울이고 확장하는 것은 어떻게 가능할까?

지금쯤이면 이 책에서 말하는 공간이 문자 그대로의 공간과 그 안의 내용물, 즉 인간을 포함해 우리가 알고 있는 우주의 모든 것을 구성하는 실제 물질을 가리킨다는 것, 우리 모두를 하나로 연결하는 물리적 공간을 뜻한다는 것을 알았을 것이다. 그런데 우리는 누군가와 함께 살고 있을 때 '공간을 내주다holding space' 같은 말로 공간을 은유적으로 표현하기도 한다.

사회 정의 실현을 위해 애쓰는 활동가들 사이에 있다 보면 '공간을 내주다' 같은 표현을 자주 듣게 된다. 이 표현에서 공간의 의미는 여기에서 우리가 쓰는 의미와는 다르다. 사회 정의의 맥락에서 '공간을 내주다'라는 말은 '수용하는 태도'를 뜻한다. 머리와 가슴을 모두 열고 상대방의 생각과 의견을 받아들이는 것, 그들의 경험을 분별하지 않고 긍정의 눈으로 '그렇구나' 하며 그저 관찰하고 이해하는 것을 뜻한다. 내 삶에서는 별일 아니었던(혹은 아예 아무 일도 아니었던) 것이 다른 사람의 삶에는 결정적인 영향을 끼쳤을 수 있음을 인정하고, 다른 사람이 자신의 경험을 통해 길어 올린 깨달음을 기꺼이 이해해 보려고 하는 것이 바로 공간을 내주는 자세이다. 설령 그들이 얻은 결론이 내 의견과 크게 다르더라도 말이다. '공간을 내주다'라는 말에서 '공간'은 열린 태도를 나타내는 은유적 표현인데, 당신이 타인을 위해 내주는 이 '공간'은 결국 그들의 감정과 생각을 얼마나 잘 지지하고 긍정해 주는가를 뜻한다. 다시 말해 '공간을 내주다'라는 말은 타인의 눈에 비친 세상을 기꺼이 이해해 보려는 열린 자세를 은유적으로 가리키는 말이다.

이 은유는 이번 장에서 우리가 내내 이야기한, 머리를 열고open-mindness 심장(가슴)을 연다open-heartedness는 은유와 개념적으로 비슷한 점이 많다. 은유적 표현의 의미대로 파트너에게 공간을 내어주는 동시에 나와 내 파트너가 공유하고 있는, 문자 그대로의 물리적 공간으로 주의를 확장하면 상대에 대한 연민과 공감이 깊어지고 조화로운 관계를 맺을 수 있게 된다.

이 책에서 소개한 오픈 포커스 기법을 이용해 파트너와 연결되면, 육체적 존재로서 그 사람이 놓여 있는 현실을 여러분이 알아차리기가 무척 쉬워진다. 여러분의 파트너는 실로 놀라운 생명체이다. 그러한 육체적 존재로서 상대가 지닌 모든 욕구와 욕망을 판단 없이 인식하면 서로 연결되었음을 느끼고 받아들이는 분위기가 조성될 수 있다. 상대의 공간을 차지하기만 하는 것이 아니라 더 나아가서 상대에게 은유적 의미로 '공간을 내어줄' 수 있다면, 파트너의 경험을 여러분 자신의 편견 어린 시선으로 걸러보지 않고 있는 그대로 관찰하고 긍정하게 된다.

물론 크고 작은 일에 대한 의견 차이는 당연히 생길 수 있다. 상대의 견해에 공간을 내어준다는 말이 꼭 그들의 말에 동의한다는 뜻은 아니며, 공간에서 서로 물리적으로 연결되었다고 해서 '아이들을 어느 학교로 보낼 것이냐' 같은 문제가 저절로 해결된다는 말은 아니다. 하지만 두 사람이 커플로서 물리적 공간과 은유적 공간 모두에 주의를 기울일 수 있다면 설령 다툼이 불가피한 상황이라도 훨씬 쉽게 해결할 수 있고, 갈등의 강도도 덜할 수 있다.

.
공간에서의 불화와 화해

심장과 머리라는 큰 주제로 돌아오자면, 두 개의 심장은 '하나처럼' 뛸 수 있지만 파트너는 항상 여러분과는 다른 머리를 달고 있을 것이다. 심장을 나눠 갖는다는 말은 있어도, 머리를 나눠 갖는다는 말은 은유든 직유든 비유든 속담이든 그 어디에도 없다. 머리를 맞댈 수는 있고 머리를 맞대면 하나보다 나은 경우가 많다지만, 만일 여러분과 심장을 나눠 갖는 사람의 머리가 여러분과 다른 생각을 품고 있다면 그때는 어떻게 해야 하는가?

이성적인 사람들끼리라도 중요한 문제에 대해서는 서로 한 치도 물러설 수 없는 의견차가 생길 수 있다. 하지만 서로 사랑하는 사람들 사이의 다툼은 상대를 습관적으로 대하면서 공감 없이 함부로 결론을 내리거나 오해를 해서 일어나는 경우가 많다. 오픈 포커스 기법을 활용해 서로에게 연결되면 적어도 다툼의 내용 정도는 새로운 눈으로 바라볼 수 있게 된다. 또한 공유하는 공간을 통해 하나로 연결되면 각자 상대가 내 말을 듣고 있으며 내가 상대에게 이해받는다는 느낌을 받을 수 있다. 설령 완전한 합의에 도달할 수 없거나 결국 한 사람이 자기 의견을 관철하는 데 성공하고 나머지 한 사람이 어느 정도 타협할 수밖에 없더라도, 그 바탕에 서로에 대한 이해와 존중이 깔려 있다면 더 두터워진 신뢰와 친밀감을 바탕으로 계속 의견을 주고받으며 마침내 둘 다 만족할 만한 합의점에 도달할 수 있을 것이다.

우리 프린스턴 클리닉을 찾아온 한 부부의 경우는 힘든 대화를 나눌 때 각자 자신의 의견이나 감정, 편견으로 초점이 흘러가게 놔두지 않고, 오픈 포커스 기법을 통해서 서로에게 연결된 상태를 유지하면 심각한 다툼이나 오해도 해결될 수 있음을 잘 보여준다.

칼과 멜리사는 이혼 직전의 상황에서 우리 클리닉을 방문했다. 변호사인 멜리사는 근무 시간이 극도로 길었고, 칼은 주 40시간만 일하는 남성복 판매업 종사자였다. 칼은 보통 저녁 8시는 넘어야 퇴근하는 멜리사에게 맞춰 저녁을 준비하고 기다리곤 했지만, 멜리사는 하루에 12시간에서 14시간씩 일하고 와서도 저녁 내내 또 일에 파묻힐 때가 많았고, 칼과 변변한 대화도 나누지 못한 채 잠들기 일쑤였다. 칼은 외로웠고, 멜리사는 자기 몰래 '뒤에서' 수상한 짓을 하는 남편

모습을 목격하기 시작했다. 여자 동료에게 몰래 문자 메시지를 보내고, 다른 사람들과 점심 약속을 잡거나 자전거 라이딩을 나가는 칼의 은밀한 행동을 보면서 멜리사는 그가 바람이 난 게 틀림없다고 생각했다. 하지만 우리가 클리닉에서 칼과 대화한 바로는 그는 그저 외로움을 느꼈고, 멜리사가 화를 낼까봐 두려워 말하지 않은 것뿐이었다. 그녀에게 원하는 바를 직접 요구하기가 힘들었던 그는 혼자서 문제를 풀어보려고 애쓰고 있었던 것이다.

멜리사는 순발력이 뛰어나고 다혈질인 반면, 칼은 생각을 정리하고 표현하는 데 그녀보다 많은 시간이 필요한 사람이었다. 그래서 두 사람의 대화는 일방적일 때가 많았다. 멜리사는 중간에 끼어들어 말을 가로채곤 했고, 칼은 자기가 무슨 말을 할지 멜리사가 정확히 꿰뚫고 있을 때조차, 아니 그런 때일수록 말문이 막히는 기분이 들었다. 또한 칼은 자기 존중감을 느끼려면 멜리사보다 외부의 인정이 더 많이 필요한 사람이었는데, 이렇듯 습관과 성향, 성격의 차이가 쌓여가자 두 사람은 결국 심각한 의사소통 문제에 봉착하게 되었다. 서로가 서로를 전혀 신뢰하지 않고 상대가 무엇을 원하는지 제대로 알지 못하는 상태가 된 것이다.

다투고 있는 상황에서 주의의 힘을 활용한다는 것은 무슨 뜻일까? 상대방에게 화가 날 때 우리는 보통 자신의 상처나 분노에만 초점을 맞추고 상대가 하는 말을 제대로 듣지 않거나, 상대방의 생각은 전혀 고려하지 않고 자기 식대로만 상황을 이해한다. 상대방이 현재 상황을 어떻게 이해하고 느끼고 있는지 진심으로 받아들이거나 인정해 주기보다는 내 생각과 감정에만 주의를 기울이기에 바쁘다. 하지만 나와 상대방이 공유하고 있는 공간으로 주의를 기울이면 자기 생각을 포기하거나 상대방 의견을 속단하지 않고 상대가 하는 이야기를 경청할 수 있다. 이때 기울이는 주의가 넓은 합일형 주의이다. 내 감정에만 좁게 초점을 맞추거나 상대방을 대상화하고 판단하는 대신, 내 감정과 파트너의 감정 모두를 있는 그대로 알아차리고 그 감정들과 함께하는 것이다. 파트너와 이야기를 나누다 보면 여전히 의견이 안 맞는 부분도 있겠지만, 이제 대화는 서로에 대한 더욱 깊은 이해와 공감 위에서 이루어질 것이다.

이런 식으로 서로와 연결되려면 대화의 습관을 바꿔야 하기 때문에 처음에는 어려울 수 있다. 칼과 멜리사의 경우 대화 중에 상대의 말을 끊는 습관이 있었기 때문에 우리는 말하는 순서를 알려주는 발언 막대기talking stick를 사용했다. 우리는 발언 막대기로 연필을 사용했는데, 연필을 쥔 사람은 하고 싶은 말을 충분히 다 했다고 느낄 때까지 자유롭게 이야기할 수 있고 상대방은 그 말을 주의 깊게 들어야 했다. 먼저 말하는 사람이 이야기를 마치면 상대에게 연필을 건네주고, 그러면 상대도 중간에 방해받는 일 없이 하고 싶은 말을 다 하는 식이었다. 이런 소품은 대화에 확실한 틀을 부여할 뿐 아니라, 주의나 초점이 흐트러져 다른 곳에 정신이 팔렸을 때 눈에 보이는 이 물체를 사용하여 자기 주변의 물리적 공간으로 주의를 되돌리도록 부드럽게 상기시킬 수 있다는 장점이 있다.

우리는 동전을 던져 누가 먼저 발언 막대기를 쥘지 결정한 다음, 칼과 멜리사가 오픈 포커스 연습을 할 수 있도록 안내했다. '머리와 손에 대한 오픈 포커스 훈련'(샨티TV에 이 훈련법이 업로드되어 있다—편집자)을 통해 두 사람은 자기 몸으로 주의를 기울일 때 느껴지는 감각을 있는 그대로 경험했다. 누구든지 자기 집에서 제삼자의 안내 없이도 커플끼리 이 연습을 할 수 있다. 우선 서로를 마주보고 앉은 상태에서 손을 무릎 위에 얹은 채로, 파트너와 연결되는 이 과정에서는 굳이 어떤 노력도 할 필요가 없음을, 그저 연결이 일어나도록 허용하기만 하면 된다는 사실을 상기한다. 그런 뒤에 천천히 주변의 공간을 느끼고, 파트너가 차지한 공간과 두 사람이 함께 공유하는 공간으로 주의를 확장한다.

두 사람 모두 준비가 되었으면 발언 막대기를 쥔 사람이 먼저 말을 시작한다. 듣는 사람은 주의를 확장한 상태로 자신과 파트너 사이의 공간과 파트너 주변의 공간을 계속 느끼면서 들어야 하며, 또한 상대가 하는 말이 그의 솔직한 심정과 입장이라고 생각하며 있는 그대로 마음에 받아들여야 한다. 상대가 하는 말과 공간에 주의를 기울인다고 해서 자기 감정을 무시하는 것은 아니며, 어차피 자신이 발언할 차례가 되면 상대의 말에 대응할 수 있는 시간은 충분히 있다. 그러니 일단 자기 의견을 잠시 내려놓고 상대의 말을 귀로 들어오는 물리적 소리로, 또한 그의 감정과 생각이 솔직하게 표현된 것으로 받아들여 본다. 파트너가 한 말 때문에 화가 나거나 고통스럽다면 이 책 5장에서 설명한 방법대로 그 감정적 고통을 바로바로 녹여 없애면서 계속 상대의 말을 듣는다. 자신의 고통은 발언 기회가 왔을 때 원하면 얼마든지 표현할 수 있다.

여러 방식의 주의를 조합해 사용하고, 상대의 말을 열린 마음으로 들으며, 동시에 속에서 올라오는 감정적 반응을 그때그때 처리하는 이 일련의 과정이 처음에는 복잡해 보일 수 있다. 초점을 이런 방식으로 확장하려면 약간의 연습이 필요한 건 사실이다. 하지만 파트너와 연결감을 형성하면서 주의 깊게 듣는 것 정도는 사전 연습 없이도 당장 할 수 있다. 이 단계만으로도 커플 간의 의사소통은 극적으로 달라질 때가 많으며, 상대가 자기 심정을 원하는 만큼 충분히 표현해 진짜로 이해받았다는 느낌을 갖게 된다면, 그리고 자신 역시 속마음을 충분히 털어놓고 그것을 상대가 열린 마음으로 듣고 있다고 느낄 수 있다면 서로가 서로를 이해할 확률은 자연히 더 높아질 것이다. 설령 두 사람이 끝내 동의에 이르지 못하더라도 갈등 상황에 차분하게 대처하는 것이 가능해지며, 때로는 새로운 타협안이 떠오르는 경우도 많다.

칼과 멜리사는 마주앉은 채 서로와 연결하고 발언 막대를 사용해서 자신들이 느끼는 감정과 욕구를 솔직하게 얘기 나누는 연습을 집에서도 계속했다. 멜리사는 여전히 자신이 좋아하는 일을 하느라 몹시 바쁘고, 칼에게 원하는 만큼 신경을 쓰지 못할 때가 많으며, 그만큼 칼은 여전히 외로울 때들이 있다. 하지만 이제 칼은 더 이상 멜리사가 화를 낼까 두려워하는 것 없이 자기 속마음을 훨씬 솔직하게 털어놓을 수 있게 되었다. 멜리사 역시 남편이 자신에게 얼마나 헌신적인지 깨닫고 나자 그가 친구들과 어울려 놀고 싶어 하는 마음을 받아들일 수 있었고, 나중에는 따로 시간을 내어 남편 친구들과 같이 만나거나 거꾸로 그를 자기 회사 동료들에게 소개시켜 주기도 했다.

관계가 회복되기까지는 시간과 노력이 필요했고 우여곡절도 많았지만, 그들은 여전히 행복한 결혼 생활을 유지하고 있으며, 두 사람의 욕구를 모두 충족시키는 삶의 방식도 찾아냈다. 가끔 의견차가 생겨도 두 사람을 갈라놓았던 의심이나 두려움에 다시 빠지지 않고 훨씬 빠르게 갈등을 해결할 수 있게 되고, 그러면서 두 사람은 함께 있는 공간에서 애정과 편안함을 느꼈다.

이별과 이혼

모든 부부의 불화가 가정 내에서 해결될 수 있는 것은 아니며, 아예 해결이 불가능할 수도 있다. 이혼이 최선의 선택인 경우도 있는 것이다. 그리고 모든 이별이나 이혼이 쿨하고 우호적일 수도 없다. 때로는 내 잘못된 선택이 상대를 수년간 힘들게 만들고 그 상처가 끝내 완전히 회복되지 않을 때도 많다.

하지만 가능하면 상대의 감정을 최대한 이해하고 서로 미워하는 마음 없이 헤어지는 것이 두 당사자는 물론이고 양가 가족들, 특히 자녀들에게도 좋을 것이다. 최소한 이혼 절차를 밟을 때 배우자와 솔직하고 열린 마음으로 대화할 수 있다면, 인생의 다음 단계로 나아가는 그 전환의 시기가 설사 쉽지는 않더라도 훨씬 덜 고통스럽고 덜 불안할 것이다.

우리 클리닉을 찾아왔던 안나와 모드는 오픈 포커스를 이용해 그러한 이해에 다다를 수 있었다. 모드의 말을 들어보자.

"안나와 결혼한 게 실수였다고 생각하지는 않습니다. 안나와 저는 서로 알게 된 지 6개월 만에 결혼했어요. 처음에는 얼굴만 아는 사이였어요. 오며가며 인사하고 둘 다 아는 지인이 있는 정도요. 그러다 사귀게 됐고, 한 달 만에 동거를 시작하고, 또 그로부터 한 달 뒤에 결혼했죠. 1년 조금 안 되게 살다 헤어졌고요. 결혼을 장난으로 한 건 아니었지만, 너무 서두른 건 맞는 것 같습니다. 하지만 저는 진짜 평생의 사랑을 만났다고 느꼈고, 안나 역시 그랬다는 걸 잘 알아요. 그때로 다시 돌아간다고 해도 저는 분명 똑같은 결정을 할 겁니다.

하지만 결혼한 지 두세 달 만에 균열이 생기기 시작했어요. 우리는 부부로서 서로 미숙한 부분이 있었죠. 저는 제 감정을 표현하는 게 서툴렀고, 솔직히 말하면 제가 무슨 감정을 느끼고 있는지조차 가끔은 헷갈렸으니까요. 안나는 알고 보니 한 사람에게 충실하기 힘든 사람이었고요. 안나는 결혼한 뒤에도 과거에 만났던 사람들과 아주 긴

문자 메시지들을 주고받곤 했는데 지금은 그게 어떤 신호였다고 생각하지만, 그래도 그 정도는 괜찮았습니다. 사실 무슨 대화를 하는지 알고 싶은 마음도 없었어요. 과거 없는 사람은 없고 어떻게 만났든 친구 사이로 남을 수도 있는 거니까요. 하지만 그러다 안나가 진짜로 바람을 피웠습니다. 저는 그 부분만큼은 용납할 수가 없었어요. 바람 피우는 건 본인이 하지 '않겠다'고 선택할 수 있는 문제잖아요.

안나가 바람을 피운 뒤에는 한동안 그녀를 증오했어요. 바람을 피운 상대가 우리가 매일 가던 카페의 바리스타였다는 게 더 기가 막혔죠. 우리 둘 다 대학 행정실에서 일해서 소속 부서는 다르지만 같은 건물에서 근무하거든요. 애초에 그래서 만날 수 있었고요. 하지만 아침마다 제 아메리카노를 만들어주는 사람과 바람을 피웠으니 저로서는 굴욕감이 들지 않을 수가 없었어요. 게다가 많은 직장 동료가 그 카페의 단골손님이었기 때문에 창피하기도 했고요.

그 사람을 용서하고 잊을 준비가 완전히 된 것은 아니었지만 상황상 계속 마음 아파하고 화를 내고만 있을 수는 없었습니다. 안나가 집에서 나간 뒤에도 우리는 당연히 오가면서 마주칠 수밖에 없었는데, 사실 저보다는 그 사람이 훨씬 더 힘들어했어요. 한밤중에 제게 전화를 하고, 차에 메모를 남기고, 학교 캠퍼스에서 제가 다니는 길에 일부러 나타나기도 했죠. 그렇다고 그 바리스타와 계속 사귀는 것도 아닌 듯했어요. 그 바리스타는 얼마 지나지 않아 카페를 그만뒀거든요. 저는 도대체 왜 안나가 그런 짓을 했을지가 계속 의문이었습니다. 그때 안나가 무슨 생각이었는지 어느 정도 알고 이미 다 용서한 지금도 여전히 이해가 안 되는 지점이 있어요. 순간의 열정에 휩쓸려 저지른 실수라고, 세상에는 그런 사람들도 있다고 이제는 인간적인 차원에서 이해하지만, 어쨌든 저는 그런 부류의 사람은 아니었죠.

저는 제 일을 그만둘 생각이 없었고 안나 역시 그랬기 때문에 어쨌든 우리는 계속 마주칠 수밖에 없었어요. 안나는 제가 용서해 주길 바랐습니다. 저도 그 사람을 평생 미워하고 싶지 않았고요. 결국 저는 한 친구 집에서 안나를 만나기로 했어요. 무슨 평화 회담 같은 자리였다고나 할까요? 친구는 우리 둘만 있도록 자리를 비켜주었고, 우리는 거실 바닥에 양반다리를 하고 앉았습니다. 우리가 함께였을 때는 매일 그 자세로 같이 카드를 쳤었죠.

이혼 이후 그렇게 단둘이 만난 건 처음이었습니다. 솔직히 저는 화가 머리끝까지 나 있었어요. 그렇게 심하게 화가 난 적이 한동안 없었는데 말이에요. 우리는 오픈 포커스 연습을 했습니다. 저는 어려웠어요. 원래 좀 부산스러운 편이라서 가만히 앉아 호흡하며 눈동자를 상상할 정도의 인내심도 없는데다 오픈 포커스를 안나가 제안했다는 게 뭔지 모르게 제가 진 것 같은 느낌도 있었고요. 하지만 속으로 생각했죠. '이 자리에 오고 싶었던 건 너잖아, 네가 여기에 오겠다고 한 거잖아?' 그렇게 그 사실을 인정하고 제 몸의 공간을 상상하기 시작했습니다. 그런데 그 순간 그 모든 화가 제 온몸을 덮치는 듯한 느낌이 들었어요. 제 몸의 세포 하나하나가 화를 내는 것 같았죠. 그런

데 안나가 말하더라고요. '나한테 하고 싶은 말이 있는 것 같아 보여.' 아니, 그걸 지금 말이라고 하나 싶더군요.

그때쯤에는 제가 속 얘기를 털어놓을 수 있을 만큼 이완된 상태였습니다. 그전까지는 제 가슴에, 심장에 그렇게 화가 가득 차 있다는 것조차 의식하지 못했어요. 왜 그걸 몰랐는지 놀라울 정도였죠. 하지만 주의를 확장하자 그 화가 마치 터져 나온 봇물처럼 제 온몸을 뒤덮으면서 저는 진정한 해방감 같은 것을 느꼈어요. 헤어진 후 정말 처음으로 제 감정을 안나에게 말로 표현할 수 있었죠.

저는 정말 다 쏟아냈습니다. 제 솔직한 심정을 다 말했어요. 하지만 일부러 상처를 주려고 못된 말을 하지는 않았어요. 저 스스로도 놀랄 정도였죠. 네가 그러면 되네 안 되네 비난하는 대신 제 감정이 어땠는지 담백하게 얘기했어요. 안나는 앉아서 그냥 듣기만 했습니다. 그 부분만큼은 정말 인정해요. 안나는 속상해하고 울기도 했지만 자기를 변호하려 들지도 않았고 제 말꼬리를 잡으며 반박하지도 않았어요. 그런 뒤에야 자기 느낌을 제게 털어놓더군요. 그 사람이 안쓰럽게 느껴졌어요. 저도 안쓰럽고, 그냥 그 모든 상황이 안쓰러웠어요.

우리는 실제로 오픈 포커스를 여러 번 반복하며 감정을 조절했습니다. 손의 공간을 떠올리고, 호흡에 주의를 기울이고…… 안나가 그 과정을 통해 점점 차분해지는 게 보이고, 이제는 내 솔직한 심정을 이 사람에게 얼마든지 말해도 되겠구나 싶어지자, 안나에게 다시 연결되는 느낌이 들기 시작했습니다. 안나에 대한 옛 감정이 조금씩 되살아나는 것 같아서 조금 위험하게 느껴지기도 했어요. 저는 그때 사귀는 사람이 있었고 그 관계를 망치고 싶지 않았거든요. 하지만 저는 결국 그 옛 감정이 올라오도록 내버려뒀고, 안나에게 그 사실을 솔직하게 얘기하면서도 다시 합치고 싶은 생각은 없다는 걸 분명히 했습니다. 하지만 그렇게 말하는 것만으로도 많은 도움이 됐어요.

한 45분 정도 같이 얘기했던 것 같아요. 어느 순간이 되자 더 이상할 말이 없어서 그냥 앉은 채로 함께 호흡만 했습니다. 제가 그때까지 몸에 달고 다니던 그 많은 화를 그곳에 다 떨쳐놓고 온 것 같아요.

안나와 다시 연결되는 기분은 좋았습니다. 제 인생의 큰 부분을 차지했던 사람을 분노 속에서 잃는 건 힘든 일이니까요. 하지만 이런식으로 다시 연결되니 우리가 함께했던 시절에 느낀 연결감을 되찾은 것 같았어요. 우리는 더 이상 그런 사이는 아니지만 이제는 쓰린 마음 없이 그 시절의 좋았던 기억을 추억할 수 있게 되었습니다."

:

결국엔 사랑

사랑의 복잡다단함은 일일이 다 셀 수 없을 정도이다. 사랑에는 오감과, 인간이 의식할 수 없는 수준에서 벌어지는 생물학적·신경생물학적 과정과, 진화적인 충동과, 매력이나 계급, 유머처럼 정의내리기 어려운 문화적·개인적 요인 등이 포괄적으로 작용한다. 그뿐인가, 성적 욕구와 감정적 애착이, 또 많은 경우 혼자만의 착각인 기대가 끼어들고, 가족이나 친구 같은 기존의 관계와도 얽히는 게 사랑이다.

설렘부터 데이트, 결혼, 자녀 출산, 이별이나 이혼, 함께 늙어가는 일까지, 사랑의 그 어느 단계에서든 자신의 감정이 일어나는 물리적 공간으로 주의를 확장하면 훨씬 더 명료한 마음으로 이 열정을 즐길 수 있고, 상대와의 연결감은 더 깊어지며, 갈등 해결은 더 쉬워진다.

셰익스피어의 희극《한여름 밤의 꿈*A Midsummer Night's Dream*》에는 "사랑은 눈으로 보지 않고 마음으로 보는 거야"라는 대사가 나온다. 전대상피질anterior cingulate cortex(뇌의 대상피질의 앞부분을 말하며 인간의 감정을 조절하는 역할을 한다—옮긴이)이나 편도체를 낭만적으로 읊는 시인은 없지만 셰익스피어의 이 경구는 사실상 신경생물학적 진실을 정확하게 포착하고 있다. 즉 인간은 눈으로 보는 것을 뇌의 인지 과정을 통해 이해하고 감정의 작용을 통해 해석한다는 것이다. 자기 몸의 물리적 공간으로 주의를 확장하면 경험이 감정에 끼치는 영향을 좀 더 정확하게 알아차릴 수 있고, 훨씬 더 완전한 의미의 사랑을 깨닫게 될 것이다.

주의 기울이기의 과학

다른 사람들이 주의를 기울이는 방식은 우리 눈에 잘 띈다. 먼 곳을 뚫어지게 쳐다보고 있는 친구를 보면 "뭘 보고 있어?"라는 말이 자연스럽게 나온다. "어떻게 보고 있는 거야?"라고 묻는 건 이 상황에서 부자연스럽다. 친구가 '뚫어지게,' 즉 오픈 포커스 방식으로 말하면 초점이 좁은 객관형 주의를 보내고 있는 게 이미 보이기 때문이다. 마찬가지로 같은 친구가 먼 곳을 '텅 빈 듯한 눈'으로 쳐다보고 있으면 이 친구가 공상 중이거나, 자기 생각에 빠져 있거나, 그냥 아무 생각 없이 주변을 바라보고 있음을, 오픈 포커스 방식으로 말하면 넓은 주의를 보내고 있음을 쉽게 알 수 있다. 하지만 다른 사람이 어떻게 주의를 기울이는지 알아차린다고 해서 자신이 주의를 기울이는 방식까지 쉽게 알아차릴 수 있는 건 아니다. 주의의 메커니즘상 주의를 기울이는 자신은 인지하기 어렵기 때문이다. 자신의 주의를 인지하려면 특별히 의지를 갖고 인간 고유의 자기 의식self-consciousness을 발휘해 '주의에 주의를 기울여야' 한다.

주의를 기울이는 건 인간 경험에서 아주 근본적이고 또 너무나 일상적으로 하는 일처럼 보이기 때문에, 주의 기울이는 것을 독립된 능력이나 별개의 자질로 생각하기는 쉽지 않다. 인간이 주의를 기울이고 또 주의 기울이는 방식에도 주의를 기울일 수 있는 건 인간에게 의식이 있기 때문이다. 내가 지금 무언가를 알아차리고 있으며 '어떻게' 알아차리고 있는지를 알아차리는 '자기 의식' 행위를 하기 위해서는 어느 정도의 연습과 관심이 필요하다. 주의를 기울이는 방식은 경험과 아주 긴밀하게 얽혀 있어서 자칫 경험 속으로 사라져 우리 눈에 띄지 않게 될 때가 많기 때문이다.

오픈 포커스의 강점은 평소에는 눈에 띄지 않는 이 '주의 기울이기' 행위를 눈에 띄도록 만들어준다는 데 있다. 내가 지금 어떻게 주의를 기울이고 있는지 알아차린 뒤 '내가 선택'한 주의 방식(그 순간 가장 적절한 방식)을 의도적으로 사용하면, 우리의 의식이 알아차림과 하나가 되면서 세상이 다르게 경험된다.

이 책에서 계속 언급했듯이, 사람들이 스트레스로 인해 겪는 고통의 상당수는 사건 그 자체가 아니라 사건에 주의를 기울이는 방식 때문에 생기며, 사람들은 대개 주의를 기울이는 자신의 방식이 스스로를 해치고 있다는 사실조차 깨닫지 못한다. '의식하고 생각하는 나'와 '무의식적인 알아차림' 사이의 거리가 멀 때 여러 가지 문제가 발생할 수 있다. 과도한 긴장에 따른 여러 질병이 생기기도 하고, '부주의'(오픈 포커스 방식으로 말한다면 부적절한 주의) 때문에 관계가 망가지기도 하며, 삶이 주는 풍요로운 경험들을 상당수 놓치고 지나가기도 쉽다. 이는 주변 환경에 너무 좁게 초점을 맞추다 보면 세상의 다양한 면모나 자신의 감정을 알아차리지 못하고 무의식적으로 흘려보내게 되기 때문이다.

주의의 이런 특징들 외에도, 이 책에서는 자기 몸의 물리적 공간과 주변 공간에 어떻게 연결될 수 있는지에 대해서도 많은 부분을 할애했다. 주의 방식을 의도적으로 선택하는 것과 공간에 연결되는 것은 서로 밀접하게 연관되어 있다. 주의를 기울이는 과정은 물리적 세상을 신체적·감정적·정신적으로 지각하고 해석하는 복합적인 과정이며, 따라서 물리적 환경에 주의를 기울여 그 공간과 연결되는 것은 우리의 알아차림 감각을 자기 의식, 즉 내가 생각하는 '나'와 통합하는 데 핵심 역할을 한다. '공간의 힘'이나 '공간과의 연결'이란 말은 결국 '나'와 내가 기울이는 주의, 그리고 내가 놓여 있는 환경을 하나로 통합하는 이런 특성을 가리키는 말이다. 이러한 통합이 자연스럽게 이루어질 때 비로소 우리는 세상을 복합적이고 역동적으로, 또 유연하게 알아차리고 경험할 수 있다. 오감을 통해 주변 세상과 물리적으로 연결되고 주의력과 의식적인 알아차림의 힘을 최대치로 발휘해 세상을 지각하는 것, 이것이 바로 오픈 포커스에서 말하는 존재의 상태이다.

오픈 포커스 이론과 연습의 발전 과정

오픈 포커스에는 수십 년의 학술 연구와 동료 심사 연구, 임상 경험 등이 녹아 있다.(당시 우리에게 꼭 필요한 구체적 기기가 없었던 관계로 우리는 자체적으로 바이오피드백 기계를 발명하기도 했다.) 이 책에 나오는 연습이 어떤 원리를 바탕으로 하는지 그 근거가 되는 과학에 관심이 있다면 아래에 소개하는 책과 논문을 참고하기 바란다. 신경과학과 뉴로피드백, 마음-몸mind-body 관계, 지각의 생물학 등 여러 분야에 걸쳐 우리의 연구는 물론이고 다른 학자들의 연구까지 살펴볼 수 있다. 일반 독자를 위한 글도 있고 과학을 어느 정도 알아야 이해할 수 있는 전문적인 글도 있지만, 모두 주의력 및 주의 방식과 행복 간의 관계, 주변 세상을 지각하고 파악하는 우리의 신체 메커니즘에 대한 이해를 확장시켜 줄 것이다.

제일 먼저 이 책과 동일한 주제를 다루고 있는 이전의 두 책,《오픈 포커스 브레인Open-Focus Brain》과《통증이 사라지다Dissolving Pain》를 소개한다.《오픈 포커스 브레인》은 다양한 오픈 포커스 연습 방법을 상세히 설명하고 있을 뿐 아니라 오디오 형식으로도 제공하기 때문에, 그 안내에 따라 연습을 하면 주의를 확장하고 공간과 연결하는 데 많은 도움을 받을 수 있을 것이다.(오디오 형식의 오픈 포커스 연습은 유튜브 샨티TV 참조―편집자)《통증이 사라지다》는 이 책 5장과 6장에서 설명한 개념을 훨씬 깊게 다루는 책이며, 역시 상세한 설명의 연습과 오디오가 제공되어 감정적 고통과 신체 통증의 해소에 도움을 줄 것이다.

1966년 레스 페미의 박사 논문 주제는 원숭이의 지각 마스킹 perceptual masking에 있어서의 전기생리학적 상관 관계였는데, 사실 페미 박사조차도 비인간 영장류의 시각 시스템을 연구하다 인간의 '주의 방식'이라는 평생의 과제를 만나게 될 거라고는 예상하지 못했다. 로스앤젤레스에 위치한 캘리포니아 대학교 뇌 연구소Brain Institute에서 원숭이를 연구하던 그는 얼마 지나지 않아 인간과도 직접적으로 연관된 내용들을 발견하게 되었고, 뉴로피드백 기계를 다루고 직접 만들기까지 하면서 더 많은 발견들을 이끌어냈다. 그가 학술 대회에 제출한 논문과 학술 출판물 전체는 www.openfocus.com에서 확인할 수 있다.

페미 박사의 학술 연구물 중 가장 중요하다고 평가받는 논문 중 몇 개를 소개하면, 1974년 콜로라도 스프링스에서 열린 바이오피드백 연구협회Biofeedback Research Society 학술 회의에 제출한 F.A. 셀저Selzer 공저 "공액 측면 안구 운동의 방향에 따른 중간 전두엽 뇌파 활동의 자동 조절Autoregulation of Mid-Frontal Lobe EEG Activity as a function of the Direction of Conjugate Lateral Eye Movement," 1980년《소마틱스Somatics》지 봄호 24~30쪽에 기재된 "오픈 포커스: 건강과 웰빙을 위한 주의의 토대 Open Focus: The Attentional Foudation of Health and Well-Being,"《대뇌: 뇌과학에 관한 다나 재단 포럼Cerebrum: The Dana Forum on Brain Science》3, 3호 (2001년 여름호), 55~67쪽에 실린 짐 로빈스Jim Robbins 공저 "우리 뇌의 전기적 리듬 마스터하기Mastering Our Brain's Electrical Rhythms" 등이 있다.

이 외에도 오픈 포커스 연습의 구체적인 측면을 주제로 레스 페미 박사와 수잔 박사가 공동으로 발표한 다음의 논문들 역시 살펴보기 바란다.

• Fehmi, L.G., PhD, & Susan B. Shor, LCSW. "오픈 포커스 주의 훈련Open Focus Attention Training," *Complementary and Integrative Therapies for Psychiatric Disorders* 36, no. 1(2013): 153~62.

• Fehmi, Lester G., PhD, Edward T. Kenny, MD, Susan B. Shor, LCSW. "스트레스와 통증, 심신 질병을 위한 오픈 포커스 훈련Open Focus Training for Stress, Pain, and Psychosomatic Illness," *Complementary and Integrative Treatments in Psychiatric Practice*, edited by Patricia L. Gerbarg, Philip R. Muskin, Richard P. Brown, 293~302. Arlington, VA:

American Psychiatric Association Publishing, 2017.

• Fehmi, Les, PhD, Susan B. Shor, LCSW, "뉴로피드백 경험의 하이라이트Highlights of Our Neurofeedback Experiences," *Neurofeedback: The First Fifty Years*, edited by James R. Evans, Mary Blair Dellinger, Harold L. Russell, 131~42. Cambridge, MA: Academic Press, 2020.

•
•

더 깊은 탐색을 위한 책들

다음은 신경생물학, 뉴로피드백의 역사, 인간의 신체가 통증과 트라우마에 반응하는 방식 등을 주제로 한 책들인데 꼭 읽어보길 권한다.

짐 로빈스는 레스 페미 박사와 공저로 발표한 논문 외에도 뉴로피드백의 역사를 다룬 유익하고 재미있는 책,《뇌의 교향곡Symphony in the Brain》을 저술했다. 일반 독자를 위한 이 책은 뉴로피드백 기계와 기능적 자기 공명 영상 장비의 개발과 함께 시작된 뇌파 측정의 시작을 흥미로운 사례와 일화를 통해 다루고 있다.

제니퍼 M. 그로Jennifer M. Groh가 하버드 대학교 출판부에서 출간한 《공간 만들기: 뇌가 물건의 위치를 아는 방법Making Space: How the Brain Knows Where Things Are》은 인간의 공간 관계 인식과 관련된 신경생물학적 과정을 탐구하는 재치 있는 책이다. 듀크 대학교 인지신경과학센터의 심리학·신경과학과와 신경생물학과 교수로 재직 중인 그로 교수는 "나는 내 커피 잔이 어디에 있는지 어떻게 아는가? 내 감각은 어떻게 신체 에너지를 측정하는가? 나는 어떻게 다치지도 않고 사방의 모든 것을 부수지도 않은 채 매일 걸어 다닐 수 있는가?"와 같은 흥미로운 질문을 던진다. 생물학적 과정을 설명하는 부분이 다소 전문적으로 느껴질 수는 있겠으나 이 책이 다루는 주제의 범위, 그로 박사 개인의 통찰, 인용되는 연구의 방대한 양을 고려하면 충분히 주의를 기울일 가치가 있다.

옥스퍼드 대학교 출판부에서 출간된 일레인 스캐리Elaine Scarry의 《고통받는 몸The Body in Pain》(한국어판 제목—옮긴이)은 고문의 영향을 다루고 있어서 겁이 많은 독자에게는 권하지 않지만, 신체적 경험으로서의 통증과 다양한 맥락(의료, 문학, 정치, 철학, 종교)에서 통증을 묘사하기 위해 사용하는 어휘를 살펴봄으로써 인간이 통증을 경험하고 특징짓는 방식 및 그것이 인간이 세상과 맺고 있는 관계에 어떠한 영향을 끼치는지를 알 수 있을 것이다.

베셀 반 데어 콜크Bessel van der Kolk의 《몸은 기억한다The Body Keeps the Score: Mind, Brain and Body in the Transformation of Trauma》(한국어판 제목—옮긴이)는 트라우마가 뇌와 신체의 구조를 실제로 어떻게 변형시키는지 설명하고 회복을 위한 다양한 치료법을 살펴본다. 반 데어 콜크는 매사추세츠 브루클린에 위치한 트라우마 센터Trauma Center의 설

립자 겸 의학 총괄책임자이자 보스턴 대학교 의과대학의 정신과 교수, 미국 국립복합트라우마치료네트워크National Complex Trauma Treatment Network의 책임자인 만큼 그의 책은 권위 있고 대단히 유익한 동시에 트라우마 환자들을 향한 공감 어린 마음을 바탕으로 누구나 읽기 쉽게 쓰여 있다.

영장류 학자 로버트 새폴스키Robert Sapolsky의《스트레스: 당신을 병들게 하는 스트레스의 모든 것Why Zebras Don't Get Ulcers》(한국어판 제목—옮긴이)은 스트레스가 인간의 신체와 정신에 미치는 영향을 탐색하는 재치 있는 책으로 스트레스 관련 질병부터 성격 장애에 이르기까지 광범위한 범위를 넘나들며 인간의 '투쟁, 도피 혹은 경직' 반응을 활성화시키는 행동이 무엇인지를 중점적으로 다룬다.

⋮

워크숍과 기타 오픈 포커스 자료

마지막으로, 뉴저지 프린스턴에 위치한 우리 클리닉에서 열리는 오픈 포커스/뇌 동조 워크숍에 독자 여러분을 초대한다. 워크숍은 1년에 두 차례 주말을 포함한 3일 코스로 열리며, 참가자들은 NS500sx 뉴로피드백 기계 사용법을 익혀 본인의 뇌파를 직접 확인하고, 주의 기울이는 방식을 바꿔 자신이 원하는 뇌파 주파수에 도달하는 법을 배운다. 워크숍에 참여하면 주의가 뇌에서 생성되는 무의식적 전기 자극을 실제로 어떻게 바꾸는지 체험할 수 있고, 주의 방식을 의식적으로 바꾸었을 때 나타나는 명백하고 입증 가능한 신경학적 효과를 직접 볼 수 있다. 이 워크숍에서 교육받은 사람은 코치, 치료사, 정신과 의사를 포함해 수백 명에 달하고, 수료시 오픈 포커스 코칭 자격 및 치료실에서의 NS500sx 사용을 허가하는 자격증도 발급된다. 자세한 내용은 웹사이트 www. openfocus.com에서 확인할 수 있다.

또한 웹사이트에는 오픈 포커스 자격증을 지닌 치료사, 상담사, 코치 목록도 나와 있으니 이 주의 훈련 기법을 상담의 일환으로 사용하는 전문 치료사를 만나고 싶다면 찾아보길 바란다. 그 외에도 레스페미와 수잔 박사가 직접 설명하는 주의 관련 영상, 다운로드가 가능한 오디오 연습, 주문 가능한 CD, 관련 팟캐스트 링크, 오픈 포커스 연습 무료 계획 등을 웹사이트에서 확인할 수 있다.

옮긴이의 말

세상엔 일단 알게 된 이상 그 이전으로 돌아갈 수 없는 앎이 있다. 주의를 기울이는 방식이 하나가 아니라는 사실이 바로 그런 앎이다. 너와 나, 내면과 외면이 본질적으로는 모두 '공간'이며, 그 '공간'으로서 세상 만물은 서로 연결되어 있다는 사실 역시 바로 그런 앎이다.

이 책은 상황별로 적절한 주의 기울이기 방식이 따로 있어서, 그때그때 적합한 방식을 유연하게 바꿔가며 사용할 수 있게 되면, 정신적 스트레스가 줄어들고 육체적 건강이 증진된다는 내용을 실례를 들어가며 친절하게 설명해 준다. 주의를 좁히거나 확장하고, 대상에 한껏 몰입하거나 한 발짝 뒤로 물러서면서 내 공간 안에서 일어나는 일들을 오감으로 온전히 경험하는 방법을 알려준다. 그 일은 신체적 통증일 수도, 감정적 고통일 수도, 혹은 기원을 알 수 없을 만큼 오래 묵어 이제는 한 몸처럼 느껴지는 불안일 수도, 굴레처럼 나를 옭아매는 강박일 수도 있다. 그것이 무엇이든 해방되는 길은 하나, 온전히 느껴서 끝까지 경험하는 것인데 그 일의 시작이 바로 올바른 주의 기울이기이다.

앞서 출간된《오픈 포커스 브레인》이 주의 사용법의 개론에 가깝다면, 이 책은 각론이다. '무슨 말인지 머리로는 알겠으나 구체적으로 적용해 보려니 갑자기 막막해지는 사람들'을 위해 주제별로 바로 써먹을 수 있는 실천 테크닉들을 상세히 기술하고 있다. 그런 만큼 관심 있는 부분만 골라서 볼 수 있도록 각 장이 그 자체로 완결성을 띠고 있는데, 그럼에도 최대한 모든 사례를 다 읽어보시기를 권한다. 같은 원리를 조금씩 다른 각도에서 설명하고 있어서, 읽을수록 그 방법이 훨씬 입체적으로 다가올 뿐 아니라 연습에 크게 도움이 되는 의미심장한 팁과 조언들이 책의 여기저기에 흩어져 있기 때문이다. 처음에는 별생각 없이 읽고 지나갔다가 한참 후에 '어랏, 그 말이 꽤 중요한 포인트였군' 하며 새삼스레 보물찾기하듯 되짚어보게 되는 경우를 독자 여러분도 경험하실 수 있을 것이다.

개인적으로 이 책을 번역하면서 생긴 소소한 변화 중 하나는 길거리를 걸을 때 이어폰을 낀 채 음악을 듣지 않게 되었다는 것이다. 평범한 거리의 지루함을 이기기 위해 이어폰을 끼고 생각에 몰두한 채

성큼성큼 걷는 게 평소 습관이었다면, 이제는 그 똑같은 거리가 평범하게 느껴지지 않는다. 발바닥에서 느껴지는 압력과 피부에 와 닿는 바람, 시야에 하나의 그림처럼 들어오는 풍경, 도시를 채우는 가지각색의 소리까지…… 오감을 열고 주변 공간과 연결된 채 걸으면 매일 다니는 익숙한 거리라 할지라도 지루할 새가 없다는 사실을 알게 된 것이다. 무엇보다 이렇게 온 감각을 활용해 그 순간을 만끽하다 보면 몸과 마음이 정렬되는 느낌에 기분이 저절로 전환되곤 했다. 일상이 조금 더 풍성해졌다.

이 책의 핵심 내용은 꽤 심플하다.—주의 기울이는 방식을 의식적으로 선택하고, 자신이 지금 있는 공간과 연결되고, 어떤 고통이나 감정이든 끝까지 느끼고 경험해서 사라지게 만들자는 것. 간단해서 오히려 활용도가 무궁무진한 이 원칙들을 독자 여러분도 일상 생활에서 적극적으로 활용해 보시기 바란다.

샨티의 뿌리회원이 되어
'몸과 마음과 영혼의 평화를 위한 책'을 만들고 나누는 데
함께해 주신 분들께 깊이 감사드립니다.

뿌리회원(개인)

이슬, 이원태, 최은숙, 노을이, 김인식, 은비, 여랑, 윤석희, 하성주, 김명중, 산나무, 일부, 박은미, 정진용, 최미희, 최종규, 박태웅, 송숙희, 황안나, 최경실, 유재원, 홍윤경, 서화범, 이주영, 오수익, 문경보, 여희숙, 조성환, 김영란, 풀꽃, 백수영, 황지숙, 박재신, 염진섭, 이현주, 이재길, 이춘복, 장완, 한명숙, 이세훈, 이종기, 현재연, 문소영, 유귀자, 윤홍용, 김종휘, 보리, 문수경, 전장호, 이진, 최애영, 김진회, 백예인, 이강선, 박진규, 이욱현, 최훈동, 이상운, 이산옥, 김진선, 심재한, 안필현, 육성철, 신용우, 곽지희, 전수영, 기숙희, 김명철, 장미경, 정정희, 변승식, 주중식, 이삼기, 홍성관, 이동현, 김혜영, 김진이, 추경희, 해다운, 서곤, 강서진, 이조완, 조영희, 이다겸, 이미경, 김우, 조금자, 김승한, 주승동, 김옥남, 다사, 이영희, 이기주, 오선희, 김아름, 명혜진, 장애리, 한동철, 신우정, 제갈윤혜, 최정순, 문선희

뿌리회원(단체/기업)

주/김정문알로에 KIM JEONG MOON ALOE CO. LTD. 한경재단 design Vita PN풍년

(사)법인 한국가족상담협회·한국가족상담센터 생각과느낌 소아청소년 성인 몸 마음 클리닉

경일신경과 | 내과의원 순수피부과 월간 풍경소리 FUERZA

회원이 아니더라도 이름과 전화번호, 주소를 보내주시면 독자회원으로 등록되어 신간과 각종 행사 안내를 이메일로 받아보실 수 있습니다.

이메일 : shantibooks@naver.com
전화 : 02-3143-6360 팩스 : 02-6455-6367